AUFGABENHEFT

REITEN

2012

Anforderungen und Kriterien im deutschen Turniersport gem. LPO

(Nationale Aufgaben)

Neue Fassung –
gültig ab 1. Januar 2012

Deutsche Reiterliche Vereinigung e.V. (FN)

Wichtiger Hinweis:
Aufgabenheft Reiten – Internationale Aufgaben siehe Seiten 258 und 346!

Bibliografische Information der Deutschen Nationalbibliothek
Die Deutsche Nationalbibliothek verzeichnet diese Publikation in der Deutschen Nationalbibliografie; detaillierte bibliografische Daten sind im Internet über http://dnb.d-nb.de abrufbar.

Bearbeitet und herausgegeben von der Deutsche Reiterlichen Vereinigung e.V. (FN), Bereich Sport, Abteilung Ausbildung und Wissenschaft, Freiherr-von-Langen-Straße 13, 48231 Warendorf, Telefon: +49 (0)2581 6362-0, Fax: +49 (0)2581 62144, Internet: www.pferd-aktuell.de, E-Mail: mgrabowski@fn-dokr.de

2. Auflage 2012/Nachdruck: März 2015

Zeichnungen: Rudolf Strecker, Beelen/Uwe Spenlen, Rösrath/ Hans-Werner Sattler, Hatten-Munderloh

Satz und Layout: **FN***verlag*, Warendorf

Druck: Darpe Industriedruck GmbH & Co. KG, Warendorf

ISBN 978-3-88542-761-2 (komplett mit Ordner)
ISBN 978-3-88542-762-9 (nur Inhalt)

INHALTSVERZEICHNIS

Vorwort ... 5

I. Allgemeines
1. Die Ethischen Grundsätze des Pferdefreundes ... 7
2. Grundregeln des Verhaltens im Pferdesport (Verhaltenskodex) ... 8
3. Anforderungen an das Reiten in Dressurprüfungen (§ 405 LPO) ... 10
4. Anforderungen an das Reiten in Stilspringprüfungen sowie Stilspringprüfungen mit Standardanforderungen (§ 520 LPO) ... 27
5. Wertnotenskala gem. § 57 LPO ... 32
6. Vierecke und Hufschlagfiguren für Reitpferde ... 33
7. Hinweis für Kommandogeber ... 44
8. Hinweis für Veranstalter ... 44

II. Reiter-Wettbewerbe gem. WBO
1. Führzügelklassen-Wettbewerb ... 45
2. Longenreiter-Wettbewerb ... 46
3. Reiter-Wettbewerb ... 46
4. Dressurreiter-Wettbewerb ... 47
5. Springreiter-Wettbewerb ... 48
   Parcoursvorschläge Springreiter-Wettbewerb ... 49
6. Geländereiter-Wettbewerb ... 53

III. Basis- und Aufbauprüfungen gem. §§ 300 ff. LPO
1. Basisprüfungen ... 55
   1.1 Gewöhnungsprüfungen für Reitpferde gem. §§ 300 ff. LPO ... 55
   Vorbemerkung ... 55
   1.1.1 Aufgabe für Gewöhnungsprüfung ... 57
   1.2 Reitpferdeprüfungen gem. §§ 303 ff. LPO ... 60
   Vorbemerkung ... 60
   1.2.1 Richterkarte Reitpferdeprüfung ... 61
   1.2.2 Aufgaben für Reitpferdeprüfungen ... 62
   1.3 Eignungsprüfungen für Reitpferde gem. §§ 310 ff. LPO (ggf. mit Teilprüfung Gelände) ... 75
   Vorbemerkung ... 75
   1.3.1 Leitfaden Eignungsprüfung ... 76
   1.3.2 Aufgaben R 1 bis R 3 ... 77
   1.3.3 Parcoursvorschläge Eignungsprüfungen ... 80

2. Aufbauprüfungen 84
2.1 Dressurpferdeprüfungen gem. §§ 350 ff. LPO 84
Vorbemerkung 84
2.1.1 Leitfaden Dressurpferdeprüfung der Klasse A 85
Notenbogen Dressurpferdeprüfung der Klasse A.... 85a
2.1.2 Aufgaben DA 1 bis DA 4/2 86
2.1.3 Leitfaden Dressurpferdeprüfung der Klasse L 93
2.1.4 Notenbogen Dressurpferdeprüfung der Klasse L .. 94
2.1.5 Aufgaben DL 1 bis DL 5 95
2.1.6 Notenbogen Dressurpferdeprüfung der Klasse M 100
2.1.7 Aufgaben DM 1 bis DM 3 101
2.2 Springpferdeprüfungen gem. §§ 360 ff. LPO 104
Vorbemerkung 104
2.2.1 Leitfaden Springpferdeprüfung 105
2.3 Geländepferdeprüfungen gem. §§ 370 ff. LPO 106
Vorbemerkung 106
2.3.1 Leitfaden Geländepferdeprüfung 107

IV. Dressurreiter-/Dressurprüfungen gem. §§ 400 ff. LPO

1. Dressurreiterprüfungen 109
Vorbemerkung 109
1.1 Leitfaden Dressurreiterprüfungen der Kl. E, A, L und M 110
1.2 Aufgabe RE 1 111
Aufgaben RA 1/1 bis RA 2 112
Aufgaben RL 1 und RL 2 115
Aufgaben RM 1 und RM 2 117
2. Dressurprüfungen gem. §§ 400 ff. LPO 119
2.1 Mannschaftsdressur 119
Vorbemerkung 119
2.1.1 Leitfaden Mannschaftsdressur/Abteilungsreiten für Vereine der Klassen E, A und L Aufgaben E 1 bis E 4, A 1 bis A 4 und L 1 120
2.2 Abteilungsreiten gem. §§ 400 ff. LPO 121
Vorbemerkung 121
2.3 Dressur-Kür – Einzel 121
Vorbemerkung 121
2.4 Dressur-Kür – Mannschafts- und Quadrillenreiten 122
Vorbemerkung 122
2.4.1 Leitfaden Mannschaftsdressur-Kür, Paar-/Dreierklasse, Quadrillenreiten der Klassen E, A und L ... 124
2.5 Leitfaden Dressurprüfungen der Klassen E und A (E 5/1 bis E 8, A 5/1 bis A 10, VE 1 bis VE 2/2, VA 1 bis VA 3) 126
2.6 Aufgaben E 1 bis E 8 127

 Druck: März 2015

2.7 Leitfaden Dressurprüfung der Klasse E – Kür 140
2.8 Aufgaben A 1 bis A 10 142
2.9 Leitfaden Dressurprüfung der Klasse A – Kür 156
2.10 Aufgaben L 1 bis L 11 158
2.11 Leitfaden Dressurprüfung der Klasse L* – Kür 182
2.12 Notenbogen Dressurprüfung der Klasse L* – Kür 184
Notenbogen Dressurprüfung der Klasse L** – Kür 185a
2.13 Aufgaben M 1 bis M 11 186
2.14 Leitfaden Dressurprüfung der Klasse M* – Kür 208
2.15 Notenbogen Dressurprüfung der Klasse M* – Kür 210
2.16 Notenbogen Dressurprüfung der Klasse M** – Kür/ analog Internationale Junioren-Kür 212
2.17 Aufgaben S 1 bis S 11 214
2.18 Notenbogen Dressurprüfung Prix St-Georges – Kür (Nur für S*) 242
2.19 Notenbogen Dressurprüfung Klasse S – Kür (Intermediaire I-Kür) (Nur für S**) 244
2.20 Notenbogen Dressurprüfung Grand Prix – Kür (Nur für S*** oder S****) 246
2.21 Umrechnungstabellen für nationale Dressurprüfungen der Klassen M und S 248
2.22 Umrechnungstabellen für nationale Kür-Notenbogen der Klassen L, M, S, Prix St-Georges und Grand Prix ... 256

V. Stilspringprüfungen mit Standardanforderungen gem. § 520 ff. LPO, FN-Hunterklasse Springen gem. § 540 LPO
1. Aufbauempfehlungen für Stilspringprüfungen mit Standardanforderungen 259
1.1 Anforderungen der Aufgabenstellungen 259
1.2 Hinweise zum Aufbau 260
1.3 Aufgabenstellung und Beispielparcours für die entsprechende Klasse 260
1.4 Leitfaden Stilspringprüfung 261
2. Standardparcours für Pferde und Ponys Parcours E 1 bis E 2, A 1 bis A 2, L 1 bis L 3, M 1 bis M 2, Championatsparcours (Ch 1 bis Ch 4) und Trainingsparcours (T 1 bis T 3) 262
2.1 Standardparcours der Klassen E, A, L und M 262
2.2 Championatsparcours (Ch 1 bis Ch 4) 292
2.3 Trainingsparcours (T 1 bis T 3) 300
3. FN-Hunterklasse Springen 306
Vorbemerkung 306
3.1 Kurzprotokollbogen FN-Hunterklasse Springen 307

VI. Gelände- und Vielseitigkeitsprüfungen gem. §§ 600 ff. LPO, FN-Hunterklasse Gelände gem. § 685 ff. LPO

1. Vormustern/Verfassungsprüfung gem. § 67 LPO 309
Vorbemerkung 309
2. Dressur 311
2.1 Dressuraufgaben für Vielseitigkeitsprüfung der Klassen E, A, L, M und S
Aufgaben VE 1 bis VE 2/2 311
Aufgaben VA 1 bis VA 3 314
Aufgaben VL 1 bis VL 3 319
Aufgaben VM 1 bis VM 3 326
Aufgaben VS 1 und VS 2 333
2.2 Umrechnungstabellen für Vielseitigkeitsprüfungen der Klassen L, M und S 338
3. Stilgeländeritt gem. §§ 670 ff. LPO 342
Vorbemerkung 342
3.1 Leitfaden Stilgeländeritt 343
4. FN-Hunterklasse Gelände 344
Vorbemerkung 344
4.1 Kurzprotokollbogen FN-Hunterklasse Gelände 345
Hinweis auf internationalen Teil Dressur, Vielseitigkeit und Fahren und nationalen Teil Voltigieren 258, 346

VII. Kombinierte Prüfungen gem. §§ 800 ff. LPO

1. Kombinierte Prüfungen 347
Vorbemerkung 347
2. Vormustern im Rahmen einer kombinierten Prüfung 347
Vorbemerkung 347
3. Aufgaben für die Teilprüfung Dressur in kombinierten Prüfungen der Klassen E und A analog Eignungsprüfungen gem. §§ 830 ff. LPO
Aufgaben K 1 und K 2 349
4. Parcoursvorschlag für kombinierte Dressur-/Springprüfungen analog Eignungsprüfungen gem. §§ 830 ff. LPO 351

VIII. Dressurvierecke zum Ausklappen

Alle im Aufgabenheft erwähnten Personenbezeichnungen gelten für Männer und Frauen, auch wenn sie lediglich in der männlichen Sprachform ausgedrückt sind.
Alle erwähnten Bestimmungen gelten für Pferde und Ponys, sofern für Ponys nicht ausdrücklich eine andere Regelung aufgeführt ist.

 Druck: März 2015

Vorwort

zur Gültigkeit des Aufgabenheftes – Anforderungen und Kriterien im deutschen Turniersport

Dieses Aufgabenheft beinhaltet eine Zusammenstellung der Anforderungen und Kriterien im deutschen Turniersport. Dies sind zum Beispiel traditionell die Dressuraufgaben, aber auch Standardparcoursvorschläge für Stilspringen mit Standardanforderungen, Eignungsprüfungen für Reitpferde und Springreiterwettbewerbe sowie Vielseitigkeitsaufgaben. Außerdem beinhaltet es zu allen Prüfungs- und Wettbewerbstypen die Kurzfassungen der Merkblätter zu Anforderungen und Bewertung sowie die Leitfäden und Protokollbögen. Mit diesen Informationen können Sie sich nun ideal auf Ihre Turniereinsätze vorbereiten.
Die Gültigkeit in Zusammenhang mit LPO, Richtlinien für Reiten und Fahren sowie den FN-Turniersport-Merkblättern ist wie folgt geregelt:

- Das Aufgabenheft ist Bestandteil der LPO (§ 1 Abs. 3, § 405 und § 715).
- Die Richtlinien für Reiten (Band 1 und 2), Fahren (Band 5), Voltigieren (Band 3) sind verbindlich für alle am Turniersport teilnehmenden Personen (LPO § 1 Abs. 3) und Grundlage der Anforderungen an das Fahren, Reiten und Voltigieren gemäß Aufgabenheft und LPO.
- Die FN-Turniersport-Merkblätter (erhältlich unter www.pferd-aktuell.de oder www.drv-online.de) sind im Gegensatz zu LPO, Aufgabenheft und Richtlinien für Reiten und Fahren kein verbindliches Regelwerk. Sie enthalten Grundinformationen und Durchführungshinweise/-empfehlungen für alle Prüfungsformen.

Wir wünschen viel Spaß bei der Lektüre und viele erfolgreiche Turniereinsätze!

Ihr FN-Team

Regelwerk für den deutschen Turniersport

Die LPO regelt die Durchführung von Leistungsprüfungen zur Förderung des Reit-, Fahr- und Voltigiersports, der deutschen Pferdezucht und der Pferdehaltung. Sie ist verbindlich für alle in der Deutschen Reiterlichen Vereinigung e.V. (FN) zusammengeschlossenen natürlichen und juristischen Personen, die Leistungsprüfungen oder Pferdeleistungsprüfungen vorbereiten, durchführen, beaufsichtigen sowie daran teilnehmen.

Neu in der LPO 2013

Ganz neu:
„offene" und „geschlossene" Prüfungen
Die gravierendste Änderung in der LPO betrifft die Ausschreibung von „offenen" und „geschlossenen" Prüfungen. Letztere sind den weniger routinierten Reitern vorbehalten und sollen 20 Prozent einer „normalen" Turnierveranstaltung ausmachen.

Richter-Rotation
Eine weitere Neuregelung, die auf der Auswertung der Umfrage basiert, ist das Rotationsverfahren für Richter. Demnach darf ein Richter maximal fünf Jahre in Folge auf einem Turnier eingesetzt werden. Jedes Jahr muss ein Richter einer Veranstaltung ausgetauscht werden.

Verbesserte Planbarkeit
Die LPO sieht ferner vor, dass in der vorläufigen Zeiteinteilung der Zeitpunkt der Prüfung konkreter definiert wird.

Weitere Detailänderungen der LPO betreffen insbesondere die einzelnen Disziplinen, eine Erweiterung der Helmpflicht für Dressurreiter und Fahrer bis 18 Jahre und Teilnehmer aller Altersklassen an Dressurprüfungen der Klassen E und A.

320 Seiten, zahlr. Abbildungen
Format: 190 x 230 mm

Ringbuch inkl. Inhalt
ISBN: 978-3-88542-772-8
€ 19,90

Inhalt (ohne Ordner)
ISBN: 978-3-88542-773-5
€ 13,90

FNverlag
der Deutschen Reiterlichen Vereinigung GmbH
Fachkompetenz rund ums Pferd
Postfach 11 03 63
48205 Warendorf
→ Tel.: +49 (0)2581 6362-154/-254
Fax: +49 (0)2581 6362-212
E-Mail: vertrieb-fnverlag@fn-dokr.de
www.fnverlag.de

I. Allgemeines

1. Die Ethischen Grundsätze des Pferdefreundes

- Wer auch immer sich mit dem Pferd beschäftigt, übernimmt die Verantwortung für das ihm anvertraute Lebewesen.
- Die Haltung des Pferdes muss seinen natürlichen Bedürfnissen angepasst sein.
- Der physischen wie psychischen Gesundheit des Pferdes ist unabhängig von seiner Nutzung oberste Bedeutung einzuräumen.
- Der Mensch hat jedes Pferd gleich zu achten, unabhängig von dessen Rasse, Alter und Geschlecht sowie Einsatz in Zucht, Freizeit oder Sport.
- Das Wissen um die Geschichte des Pferdes, um seine Bedürfnisse sowie die Kenntnisse im Umgang mit dem Pferd sind kulturgeschichtliche Güter. Diese gilt es zu wahren und zu vermitteln und nachfolgenden Generationen zu überliefern.
- Der Umgang mit dem Pferd hat eine persönlichkeitsprägende Bedeutung gerade für junge Menschen. Diese Bedeutung ist stets zu beachten und zu fördern.
- Der Mensch, der gemeinsam mit dem Pferd Sport betreibt, hat sich und das ihm anvertraute Pferd einer Ausbildung zu unterziehen. Ziel jeder Ausbildung ist die größtmögliche Harmonie zwischen Mensch und Pferd.
- Die Nutzung des Pferdes im Leistungs- sowie im allgemeinen Reit-, Fahr- und Voltigiersport muss sich an seiner Veranlagung, seinem Leistungsvermögen und seiner Leistungsbereitschaft orientieren. Die Beeinflussung des Leistungsvermögens durch medikamentöse sowie nicht pferdegerechte Einwirkung des Menschen ist abzulehnen und muss geahndet werden.
- Die Verantwortung des Menschen für das ihm anvertraute Pferd erstreckt sich auch auf das Lebensende des Pferdes. Dieser Verantwortung muss der Mensch stets im Sinne des Pferdes gerecht werden.

Zu diesem Thema können die Broschüre „Ethik im Pferdesport, Teil I: Die Ethischen Grundsätze des Pferdefreundes" (kostenfrei) mit ausführlichen Erläuterungen sowie das farbige Kinderposter „Das 1 x 9 der Pferdefreunde" (0,50 Euro) in kindgerechter Aufmachung bei der Deutschen Reiterlichen Vereinigung e.V. (FN), FN-Service, Warendorf, Telefon +49 (0)2581 6362-222 bezogen werden. Es wird eine Versandkostenpauschale in Höhe von 3,00 Euro erhoben.

Druck: März 2015

2. Grundregeln des Verhaltens im Pferdesport (Verhaltenskodex)

1. Der Reitbetrieb muss von respektvollem Umgang miteinander geprägt sein. Unabhängig von Ausbildungsstand, sportlichem Erfolg, Reitweise, eingesetzter Pferderasse und materiellen Möglichkeiten verdient jeder Pferdesportler die gleiche Achtung und Wertschätzung.
2. Jeder Pferdesportler ist zu einer fairen und konstruktiven Auseinandersetzung mit einem Reiterkameraden verpflichtet, wenn bei diesem Missstände in Ausbildung und Umgang mit dem Partner Pferd und damit ein Verstoß gegen die „Ethischen Grundsätze des Pferdefreundes" zu erkennen sind.
3. Erfolg oder Misserfolg im Sport hängen ursächlich von reiterlichen Qualitäten ab. Die (selbst-)kritische und aufmunternde Auseinandersetzung mit der Leistung des Einzelnen oder einer Gruppe ist ehrlicher und wirkungsvoller, als die Fehlerquelle in der Eignung des Pferdes zu suchen.
4. Der Ausbilder muss in pädagogisch einwandfreiem Unterricht fachlich fundiert und motivierend fördern und zugleich Persönlichkeitsentwicklung, eigenverantwortliches Handeln und soziales Verhalten der ihm anvertrauten Schüler fördern. Er soll jederzeit Vorbild sein, ist in höchstem Maße dem Horsemanship verpflichtet und lehnt alle Formen der verbotenen Leistungsbeeinflussung ab.
5. Der Reitschüler bringt dem Reitlehrer denselben Respekt entgegen, den er von ihm erwartet oder bekommt. Ein offenes Gespräch über Ängste und Überforderung hilft mehr als eine emotionale Diskussion in der Reitbahn.
6. Eltern der Reitschüler bzw. Voltigierer sollen motivierend auf ihre Kinder einwirken und die Erwartungen an die sportliche Entwicklung den realen Gegebenheiten anpassen. Übertriebener Ehrgeiz der Eltern fördert Kinder und Jugendliche nicht.
7. Der Pferdesportler vertraut dem Stallbetreiber und dessen Personal sein Pferd an und erwartet eine gute Behandlung sowie eine den Bedürfnissen des Pferdes angepasste Haltung. Die erbrachte Dienstleistung des Betriebes insgesamt,

wie des einzelnen Mitarbeiters, muss anerkannt und honoriert werden. Eventuelle Missstände sind sachlich zu diskutieren und zu beheben.

8. Der Turnierrichter muss eine Leistung vorurteilsfrei und auf der Basis seiner fachlichen Qualifikation bewerten und darf sich nie dem Verdacht der Befangenheit aussetzen.
9. Der Turniersportler hat den Urteilsspruch des Richters im beurteilenden Richtverfahren zu akzeptieren. Bleibt eine Entscheidung unverständlich, ist das klärende Gespräch mit dem Richter das einzig faire Mittel. Polemik in der Öffentlichkeit diskreditiert den Reiter und verstößt gegen die Grundregeln des Sports.
10. Der Betreiber eines Handelsstalls bzw. der Pferdeverkäufer muss über die gesetzlichen Vorschriften hinaus im Pferdeverkauf verantwortungsvoll handeln und die Vermittlung eines Pferdes am Ausbildungsstand von Pferd und Käufer sowie an der beabsichtigten Nutzung des Pferdes ausrichten.
11. Der Funktionär im Pferdesport muss sich seiner Vorbildfunktion und besonderen Verantwortung für den Sport- und Freizeitpartner Pferd bewusst sein. Er ist nicht nur für den ordnungsgemäßen Betrieb eines Reitstalls, Verbandes, Turniers o.Ä. zuständig, sondern hat zugleich als Ansprechpartner für Politik, Landwirtschaft und Wirtschaft die Interessen der Pferdesportler und Züchter wahrzunehmen und zu vertreten.
12. Jeder Pferdesportler ist Nutznießer der vorhandenen Strukturen und Möglichkeiten innerhalb seines Sports. All jene, die sich ehren- oder hauptamtlich für die langfristige Sicherung des Pferdesports als Breitensport in Natur und Umwelt sowie als Leistungssport einsetzen, verdienen Anerkennung und Unterstützung.

Zu diesem Thema kann die Broschüre „Ethik im Pferdesport, Teil II: Grundregeln des Verhaltens im Pferdesport (Verhaltenskodex)" (kostenfrei) bei der Deutschen Reiterlichen Vereinigung e.V. (FN), FN-Service, Warendorf, Telefon +49 (0)2581 6362-222 bezogen werden. Es wird eine Versandkostenpauschale in Höhe von 3,00 Euro erhoben.

Die Ethischen Grundsätze und die Grundregeln des Verhaltens im Pferdesport gelten für alle Disziplinen.

3. Anforderungen an das Reiten in Dressurprüfungen (§ 405 LPO)

Nach § 405 der LPO werden die Anforderungen an das Reiten in Dressurprüfungen durch das Aufgabenheft der FN und durch die Richtlinien für Reiten und Fahren, Band 1 und 2 bestimmt. Die gleichen Grundsätze gelten für Basis- und Aufbauprüfungen, für die Teilprüfung Dressur in Vielseitigkeitsprüfungen sowie entsprechende Wettbewerbe der WBO.

3.1 Anforderungen an den Reiter

Der Reiter sitzt ausbalanciert und losgelassen, in aufrechter Haltung im tiefsten Punkt des Sattels. Er geht weich und geschmeidig in die Bewegungen des Pferdes ein. Ziel ist die harmonische Übereinstimmung von Reiter und Pferd. Beim Leichttraben nimmt der Reiter im Moment des Auffußens des inneren Hinterbeines im Sattel Platz und steht entsprechend auf, wenn die äußere Schulter des Pferdes vorschwingt. Das Umsitzen erfolgt an einer kommandierten Stelle oder beim Handwechsel.
Nur aus einem korrekten **Sitz** heraus können richtige **Hilfen** gegeben werden. Der Reiter wirkt mit **Gefühl**, überlegt und eindeutig, jedoch möglichst unauffällig ein. Die **Einwirkung** des Reiters erfolgt durch Gewichts-, Schenkel- und Zügelhilfen.
Eine sinnvoll dosierte Anwendung von Gerte und Sporen ist erlaubt, sofern die Ausschreibung ihre Benutzung nicht untersagt. Stimmhilfen sind nicht zulässig.
Die verschiedenen Arten der **Zügelführung** werden in den Richtlinien für Reiten und Fahren, Band 1 und 2 beschrieben.
Grundsätzlich sind die Zügel mit beiden Händen zu führen. In bestimmten Aufgaben kann das Reiten mit Zügelführung in einer Hand gestattet sein.
Während der Prüfung ist das Zügelmaß der Lektionenfolge ständig anzupassen.
Zu Beginn und am Schluss einer jeden Aufgabe/Kür erfolgt **der Gruß** auf der Mittellinie und bei Abteilungs- bzw. Mannschaftsaufgaben auch auf den Parallellinien.
Das Pferd steht geschlossen und unbeweglich auf allen vier Beinen mit möglichst guter Selbsthaltung.
Der Teilnehmer nimmt zum Gruß die Zügel in eine Hand. Die andere Hand wird bei weiblichen Teilnehmern nach unten geführt. Die männlichen Teilnehmer nehmen mit der Hand die

Kopfbedeckung herunter und führen die Hand dann nach unten. Bei der Kopfbedeckung mit Drei- bzw. Vierpunktsicherung greift der Teilnehmer mit der Hand an den Schirm der Kopfbedeckung.

3.2 Aussehen und Eigenschaften des gerittenen Pferdes

Das gerittene Pferd muss den Grundkriterien der Ausbildungsskala entsprechen. Demnach zeigt es Takt, Losgelassenheit, Anlehnung, Schwung, Geraderichtung und Versammlung, jeweils im Rahmen der entsprechenden Klasse.
Die Durchlässigkeit ist das Ergebnis einer systematischen, gymnastizierenden Ausbildung.
Das Pferd lässt den Reiter angenehm sitzen und folgt gehorsam und vertrauensvoll dessen Hilfen. Es bewegt sich im Gleichgewicht. Sein Rahmen und seine Haltung entsprechen den gestellten Anforderungen und dem jeweiligen Versammlungsgrad unter Berücksichtigung der körperlichen Voraussetzungen. Das Genick ist stets der höchste Punkt und die Stirn-Nasenlinie bleibt etwas vor oder höchstens an der Senkrechten.
Eine deutliche Vorwärtstendenz ist in allen Gangarten erkennbar, auch in den versammelten Tempi bewegt sich das Pferd gleichbleibend fleißig.
Mit zunehmendem Ausbildungsstand werden die Anforderungen an die Durchlässigkeit des Pferdes erhöht (Reiten von halben und ganzen Paraden, Qualität des Haltens, Präzision der Übergänge, Durchreiten der Ecken, Geschmeidigkeit beim Umstellen bzw. Richtungswechsel).
Das Einhalten der Hufschlagfiguren wird in allen Klassen gleichermaßen verlangt.

3.3 Grundgangarten und Tempi

3.3.1 Schritt

Kriterien für alle Schritttempi sind das Schreiten im klaren, geregelten Viertakt, der Fleiß und der vom Gangmaß abhängige Raumgriff.

a) Mittelschritt

Die Hinterhufe fußen über die Spur der Vorderhufe hinaus. Das Pferd schreitet mit stetiger und weicher Anlehnung, wobei der Reiter die natürliche Nickbewegung des Pferdes zulässt.

b) Starker Schritt

Das Pferd bewegt sich mit weiten, raumgreifenden Schritten. Die Schrittlänge ist abhängig von der naturgegebenen Veranlagung und dem Körperbau des Pferdes. Ein weiteres Vorfußen als im Mittelschritt muss deutlich markiert sein.
Die Reiterhand gestattet die notwendige Dehnung durch Verlängerung des Zügelmaßes, ohne dabei die Anlehnung aufzugeben. Die natürliche Nickbewegung wird zugelassen.

c) Versammelter Schritt

Die Hinterhufe fußen nicht über die Spur der Vorderhufe. Das Pferd richtet sich entsprechend des vermehrten Versammlungsgrades auf. Die Schritte werden im Ausdruck erhabener. Der Fleiß bleibt erhalten. Die Stirn-Nasenlinie nähert sich der Senkrechten.

3.3.2 Trab

Kriterien für alle Trabtempi sind der klare Zweitakt und eine gute Schwungentfaltung mit einem erkennbaren Moment der freien Schwebe.

a) Arbeitstrab

Die Hinterhufe fußen mindestens in die Spur der Vorderhufe. Das Pferd bewegt sich taktmäßig und schwungvoll.
Das „**Tritte-Verlängern**" ist als Vorstufe des Mitteltrabes zu verstehen.

b) Mitteltrab

Im Mitteltrab gewinnt das Pferd durch größeren Raumgriff mehr Boden, ohne in der Trittfolge eiliger zu werden. Der kräftige Schub der Hinterbeine veranlasst das Pferd zum leichten Abfedern und zum vermehrten Vortritt. Die Hinterhufe treten über die Spur der Vorderhufe. Eine Erweiterung des Rahmens wird deutlich erkennbar.

c) Starker Trab

Der starke Trab ist die höchste Steigerung der Vorwärtsbewegung im Trab und zeigt den größtmöglichen Schwung, Schub und Raumgriff im Einklang mit der entsprechenden Rahmenerweiterung. Die Hinterhufe des Pferdes fußen deutlich über die Spur der Vorderhufe, ohne eiliger zu werden.

 Druck: März 2015

d) Versammelter Trab

Im versammelten Trab nehmen die Hinterbeine bei stärker gebeugten Hanken mehr Last auf. Dadurch verkürzt sich der Raumgriff ohne Einschränkung an Fleiß und Schwung. Die Tritte werden erhabener und kadenzierter. Die Hinterhufe fußen bis in die Spur der Vorderhufe.
In der Klasse L handelt es sich dabei um eine beginnende Versammlung.

3.3.3 Galopp

Kriterien für alle Galopptempi sind der klare Dreitakt mit einem Moment der freien Schwebe. Das Pferd springt in Bergauftendenz mit den Hinterbeinen möglichst weit in Richtung unter den Körperschwerpunkt. Im Galopp darf das Pferd auch auf gerader Linie geringfügig gestellt sein.

a) Arbeitsgalopp

Der Arbeitsgalopp ist geregelt, fleißig und schwungvoll.
Das „**Galoppsprünge-Verlängern**" ist eine Vorstufe zum Mittelgalopp.

b) Mittelgalopp

Im Mittelgalopp werden raumgreifendere Sprünge mit entsprechender Rahmenerweiterung verlangt.

c) Starker Galopp

Im starken Galopp wird der größtmögliche Bodengewinn bei entsprechender Rahmenerweiterung erzielt. Der Galoppsprung wird gegenüber dem Mittelgalopp nicht eiliger.

d) Versammelter Galopp

Im versammelten Galopp nimmt die deutlich unterspringende Hinterhand vermehrt Last auf, ohne an Fleiß zu verlieren. Der Galoppsprung wird erhabener, der Bodengewinn geringer.

e) Außengalopp

Im Außengalopp dürfen die Ecken der Bahn geringfügig abgerundet werden. Das Pferd bleibt mit Vor- und Hinterhand auf einer Hufschlaglinie, wobei es sowohl auf gerader als auch auf gebogener Linie entsprechend dem jeweils vorgreifenden Beinpaar gestellt ist.

3.4 Übergänge

Die Übergänge **von einer Gangart in eine andere** oder **von einem Tempo in ein anderes** erfolgen klar erkennbar, durchlässig und ohne Störung des Bewegungsflusses.

Mit dem **Übergang in ein höheres Gangmaß** erfolgt eine Rahmenerweiterung, die den vermehrten Raumgewinn der Schritte, Tritte und Sprünge ermöglicht. Die **Rückführung** in ein niedrigeres Gangmaß ist geschmeidig und durchlässig.
Beim **einfachen Galoppwechsel** ist der Übergang zum Schritt unmittelbar, geschmeidig und durchlässig. Nach drei bis fünf klaren Schritten wird entschlossen wieder angaloppiert.
Wird der einfache Galoppwechsel an einem vorgeschriebenen Bahnpunkt verlangt, sind die jeweiligen Übergänge vor bzw. nach diesem Punkt.

Beim **Übergang zum Halten** wird die Vorwärtsbewegung des Pferdes geschmeidig aufgefangen. Die Hinterbeine fußen gleichmäßig in Richtung unter den Körperschwerpunkt bei erhöhter Lastaufnahme, bis das Pferd zum Halten kommt. Sofern gesondert gefordert, kann der Übergang vom Trab zum Halten über drei bis vier Schritte erfolgen.
Im Halten steht das Pferd geradegerichtet, unbeweglich, ausbalanciert und geschlossen auf allen vier Beinen.
Der Übergang zum Halten ist so auszuführen, dass sich der Schenkel des Reiters über oder an dem jeweiligen Bahnpunkt befindet.

3.5 „Zügel-aus-der-Hand-kauen-Lassen"

Das Zügelmaß wird bis zum langen Zügel allmählich verlängert. Die sichere Verbindung zum Pferdemaul bleibt erhalten. Das Pferd behält Gangart, Takt und Tempo bei. Der Hals des Pferdes dehnt sich vorwärts-abwärts, bis sich das Maul mindestens auf Höhe der Buggelenke befindet, aber höchstens so weit, wie es das Gleichgewicht des Pferdes zulässt. Die Stirn-Nasenlinie bleibt vor der Senkrechten. Das Genick ist aufgrund der Dehnungshaltung nicht mehr der höchste Punkt.

3.6 Überstreichen

Der Reiter geht für zwei bis drei Pferdelängen mit den Zügelfäusten entlang des Mähnenkammes etwa zwei Handbreit vor. Im Einzelfall kann das Überstreichen nur mit der inneren

 Druck: März 2015

Hand verlangt werden. Die Selbsthaltung des Pferdes bleibt erhalten, wobei die Stirn-Nasenlinie etwas deutlicher vor die Senkrechte kommen darf. Das Tempo bleibt unverändert.

3.7 Reiten auf gebogenen Linien

Verlangt werden die gleichmäßige Stellung und Biegung entsprechend der Wendung. Bei jedem Richtungs- oder Handwechsel wird das Pferd geschmeidig in die neue Bewegungsrichtung gestellt und gebogen. Das Pferd ist jederzeit mit der Vorhand auf die Hinterhand ausgerichtet. Bei Verstärkungen werden die Ecken abgerundet.

a) Zirkel

Der Zirkel ist ein Kreisbogen von 20 m Durchmesser. Bei einem **Wechsel durch den Zirkel** oder einem **Wechsel aus dem Zirkel** wird das Pferd beim Richtungswechsel kurzfristig in Form eines flachen „S" geradeaus gerichtet, bevor es anschließend in die neue Bewegungsrichtung gestellt und gebogen wird.

b) Volte

Die Volte wird als ein Kreis mit einem vorgeschriebenen Durchmesser (10 m, 8 m) geritten. Der vom Pferd beschriebene Kreisbogen weist nur eine Hufschlaglinie auf.

c) Kehrtvolte

Die Kehrtvolte entspricht in ihrem ersten Teil einer halben Volte. Danach wird das Pferd auf gerader Linie gem. Skizze (Seite 39) zum Hufschlag zurückgeführt.

d) Aus der Ecke kehrt

Die Lektion „Aus der Ecke kehrt" (in der Regel aus der zweiten Ecke der langen Seite) ist in ihrem ersten Teil wie eine Volte zu reiten. Sie muss den Hufschlag an der kurzen Seite berühren. Vom Punkt des Bogens, der am weitesten vom Hufschlag entfernt ist, führt der Reiter das Pferd in schräger Richtung auf gerader Linie zum Hufschlag zurück und befindet sich dann auf der anderen Hand.

e) Schlangenlinie durch die Bahn, an der langen Seite und entlang der Mittellinie

Die Schlangenlinie durch die ganze Bahn beginnt und endet jeweils Mitte der kurzen Seite bei A oder C. Das Durchreiten der Mittellinie erfolgt stets senkrecht zu dieser. Die Schlangenlinie ist je nach der Anzahl der geforderten Bögen gem. Skizze (Seite 36, 37 und 43) gleichmäßig einzuteilen.

Der Fußwechsel beim Leichttraben, jeder Gangartwechsel und sowohl einfache als auch fliegende Galoppwechsel sind beim Durchreiten der Mittellinie auszuführen.

Die Schlangenlinie an der langen Seite wird gem. Skizze (Seite 36) geritten. Bei der einfachen Schlangenlinie ist die weiteste Entfernung vom Hufschlag (Mitte der langen Seite) 5 m, bei der doppelten Schlangenlinie 2,50 m. Die Schlangenlinie entlang der Mittellinie wird gem. Skizze (Seite 36) geritten, bei drei Bögen 5 m von der Mittellinie entfernt, jeweils bis zur Viertellinie.

3.8 Vorhandwendung

Die Vorhandwendung wird aus dem Halten ausgeführt. Vor Beginn der Wendung wird das Pferd zur Seite des seitwärtstreibenden Schenkels gestellt. Die Hinterhand des Pferdes beschreibt einen Halbkreis um die Vorhand. Der innere Hinterfuß tritt vor und über den äußeren. Der Wendepunkt liegt dicht am inneren Vorderfuß. Nach Vollendung der Wendung um 180° wird das Pferd wieder geradeaus gestellt.

In einer Reitbahn, in der sich der Hufschlag direkt an der Bande befindet, wird diese Lektion auf dem zweiten Hufschlag ausgeführt.

3.9 Viereck verkleinern, Viereck vergrößern

Viereck verkleinern bzw. Viereck vergrößern wird als eine Vorwärts-seitwärts-Bewegung entlang einer gedachten diagonalen Linie geritten (gem. Skizze, Seite 40).

Beim Viereck-Verkleinern wird das Pferd z.B. vom HB-Punkt aus vorwärts-seitwärts bis zur Viertellinie in die Bahn geführt.

Beim Viereck-Vergrößern wird das Pferd von der Viertellinie aus ab Höhe HB-Punkt vorwärts-seitwärts zum Wechselpunkt geführt. Das Pferd ist jeweils zur Seite des vorwärts-seitwärtstreibenden Schenkels gestellt, aber nicht gebogen. Das innere Hinterbein tritt in Richtung des Körperschwerpunktes vor. Das Pferd bewegt sich dabei annähernd parallel zur langen Seite.

3.10 Rückwärtsrichten/Schaukel

Das Pferd tritt bei deutlichem Abfußen in diagonaler Fußfolge (Zweitakt) zurück. Es bleibt dabei in sich geradegerichtet. Das Rückwärtsrichten erfolgt durchlässig und mit gleichbleibender Länge der Tritte.
Wird nach dem Rückwärtsrichten das Halten verlangt, so ist der letzte Tritt ein halber Tritt, der als ganzer gezählt wird, damit das Pferd wieder geschlossen steht. Eine Pferdelänge rückwärtsrichten entspricht drei bis vier Tritten.
In einer Dressur der Klasse A ist das Rückwärtsrichten eher noch eine Abfrage des Gehorsams, sodass ein abschließendes korrektes geschlossenes Halten nicht erforderlich ist.
Wird nach dem Rückwärtsrichten ein sofortiges Anreiten verlangt, darf das Pferd nicht zum Halten kommen.
In der Schaukel tritt das Pferd eine bestimmte Anzahl an Tritten zurück, daraus eine bestimmte Anzahl an Schritten (Viertakt) vor, tritt dann wieder eine bestimmte Anzahl zurück und wird aus dem letzten Rückwärtsrichten im Schritt, Trab oder Galopp angeritten. Die Übergänge aus der Rückwärts- in die Vorwärtsbewegung und umgekehrt erfolgen fließend und zwanglos. Das Pferd kommt während der Schaukel nicht zum Halten.

3.11 Hinterhandwendung/Kurzkehrtwendung/ Schritt-Pirouette

3.11.1 Hinterhandwendung

Die Hinterhandwendung wird aus dem Halten begonnen. Bei der Einleitung der Wendung ist ein geringes Vortreten des Pferdes zulässig. Das Pferd ist in die Bewegungsrichtung gestellt und gebogen. Die Vorhand des Pferdes beschreibt einen Halbkreis um die Hinterhand. Der Wendepunkt liegt möglichst nah am inneren Hinterfuß, der dabei taktmäßig auf- und abfußt. Der äußere Hinterfuß beschreibt einen kleinen Halbkreis um den inneren. Die Vorderbeine treten vorwärts-seitwärts und kreuzen. Die Hinterbeine dürfen nicht kreuzen. Der klare Viertakt bleibt jederzeit erhalten. Da das Pferd wegen der Lage des Wendepunktes den Hufschlag um eine Pferdebreite verlässt, muss es zuletzt mit einem vorwärts-seitwärts gerichteten Schritt auf den Hufschlag zurückgeführt werden. Nur während dieses letzten Schrittes darf der äußere Hinterfuß vorwärts-seitwärts übertreten.

3.11.2 Kurzkehrtwendung

Die Kurzkehrtwendung erfolgt aus dem Mittelschritt oder aus dem Trab. Der Bewegungsablauf ist der gleiche wie bei der Hinterhandwendung, ohne dass das Pferd aber vor oder nach der Wendung zum Halten kommt.

3.11.3 Schritt-Pirouette

Die Schritt-Pirouette ist eine Wendung um die Hinterhand, die nur aus dem versammelten Schritt und mit erhöhtem Versammlungsgrad geritten wird. Der um die Hinterhand gerittene Halbkreis ist daher kleiner als bei der Hinterhand- bzw. Kurzkehrtwendung.

3.12 Seitengänge

Als Seitengänge werden Vorwärts-seitwärts-Bewegungen mit gleichmäßiger Längsbiegung bezeichnet, die in entsprechender Versammlung geritten werden. Takt, Tempo und Bewegungsfluss bleiben erhalten.

3.12.1 Schulterherein

Die Hinterhand bleibt auf dem Hufschlag und bewegt sich nahezu geradeaus. Die Vorhand des Pferdes wird so weit in die Bahn hineingeführt, dass die äußere Schulter des Pferdes vor die innere Hüfte des Pferdes gerichtet ist. Der innere Hinterfuß spurt in die Richtung des äußeren Vorderfußes.

Das Pferd ist um den inneren Schenkel gleichmäßig gebogen und bewegt sich auf drei Hufschlaglinien. Beendet wird das Schulterherein, indem die Vorhand wieder auf die Hinterhand eingerichtet wird.

3.12.2 Travers

Im Travers ist das Pferd in die Bewegungsrichtung gebogen. Die Vorhand bleibt auf dem Hufschlag. Die Hinterhand wird so weit in die Bahn hineingeführt, dass sich das Pferd auf vier Hufschlaglinien bewegt. Dabei kreuzen Vorder- und Hinterbeine.

Zur Beendigung des Travers wird wie beim Beenden einer Volte auf den Hufschlag zurückgeritten.

3.12.3 Renvers

Auch im Renvers ist das Pferd in die Bewegungsrichtung gebogen. Die Hinterhand bleibt auf dem Hufschlag, die Vorhand wird

in die Bahn hineingeführt. Das Maß der Abstellung und Längsbiegung entspricht dem des Travers.
Beendet wird das Renvers durch Einrichten der Vorhand auf die Hinterhand.

3.12.4 Traversale

In der Traversale bewegt sich das Pferd entlang einer gedachten diagonalen Linie, analog zum Travers, nahezu parallel zur langen Seite. Dabei geht die Vorhand geringfügig voraus. Kadenz und gleichbleibender Bewegungsfluss bleiben erhalten.
Es werden halbe, doppelte halbe, ganze und doppelte ganze Traversalen sowie Zick-Zack-Traversalen verlangt. Für Trabtraversalen kann eine bestimmte Meterzahl (Viertellinie) gefordert werden, für Galopptraversalen entweder eine bestimmte Anzahl von Galoppsprüngen oder eine bestimmte Meterzahl.
Bei jedem Richtungswechsel wird das Pferd geschmeidig in die neue Bewegungsrichtung gestellt und gebogen.

3.13 Fliegender Galoppwechsel

Den fliegenden Galoppwechsel springt das Pferd fließend und gelassen, geradegerichtet und erhaben, in deutlicher Vorwärtstendenz möglichst weit durch. Dabei erfolgt das gleichzeitige Umspringen der Vorder- und Hinterbeine im Moment der freien Schwebe. Bei einem Handwechsel durch die ganze Bahn und einem verlangten fliegenden Galoppwechsel am Ende der Diagonalen erfolgt der fliegende Galoppwechsel beim letzten Galoppsprung noch auf der Diagonalen, bevor das Pferd den Hufschlag erreicht.

3.14 Serienwechsel

Die Serienwechsel werden gerade, bergauf und im Rhythmus des Galoppsprungs ausgeführt. Das Tempo wird während der Serienwechsel gleichmäßig durchgehalten. Auf die genaue Einhaltung der jeweiligen Sprungzahl und die richtige Einteilung der Serienwechsel auf der geforderten Linie muss geachtet werden.

3.15 Galopp-Pirouette

Ganze, halbe und Viertel-Pirouetten werden aus dem versammelten Galopp geritten. Das Pferd beschreibt in gleichbleibendem Bewegungsfluss mit der Vorhand eine kreisförmige Wendung um die Hinterhand. Es ist dabei in die Bewegungsrichtung gestellt

und gebogen. Der innere Hinterfuß bewegt sich auf einem möglichst kleinen Kreis. Die Hinterhand senkt sich durch den höheren Grad der Versammlung und nimmt vermehrt Last auf. Der Bewegungsablauf muss als Galoppsprung klar erkennbar sein.
Die ganze Pirouette (360°) erfordert etwa sechs bis acht, die halbe Pirouette (180°) drei bis vier Galoppsprünge, die Viertel-Pirouette (90°) möglichst zwei Galoppsprünge.

3.16 Piaffe

Die Piaffe ist eine trabartige Bewegung auf der Stelle. Das Pferd beugt sich dabei vermehrt in den Hanken. Zwischen dem Auffußen der jeweiligen diagonalen Beinpaare liegt ein kurzer Aushaltemoment in der freien Schwebe.
Bei elastisch federnder Rückenmuskulatur nimmt die gesenkte Hinterhand vermehrt Last auf. Das Genick bleibt der höchste Punkt.
Das Pferd hebt die Unterarme etwa bis zur Waagerechten und setzt sie danach senkrecht nieder. Die Last aufnehmenden Hinterbeine fußen bis etwa in Höhe der Fesselgelenke energisch ab. In der Piaffe wird eine vorgegebene Anzahl von Tritten auf der Stelle verlangt. Dabei muss eine Vorwärtstendenz erkennbar sein. Ein Vortritt von insgesamt ein bis zwei Hufbreit ist zulässig, in bestimmten Aufgaben auch bis zu 1 m insgesamt.

3.17 Passage

Die Passage ist eine erhabene Trabbewegung mit geringem Raumgewinn und einem deutlichen Moment der freien Schwebe. In der Passage wird der höchste Grad der Versammlung und der Kadenz im Trab erreicht.
Die in der Fußfolge des Trabes energisch vom Boden abfedernden Beinpaare halten die Schwebephase länger aus. Die Unterarme werden, wie bei der Piaffe, bis zur Waagerechten angehoben. Die bei gebeugten Hanken gut herangeschlossenen Hinterbeine federn die Last taktmäßig, fleißig und gerade nach vorwärts-aufwärts ab.

3.18 Leitgedanken

Allgemeine Hinweise zu den Aufgaben der Klasse L, M und S mit Auflistung der Schwerpunkte bei der Beurteilung der einzelnen Lektionen

Einreiten im versammelten Trab bzw. Galopp. Halten. Grüßen. Im versammelten Tempo antraben. Versammelter Trab.	Erhalt von Takt, Qualität der Grundgangarten, Halten und Übergänge, Anlehnung, Geraderichtung.
Versammelter Trab. Schulterherein. Versammelter Trab.	Erhalt von Takt und Kadenz (Kadenz erst ab Klasse M), Qualität des Trabes, Anlehnung, Balance und Schwung, Biegung und Stellung, Fluss und Versammlung.
Mitteltrab.	Gleichmaß, Engagement der Hinterhand, Übertritt, Rahmenerweiterung, Rückentätigkeit.
Übergang zum versammelten Trab.	Harmonische Einleitung und Rückführung, Erhalt von Takt und Fluss, Qualität des Trabes, Rahmenveränderung, präzise Tempounterschiede.
Halbe Volte links, halbe Volte rechts bzw. Volte (Größe je nach Klasse 8 bzw. 10 m).	Erhalt von Takt, Qualität des Trabes, Anlehnung, Biegung, Umstellen (bei halbe Volte links und halbe Volte rechts), Balance, Versammlung, in Klasse L beginnende Versammlung, Größe, Form.
Travers. Versammelter Trab.	Erhalt von Takt und Kadenz, Qualität des Trabes, Anlehnung, Biegung, Schwung, Versammlung, Balance, Fluss, Kreuzen der Beine.

Schlangenlinie entlang der Mittellinie, 3 Bögen (mit angegebener Meterzahl).	Erhalt von Takt, Qualität des Trabes, Anlehnung, gleichmäßige Biegung, Versammlung, Umstellen, Symmetrie.
Nach rechts bzw. links traversieren.	Erhalt von Takt und Kadenz (Kadenz erst ab Klasse M), Qualität des Trabes, Anlehnung, Balance, Schwung, Biegung und Stellung, Versammlung, Fluss, Kreuzen der Beine.
Auf die Mittellinie abwenden. 3 Traversalverschiebungen nach links und rechts entsprechend der vorgegebenen Meterzahl.	Erhalt von Takt und Kadenz, Qualität des Trabes, Anlehnung, Balance, Schwung, Biegung, Versammlung, Fluss, Kreuzen der Beine, geschmeidiges Umstellen, Symmetrie.
Versammelter Trab, starker Trab, versammelter Trab.	Gleichmaß, Engagement der Hinterhand, deutlicher Übertritt, Rahmenerweiterung, Rückentätigkeit, Steigerung zum Mitteltrab.
Übergang starker Trab, versammelten Trab.	Harmonische Einleitung und Rückführung, Erhalt von Takt und Fluss, Qualität des Trabes, Rahmenveränderung, präzise Tempounterschiede.
Mittelschritt.	Takt, Losgelassenheit, Fleiß, Dehnung ans Gebiss, Raumgriff, Übertritt, Schulterfreiheit.
Starker Schritt.	Takt, Losgelassenheit, Fleiß, Dehnung ans Gebiss, gesteigerter Raumgriff, deutlicher Übertritt, Schulterfreiheit.
Versammelter Schritt.	Takt, Losgelassenheit, Fleiß, verkürzter Raumgriff, Aufrichtung.
Versammelter Schritt, halbe Pirouette rechts bzw. links.	Erhalt von Takt, Lastaufnahme, Fleiß, Stellung, Biegung, Größe.

 Druck: März 2015

Versammelter Trab, Kurzkehrt, versammelter Trab bzw. Mittelschritt.	Erhalt von Takt, Qualität der Übergänge, Fleiß, Stellung und Biegung, Versammlung (bei Klasse L beginnende Versammlung), Lastaufnahme, Größe.
Versammelter Schritt bzw. Mittelschritt, im versammelten Tempo antraben, versammelter Trab.	Erhalt von Takt und Fluss bei beiden Übergängen, präzise Tempounterschiede, Qualität des Trabs. Versammlung.
Mittelschritt bzw. versammelter Schritt, im versammelten Tempo angaloppieren, versammelter Galopp.	Sichere Reaktion auf die Hilfen, Erhalt von Takt, Anlehnung, Geraderichtung, Bergauftendenz, Qualität des Galopps.
Halbe Volte, Volte, Kehrtvolte (Größe je nach Klasse 8 bzw. 10 m).	Erhalt von Takt, Qualität des Galopps, Anlehnung, Durchsprung, Versammlung, Selbsthaltung, Biegung, Fluss. Größe, Form der halben Volte, Volte, Kehrtvolte.
Außengalopp. Lektionen im Außengalopp.	Erhalt von Takt, Qualität des Galopps, Selbsthaltung, Geraderichtung, Versammlung (bei Klasse L beginnende Versammlung), Linienführung.
Einfacher Galoppwechsel.	Qualität der Übergänge, klarer Viertakt, Geraderichtung, Schrittzahl, Ausführung am Punkt.
Versammelter Galopp. Mittelgalopp. Versammelter Galopp.	Qualität des Galopps, Sprungverlängerung, Rahmenerweiterung, Bergauftendenz, Geraderichtung.
Übergänge vom versammelten Galopp zum Mittelgalopp und zum versammelten Galopp.	Erhalt von Takt und Durchsprung, harmonische Einleitung und Rückführung, Rahmenveränderung, Geraderichtung.

Starker Galopp, versammelter Galopp.	Qualität des Galopps, Sprungverlängerung, Rahmenerweiterung, Bergauftendenz, Geraderichtung, Steigerung zum Mittelgalopp.
Starker Galopp, versammelter Galopp und fliegender Galoppwechsel. Versammelter Galopp.	Qualität des fliegenden Galoppwechsels auf der Diagonalen vor dem Wechselpunkt, Rückführung.
Übergänge vom versammelten Galopp zum starken Galopp und zum versammelten Galopp.	Harmonische Einleitung und Rückführung, Erhalt von Takt und Durchsprung, Rahmenveränderung, Geraderichtung.
Versammelter Galopp, fliegender Galoppwechsel. Versammelter Galopp.	Durchsprung, Bergauftendenz, Fluss, Geraderichtung. Qualität des Galopps davor und danach.
Versammelter Galopp nach links bzw. rechts traversieren.	Qualität des Galopps, Anlehnung, Versammlung, Selbsthaltung, Biegung, Fluss.
Versammelter Galopp. Traversalverschiebungen mit vorgegebenen Meterzahlen und fliegendem Galoppwechsel bei Richtungswechsel.	Qualität des Galopps, Anlehnung, Versammlung, Selbsthaltung, Biegung, geschmeidiges Umstellen, Fluss nach beiden Seiten, Symmetrie.
Fliegende Galoppwechsel zu 4, 3, 2 Sprüngen bzw. von Sprung zu Sprung.	Qualität des Galopps, Durchsprung, Sprungzahl, Bergauftendenz, Fluss, Geraderichtung, Einteilung.
Versammelter Galopp, Viertel-Pirouette rechts bzw. links.	Qualität des Galopps davor und danach, Erhalt des Galoppsprungs, Versammlung, Lastaufnahme, Balance. Stellung, Biegung, Größe, Sprungzahl (2).

Druck: März 2015

Versammelter Galopp, halbe Pirouette rechts bzw. links.	Qualität des Galopps davor und danach, Erhalt des Galoppsprungs, Versammlung, Lastaufnahme, Balance, Stellung, Biegung, Größe, Sprungzahl (3 bis 4).
Versammelter Galopp, ganze Pirouette rechts bzw. links, versammelter Galopp.	Qualität des Galopps davor und danach, Erhalt des Galoppsprungs, Versammlung, Lastaufnahme, Balance. Stellung, Biegung. Größe, Sprungzahl (6 bis 8).
2 bis 3 Pferdelängen überstreichen im Trab bzw. Galopp.	Erhalt von Trab- bzw. Galopptakt, Balance, Selbsthaltung und Biegung, Einhaltung von korrekter Linie z.B. Zirkellinie.
Zügel aus der Hand kauen lassen, an vorgegebener Stelle Zügel wieder verkürzen.	Erhalt von Takt, sicheres Dehnen vorwärts/abwärts, Balance und Biegung auf vorgegebener Linie z.B. Zirkellinie.
Halten, angegebene Trittzahl bzw. Pferdelänge rückwärtsrichten, daraus im Schritt anreiten bzw. antraben bzw. angaloppieren.	Qualität von Halten und Übergängen. Durchlässigkeit, diagonale Tritte, Geraderichtung, Trittzahl.
Schaukel, vorgegebene Trittzahl, daraus im versammelten Tempo antraben.	Qualität von Halten und allen Übergängen. Durchlässigkeit, Fluss, Geraderichtung, Tritt- und Schrittzahl.
Passage.	Übergang zur Passage. Gleichmaß, erhöhte Kadenz, Versammlung, Selbsthaltung, Engagement der Hinterhand, Geraderichtung, Rückentätigkeit.

Piaffe gemäß vorgegebener Trittzahl und erlaubter Meterzahl.	Gleichmaß, Lastaufnahme, Selbsthaltung, diagonales Ab- und Unterfußen, Balance, Rückentätigkeit, Geraderichtung, Trittzahl.
Übergänge Passage. Piaffe, Passage.	Erhalt von Takt und Versammlung. Durchlässigkeit, Fluss, Geraderichtung, Ausführung am Punkt.

Druck: März 2015

4. Anforderungen an das Reiten in Stilspringprüfungen sowie Stilspringprüfungen mit Standardanforderungen (§ 520 LPO)

4.1 Grundgedanke

In der Stilspringprüfung sowie Stilspringprüfung mit Standardanforderungen wird geprüft, ob sich der Reiter in der Springausbildung auf dem richtigen Weg befindet.
Bewertet werden Sitz und Einwirkung des Reiters, die harmonische Erfüllung der gestellten Aufgaben und der Gesamteindruck mit einer Wertnote (gem. § 520 LPO).
Dieser Grundgedanke beinhaltet, dass das gut gerittene, durchlässige Pferd erwünscht ist. Das im Training korrekt auf die Anforderungen der Prüfung vorbereitete Pferd wird dem Reiter die Erfüllung der Anforderungen in der Prüfung erleichtern und die Bewertung positiv beeinflussen.

4.2 Standardanforderungen

Die Standardanforderungen werden durch die in den anliegenden Parcoursskizzen vorgeschlagenen oder ähnliche Parcours festgelegt. Sie enthalten folgende Aufgabenstellungen:

- Reiten über Einzelhindernisse,
- Reiten über Hindernisfolgen mit festgelegten Distanzen (passende Distanzen: keine Distanzprobleme!),
- Reiten von Kombinationen,
- Reiten von Wendungen,
- Handwechsel,
- Übergänge von Gangart zu Gangart (Trabstrecken nicht unmittelbar nach Überwinden eines Hindernisses beginnen lassen; ausreichende Länge der Trabstrecke wählen),
- korrektes Reiten von vorgegebenen Wegen.

Dabei sind die in der Parcoursskizze eingetragenen Aufgaben wie z.B.

- Rechtsgalopp,
- Handwechsel,
- Trab,
- fünf Galoppsprünge

exakt zu erfüllen.

4.3 Bewertung

Die Bewertung erfolgt gem. § 520.3a. Bei Ausschreibung der Prüfung mit erlaubter Zeit (nicht in der Halle) gem. § 520.3b ist für die Galoppstrecke Tempo 350 m/Min., für die Trabstrecke Tempo 200 m/Min. zu berechnen.

4.4 Kriterien zur Bewertung des Springstils

4.4.1 Sitz

Siehe Richtlinien für Reiten und Fahren, Band 1 und 2.

- Der Sitz beim Springreiten („Springsitz"):
  In der **Grundposition des „Springsitzes"** hat der Reiter mit seinem Gesäß Kontakt zum Sattel. Die Steigbügel sind so verschnallt, dass er mit elastisch nach unten federnden Absätzen Halt findet und einen Teil des Gewichts darin abfedern kann. Das ermöglicht dem Reiter, einerseits nah am Pferd zu bleiben und andererseits beweglich und anpassungsfähig zu sein. Die Unterschenkel liegen sicher am Gurt. Der Reiter geht mit leicht nach vorn geneigtem Oberkörper angemessen in die Vorwärtsbewegung des Pferdes ein. Er hat das Pferd jedoch immer vor sich und bleibt stets im Gleichgewicht.
  Aus dieser Grundposition heraus variiert der Sitz des Reiters vor, über, nach und zwischen den Sprüngen, um sich den ständig verändernden Situationen anpassen zu können. Beim Anreiten der Hindernisse und in Wendungen bleibt der Reiter mehr oder weniger in der Grundposition. Zwischen den Hindernissen entlastet er ggf. stärker, bleibt jedoch mit dem Gesäß nah am Sattel. Über dem Sprung geht er deutlicher entlastend in der Bewegung des Pferdes mit.
  Der „Springsitz" ist somit nicht statisch sondern hat situationsbedingt verschiedene Ausprägungen.
- Wird Trab gefordert, sind lange Wege im Leichttraben zurückzulegen, in der Anreitephase Grundposition des „Springsitzes".

4.4.2 Einwirkung

Die Hilfengebung, das Anreiten der Hindernisse, das Überwinden und Weiterreiten, das rhythmische Reiten von Hindernisfolgen mit festgelegten Distanzen, das Reiten von Kombinationen, Wendungen, Übergängen und Handwechseln.
Siehe Richtlinien für Reiten und Fahren, Band 1 und 2

 Druck: März 2015

- Hilfengebung im leichten Sitz,
- Reittechnik.

4.4.3 Die harmonische Erfüllung der gestellten Aufgaben

Während des ganzen Parcours sind gleichbleibendes, dem Galoppsprung des Pferdes und den gestellten Anforderungen angepasstes Grundtempo, rhythmisches und kontrolliertes Galoppieren sowie durchlässige Übergänge erwünscht.

4.4.4 Der Gesamteindruck

Das Gerittensein des Pferdes findet bei der Bewertung der Einwirkung des Reiters seinen Niederschlag. Herausgebrachtsein von Pferd und Reiter, korrekter Anzug, korrekter Sitz von Zaum- und Sattelzeug bis hin zur korrekten Grußaufstellung sollen in die Bewertung mit einfließen.
Die Bewertung dieser Kriterien in einer Wertnote beginnt mit dem Einreiten des Teilnehmers in den Parcours und endet mit dem Ausreiten aus dem Parcours.

4.5 Im Hinblick auf die Standardanforderungen sei auf folgende Kriterien besonders hingewiesen:

4.5.1 Anreiten der Hindernisse, Überwinden und Weiterreiten

- Einhalten des Weges,
- die Mitte des Hindernisses anreiten,
- richtig gewähltes, gleichmäßiges Grundtempo,
- rhythmisches Galoppieren,
- geeignete Absprungdistanz,
- richtiges Mitgehen in die Bewegungen des Pferdes in den verschiedenen Sprungphasen,
- gerades Landen,
- richtiges Weiterreiten nach dem Landen.

4.5.2 Reiten von Hindernisfolgen mit festgelegten Distanzen

- Richtiges Anreiten des ersten Hindernisses durch Wahl eines für die Aufgabenstellung angepassten Tempos und einer geeigneten Absprungdistanz,
- rhythmisches Reiten der vorgeschriebenen Galoppsprungzahl,
- Fähigkeit, bei weiten Distanzen die Galoppsprünge zu ver-

längern bzw. bei engen Distanzen die Galoppsprünge zu verkürzen, um dadurch die vorgeschriebene Zahl der Galoppsprünge einzuhalten, ohne Harmonie, Rhythmus und den Bewegungsablauf des Pferdes zu stören.

4.5.3 Reiten von Kombinationen

- Richtiges Anreiten des ersten Sprunges durch Wahl eines für die Aufgabenstellung angepassten Tempos und einer geeigneten Absprungdistanz,
- flüssiges, harmonisches Weiterreiten in der vorgeschriebenen Zahl der Galoppsprünge mit zum jeweiligen Kombinationsabstand angepasstem Körperverhalten.

4.5.4 Reiten von Wendungen

- Richtiges Durchreiten der Wendungen,
- im Handgalopp,
- am vorherrschenden äußeren Zügel.

4.5.5 Handwechsel

- Fliegender Galoppwechsel erwünscht,
- je nach ausgeschriebener Klasse und Ausbildungsstand des Teilnehmerfeldes ist ein durchlässiger Galoppwechsel über Trab zu tolerieren bzw. nur geringfügig negativ zu bewerten.

4.5.6 Übergänge von Gangart zu Gangart bzw. zum Halten

- Richtige Ausführung der Paraden,
- Zusammenwirken der Hilfen,
- durchlässige Reaktion des Pferdes.

Nichterfüllung dieser Aufgabe muss die Platzierungsfähigkeit infrage stellen.

4.5.7 Korrektes Reiten von vorgegebenen Wegen

- Einhalten der Wege,
- Zusammenwirken der Hilfen,
- durchlässige Reaktion des Pferdes.

Nichterfüllung dieser Aufgabe muss die Platzierungsfähigkeit infrage stellen.

 Druck: März 2015

4.5.8 Während des ganzen Parcours gilt:

- Gleichbleibendes, dem Galoppsprung des Pferdes und den gestellten Anforderungen angepasstes Grundtempo,
- rhythmisches und kontrolliertes Galoppieren.

4.6 Wertnotenfindung

Die Bewertung beginnt mit dem Einreiten des Teilnehmers in den Parcours und endet mit dem Ausreiten aus dem Parcours. Abzüge gem. § 520.2 sind nur für Vorkommnisse zwischen Start und Ziel möglich.

Sitz und Einwirkung sind die Komponenten der Wertnote, für die ein bestimmtes Wertverhältnis jedoch nicht angegeben werden kann. Ihr jeweiliger Anteil an der Wertnote variiert nach

- Alter der Reiter,
- zu erwartendem Ausbildungsstand der Reiter,
- den besonderen Anforderungen der Prüfung.

Qualität und Gerittensein des Pferdes beeinflussen die Wertnote unvermeidlich, sollen jedoch nicht als direkte oder gar vordringliche Begründung der Bewertung herangezogen werden. Das Gerittensein des Pferdes wird in der Regel bei der Bewertung der Einwirkung des Reiters ihren Niederschlag finden.
Keine Fehler suchen: Ein einzelner, auch schwerer Fehler, z.B. am ersten Hindernis, kann oft weit weniger gravierend sein als z.B.

- unrhythmisches Reiten,
- wiederholte Unsicherheit beim Reiten von Distanzen,
- ständig wiederkehrende grobe Sitz- bzw. Einwirkungsfehler.

Herausgebrachtsein von Pferd und Reiter, korrekter Anzug, korrekter Sitz von Zaum- und Sattelzeug bis hin zur korrekten Grußaufstellung sollen in die Bewertung mit einfließen.

5. Wertnotenskala gem. § 57 LPO

Wertnotenskala gem. § 57 LPO

10 = ausgezeichnet

9 = sehr gut

8 = gut

7 = ziemlich gut

6 = befriedigend

5 = genügend

4 = mangelhaft

3 = ziemlich schlecht

2 = schlecht

1 = sehr schlecht

0 = nicht ausgeführt

Druck: März 2015

6. Vierecke und Hufschlagfiguren für Reitpferde

Dressurviereck 20 x 40 m

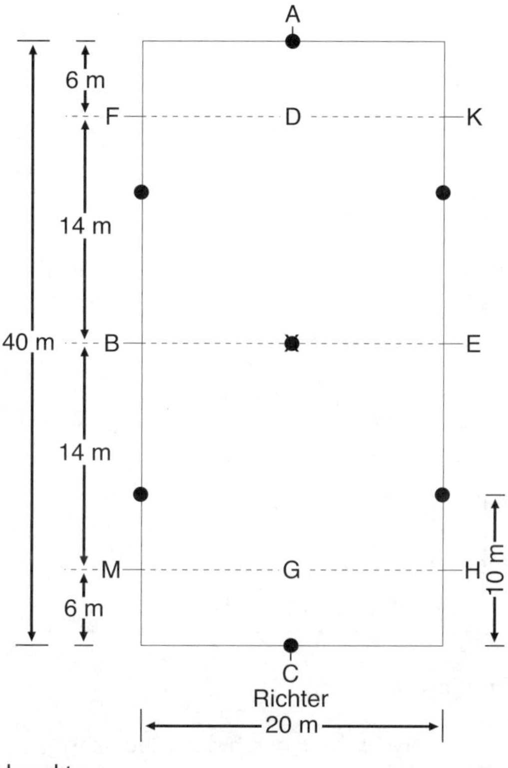

• Zirkelpunkte

Folgende Richterpositionen sind beim getrennten Richtverfahren zulässig:
H-C-M
H-C-B
E-C-M
E-C-B

Für Dressur bis Kl. M* und Teilprüfung Dressur bei Vielseitigkeitsprüfungen:
C-B
E-C
H-M

Hufschlagfiguren 20 x 40 m

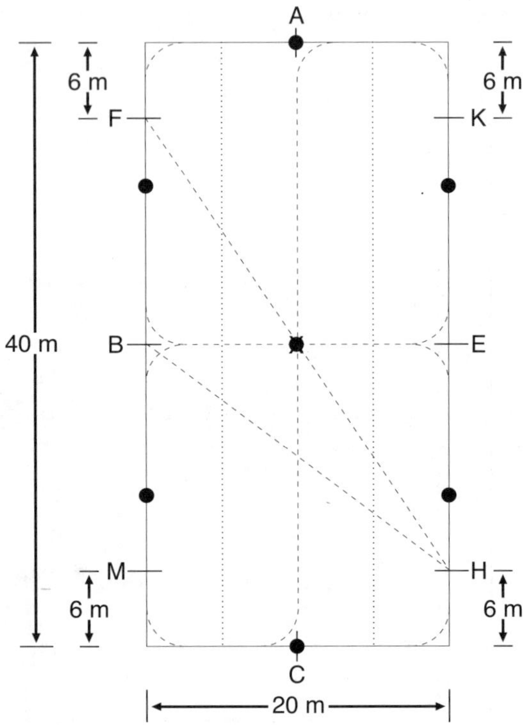

Hufschlagfiguren:

H-B	Wechsellinie durch die halbe Bahn
H-F bzw. F-H	Wechsellinie durch die ganze Bahn
A-C bzw. C-A	Wechsellinie durch die Länge der Bahn
B-E bzw. E-B	Halbe Bahn
....	Viertellinie

● Zirkelpunkte

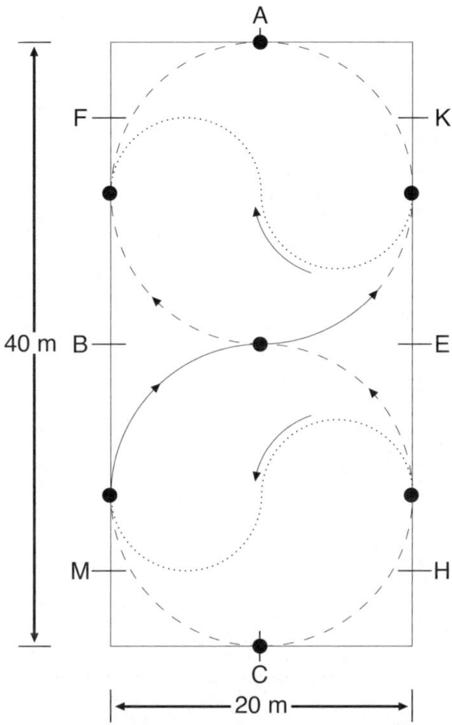

Hufschlagfiguren:

.... Durch den Zirkel wechseln

– – – – – – – – Aus dem Zirkel wechseln

● Zirkelpunkte

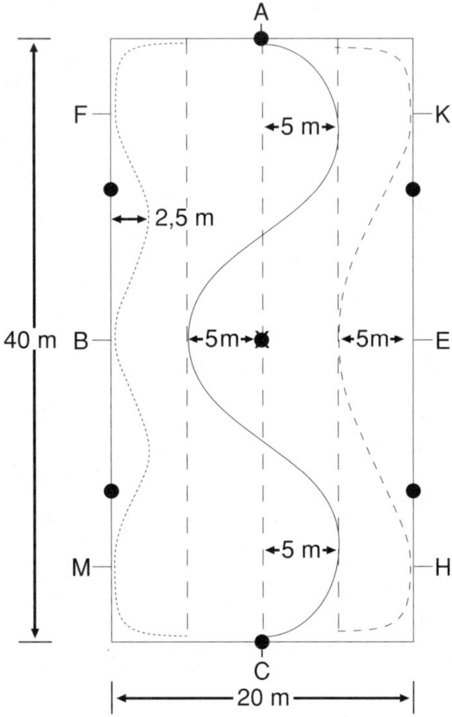

Hufschlagfiguren:

– – – – – – – – Einfache Schlangenlinie an der langen Seite

………………… Doppelte Schlangenlinie an der langen Seite

———————— Schlangenlinie entlang der Mittellinie, 3 Bögen

● Zirkelpunkte

 Druck: März 2015

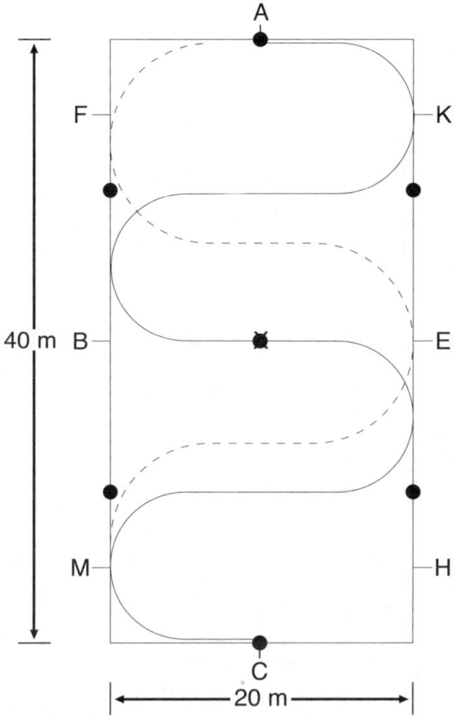

Hufschlagfiguren:

——————— Schlangenlinie durch die Bahn, 4 Bögen

- - - - - - - - Schlangenlinie durch die Bahn, 3 Bögen

● Zirkelpunkte

Druck: März 2015

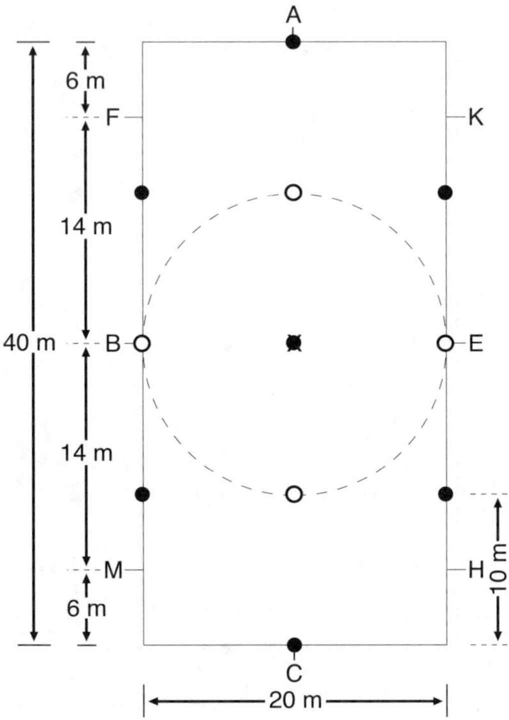

Hufschlagfigur:

-------- Mittelzirkel

O Zirkelpunkte bei Mittelzirkel

● Zirkelpunkte

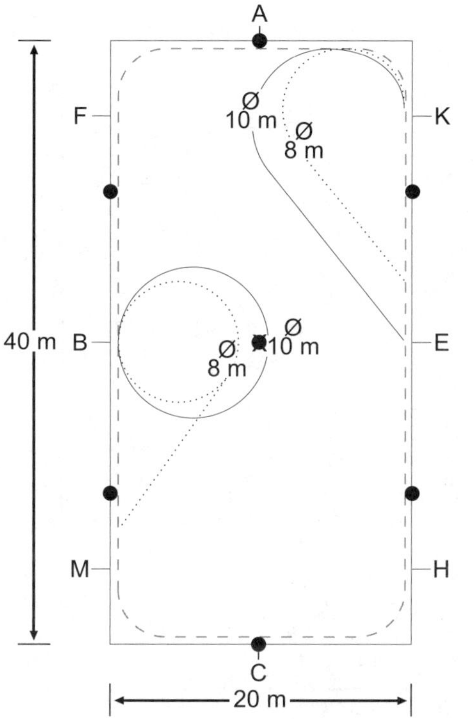

Hufschlagfiguren:

————————	Volte und aus der Ecke kehrt mit einem Durchmesser von 10 m
....	Volte, Kehrtvolte und aus der Ecke kehrt mit einem Durchmesser von 8 m
– – – – – – – – –	Hufschlaglinie (erster Hufschlag)

• Zirkelpunkte

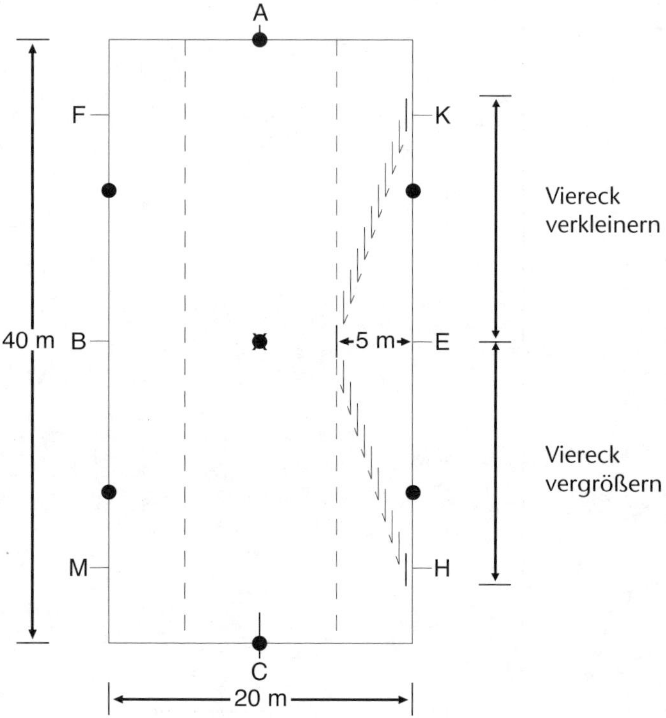
A
F
K
40 m
B
5 m
E
M
H
C
20 m
Viereck verkleinern
Viereck vergrößern

Dressurviereck 20 x 60 m

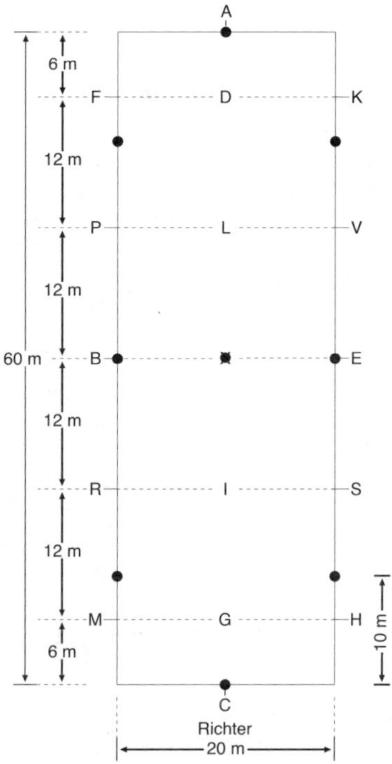

● Zirkelpunkte

Folgende Richterpositionen sind beim getrennten Richtverfahren zulässig:

3 Richter:
H-C-M
H-C-B
E-C-M
E-C-B

5 Richter:
Je 1 Richter bei E-H-C-M-B

Für Dressur bis Kl. M* und Teilprüfung Dressur bei Vielseitigkeitsprüfungen:
C-B
E-C
H-M

Hufschlagfiguren 20 x 60 m

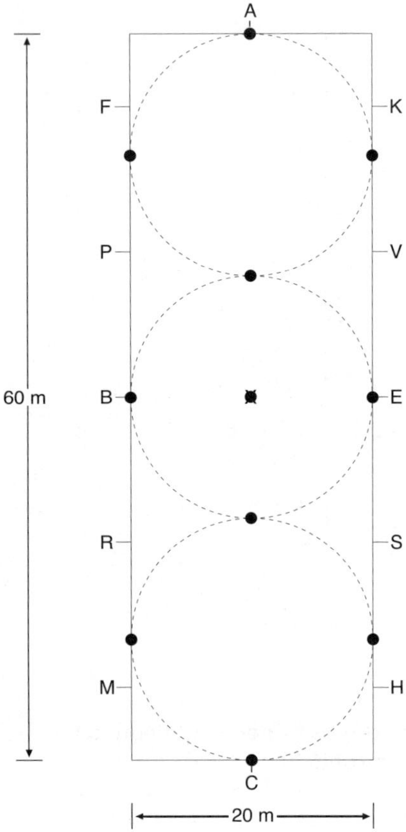

Hufschlagfiguren:

- - - - - - - - - - - - Zirkellinien

● Zirkelpunkte

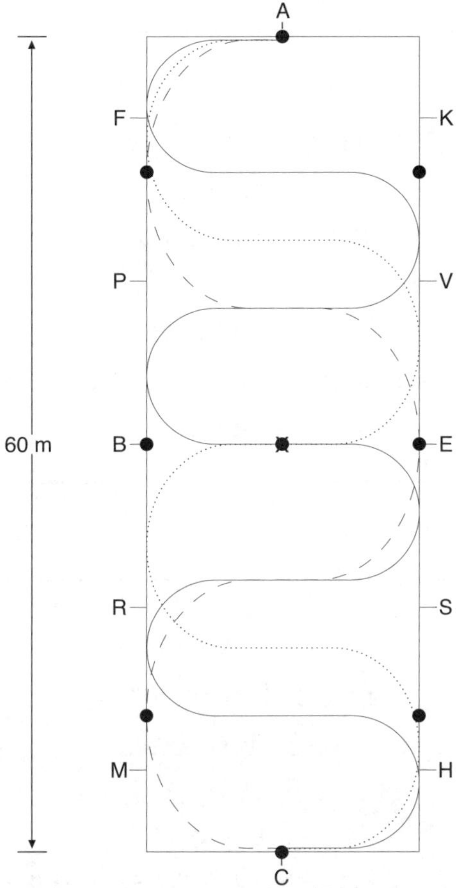

Hufschlagfiguren:

——————— Schlangenlinie durch die Bahn, 6 Bögen

.... Schlangenlinie durch die Bahn, 4 Bögen

– – – – – – – – Schlangenlinie durch die Bahn, 3 Bögen

● Zirkelpunkte

7. Hinweis für Kommandogeber

Eingeklammerte
Buchstaben und Textteile
werden
nicht mitgelesen!

Achtung:
Bei S-Aufgaben die Übergänge **nicht** vorlesen!

8. Hinweis für Veranstalter

Bei den Aufgaben
DA 3, DA 4, RA 1,
E 5, E 6, E 7,
A 5, A 6, A 9,
VE 2
ist entweder in der Ausschreibung
oder spätestens
in der Zeiteinteilung festzulegen,
ob die Version .../1 oder .../2
geritten wird.

II. Reiter-Wettbewerbe gem. WBO

In diesen Wettbewerben wird auf jeweils einfachstem turniersportlichem Niveau der Ausbildungsstand des Reiters (Sitz, Hilfengebung, Gefühl und Einwirkung) in den jeweiligen Disziplinen überprüft. Sie sollen als Einstieg in den Turniersport dienen. Das Gerittensein und die Qualität des Pferdes beeinflussen die Wertnote unvermeidlich, werden jedoch nicht als direkte oder vordringliche Begründung der Bewertung herangezogen. Der Gesamteindruck wird auch durch das korrekte Herausgebrachtsein des Pferdes beeinflusst.

1. Führzügelklassen-Wettbewerb

Vorbemerkung
Der Führzügelklassen-Wettbewerb bietet den jüngsten Nachwuchsreitern eine Möglichkeit zur aktiven Teilnahme an Turnieren. Dabei werden das Herausbringen von Pferd und Reiter und der Umgang mit der Wettbewerbssituation erstmalig erprobt.

Ausführliche Informationen sind in den „FN-Turniersport-Merkblättern" und in den „Richtlinien für Reiten und Fahren, Band 1", zu finden.

Anforderungen
Pferd und Reiter werden durch eine Person im Schritt und Trab geführt. Das Leichttraben kann verlangt werden. Der Führende soll den Reiter und das Pferd mehr begleiten als lenkend führen. Aufgabenstellung nach Weisung der Richter.

Beurteilung
Beurteilt werden der Sitz des Reiters (Grundzüge eines losgelassenen und ausbalancierten Sitzes sollten erkennbar sein) und der Gesamteindruck (harmonischer Eindruck von Reiter, Führendem und Pferd).

2. Longenreiter-Wettbewerb

Vorbemerkung

Der Longenreiter-Wettbewerb ist ein Angebot für den jungen Nachwuchsreiter, an der Longe sein Können zu zeigen und schon aktiv an Turnieren teilzunehmen. Dabei kann beim Reiten an der Longe der Umgang mit der Wettbewerbssituation erstmalig erprobt werden.

Ausführliche Informationen sind in den „FN-Turniersport-Merkblättern" und in den „Richtlinien für Reiten und Fahren, Band 1", zu finden.

Anforderungen

Der Reiter wird mit dem Pferd durch eine Person im Schritt, Trab und Galopp an der Longe vorgestellt. Der Reiter zeigt ohne Zügel verschiedene Übungen (z.B. Leichttraben, Angaloppieren, Armkreisen, Ballfangen) aus einem Anforderungskatalog gem. WBO bzw. Merkblatt. Aufgabenstellung nach Weisung der Richter.

Beurteilung

Beurteilt werden der Sitz und die Balance des Reiters (Grundzüge eines losgelassenen und ausbalancierten Sitzes sollten erkennbar sein) und der Gesamteindruck (Reiter und Pferd).

3. Reiter-Wettbewerb

Vorbemerkung

Mit diesem Wettbewerb sollen die ersten Grundlagen der vielseitigen Ausbildung des Reiters überprüft werden. Die Anforderungen beinhalten Sitz und die korrekten Ansätze zur richtigen Hilfengebung sowohl im Grundsitz als auch im leichten Sitz.

Ausführliche Informationen sind in den „FN-Turniersport-Merkblättern" und in den „Richtlinien für Reiten und Fahren, Band 1", zu finden.

Anforderungen

Einzel- oder Abteilungsreiten nach Weisung der Richter unterhalb der Anforderungen der Klasse E. Das „Bügelüberschlagen" und der leichte Sitz sollen verlangt werden. Hat die Ausschreibung darauf hingewiesen, kann auch das Springen einzelner bis 50 cm hoher Hindernisse gefordert werden.

Beurteilung
Beurteilt werden der Sitz (Losgelassenheit und Balance) und die Einwirkung des Reiters (korrekte Ansätze zur gefühlvollen Hilfengebung und beginnende Kontrolle des Reiters über sein Pferd, unabhängig davon, ob das Pferd mit einem Hilfszügel ausgerüstet ist oder nicht) sowie der Gesamteindruck (Herausgebrachtsein, reiterliches Verhalten des Teilnehmers).

4. Dressurreiter-Wettbewerb

Vorbemerkung
Der Dressurreiter-Wettbewerb ist der erste und einfachste Wettbewerb für den Nachwuchsreiter in der Dressur, in dem reiterliche Grundfertigkeiten (Sitz, Hilfengebung, Gefühl und Einwirkung, korrektes Reiten der Hufschlagfiguren) überprüft werden.

Ausführliche Informationen sind in den „FN-Turniersport-Merkblättern" und in den „Richtlinien für Reiten und Fahren, Band 1", zu finden.

Anforderungen
Nach Weisung der Richter werden in Anlehnung an die Anforderungen der Klasse E Hufschlagfiguren (z.B. ganze Bahn, Zirkel, einfache Schlangenlinie, Handwechsel in der Bewegung auf großen Linien) im Abteilungs- oder auch Einzelreiten in den drei Grundgangarten geritten.

Beurteilung
Beurteilt werden der Sitz (Losgelassenheit und Balance), die gefühlvolle Hilfengebung und die Einwirkung des Reiters in den geforderten Lektionen, insbesondere das Einhalten der Hufschlagfiguren sowie der Gesamteindruck (Herausgebrachtsein, reiterliches Verhalten des Teilnehmers).

5. Springreiter-Wettbewerb

Vorbemerkung

Der Springreiter-Wettbewerb ist der erste und einfachste Wettbewerb für den Nachwuchsreiter im Springreiten. Es werden bei einfacher Linienführung mit wenigen lösbaren Springaufgaben insbesondere der ausbalancierte, leichte Sitz, die Hilfengebung und Einwirkung überprüft.

Ausführliche Informationen sind in den „FN-Turniersport-Merkblättern" und in den „Richtlinien für Reiten und Fahren, Band 1", zu finden.

Anforderungen

Nach Weisung der Richter werden in Gruppen bis zu vier Reitern in Anlehnung an die Anforderungen der Klasse E Hindernisfolgen und/oder Parcoursausschnitte, verbunden mit einfachen, die Einwirkung überprüfenden Aufgaben, geritten. Komplette Parcours entsprechen nicht dem Wettbewerbszweck.

Beurteilung

Beurteilt werden der leichte Sitz (Balance, geschmeidiges Vorneigen des Oberkörpers aus der Hüfte heraus), die Einwirkung (Kontrolle über das Pferd) des Reiters, insbesondere die harmonische Bewältigung der gestellten Aufgaben (Einhalten von Gangart und Tempo, Anreiten der Hindernisse) und der Gesamteindruck (Harmonie der Vorstellung, reiterliches Verhalten des Teilnehmers) während des Wettbewerbes. Hindernisfehler und Ungehorsam werden nicht bewertet, fließen jedoch in die Notenfindung ein, wenn sie durch den Reiter verursacht wurden. Der dritte Ungehorsam bzw. der Sturz führen zum Ausschluss.

Parcoursvorschläge Springreiter-Wettbewerb

Parcours 1

Springreiter-Wettbewerb

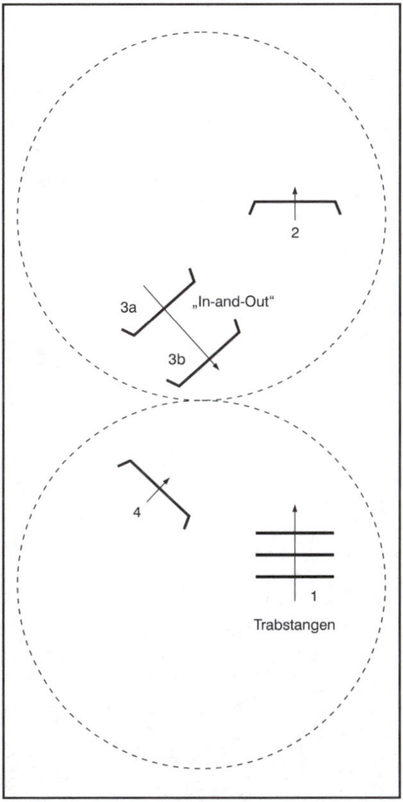

Beide Zirkellinien frei für Reiten im leichten Sitz, Trab und Galopp.

Einzelaufgabe:
Trab linke Hand über Stangen, weiter Sprung aus dem Trab, Diagonale Sprung 3 („In-and-Out") aus dem Trab (Einsprung als Kreuz gebaut), weiter im Galopp über 4, linke Hand beenden.

Parcours 2

Springreiter-Wettbewerb

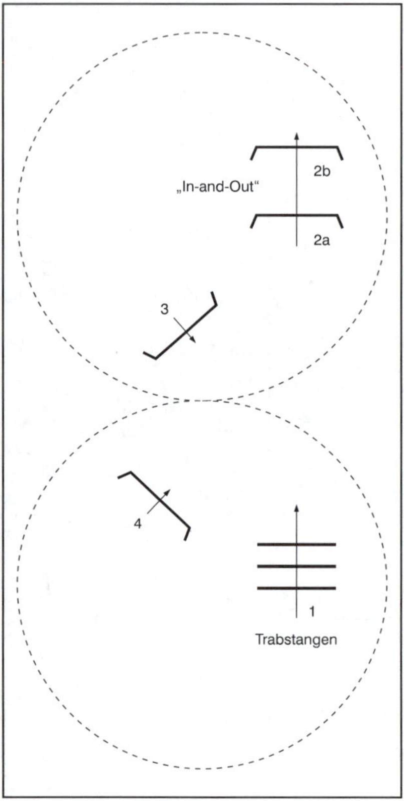

Beide Zirkellinien frei für Reiten im leichten Sitz.

Einzelaufgabe:
Trab linke Hand über Stangen, weiter „In-and-Out" aus dem Trab, danach Galopp Sprung 3 und 4, links beenden.

Druck: März 2015

Parcours 3

Springreiter-Wettbewerb

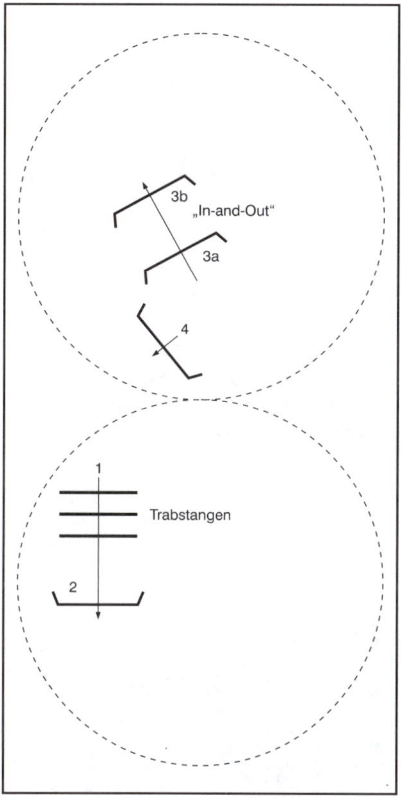

Beide Zirkellinien frei für Reiten im leichten Sitz.

Einzelaufgabe:
Trab über Stangen – Sprung über 2, weiter im Galopp zu 3 („In-and-Out"), weiter im Galopp über 4, links beenden.

Parcours 4

Springreiter-Wettbewerb

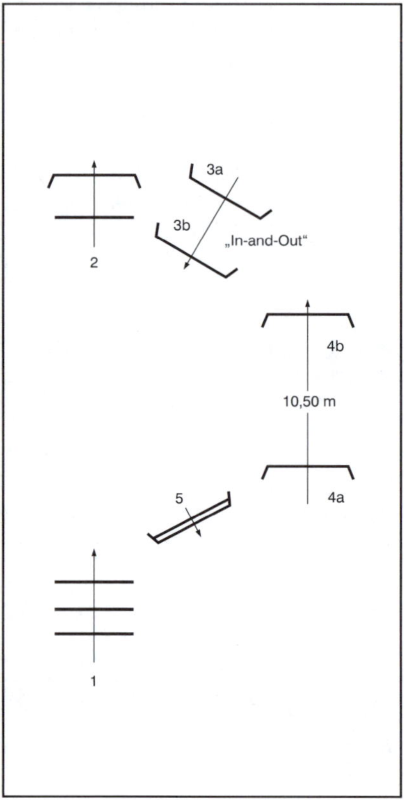

Aufgabe:
Trab über 1, Sprung über 2 (mit vorgelegter Stange), Trab weiter zu 3 („In-and-Out"), weiter im Galopp über 4a, 4b und 5 (kleiner Oxer), rechts beenden.
Alle Hindernisse können auch einzeln von jedem Reiter nacheinander gefordert werden.

Druck: März 2015

6. Geländereiter-Wettbewerb

Vorbemerkung
Der Geländereiter-Wettbewerb ist der erste und einfachste Wettbewerb für jeden Reiter im Rahmen seiner vielseitigen Grundausbildung im Geländereiten. Die geforderten Leistungen sind schwerpunktmäßig auf den sicheren und ausbalancierten leichten Sitz und die Geschicklichkeit des Reiters im Gelände ausgerichtet.

Ausführliche Informationen sind in den „FN-Turniersport-Merkblättern" und in den „Richtlinien für Reiten und Fahren, Band 1 und 2", zu finden.

Anforderungen
Das Überwinden einer Geländestrecke (ca. 500 bis 1000 m Länge mit ca. sieben Geländehindernissen) mit einzelnen Geländehindernissen (50 bis 70 cm hoch, Hoch-Weit-Sprünge nicht über 1,00 m weit) und Geländehindernisfolgen nach Weisung der Richter in angemessenem Tempo.

Beurteilung
Beurteilt werden der leichte Sitz zwischen und über den Hindernissen, das Mitgehen mit der Bewegung des Pferdes, die Einwirkung des Reiters, insbesondere die harmonische, selbstverständliche Bewältigung der gestellten Aufgaben (Einhalten eines angemessenen Tempos sowie das rhythmische Anreiten der Hindernisse) und der Gesamteindruck (Herausgebrachtsein, insbesondere sachgemäße und fachgerechte Ausrüstung im Sinne der Richtlinien und des Unfallschutzes sowie die harmonische Vorstellung und das reiterliche Verhalten des Teilnehmers). Ungehorsam fließt ohne direkten Abzug in die Notenfindung ein, sofern er durch den Reiter verursacht wurde. Sturz bzw. dritter Ungehorsam führen zum Ausschluss.

III. Basis- und Aufbauprüfungen gem. §§ 300 ff. LPO

Basis- und Aufbauprüfungen dienen dazu, den jungen Pferden einen ihrem Ausbildungsstand und ihren altersmäßig bedingten Fähigkeiten gerechten Einstieg in den Turniersport zu ermöglichen und sie mit anderen Pferden ihres Alters zu vergleichen. Sitz und Einwirkung des Reiters beeinflussen die Vorstellung, dürfen jedoch nicht als direkte oder gar vordringliche Begründung des Urteils herangezogen werden.

Ausführliche Informationen sind in den „FN-Turniersport-Merkblättern" und in den „Richtlinien für Reiten und Fahren, Band 1", zu finden.

1. Basisprüfungen

1.1 Gewöhnungsprüfungen für Reitpferde gem. §§ 300 ff. LPO

Vorbemerkung
Neben der Beurteilung der Kriterien der Ausbildungsskala in der Gewöhnungsphase in den drei Grundgangarten sowie des Gesamteindruckes als Reitpferd inkl. Charakter und Temperament dient diese Prüfung dazu, junge Pferde an den Turniersport heranzuführen und mit der Prüfungsatmosphäre vertraut zu machen.

Anforderungen
Es werden Gruppen von drei, maximal bis zu vier Pferden gebildet, die gemäß der Aufgabe für Gewöhnungsprüfungen vorgestellt werden.

Beurteilung
Beurteilt werden gem. § 302 LPO die Kriterien der Ausbildungsskala in der Gewöhnungsphase – Takt, Losgelassenheit (auch an der Hand), Anlehnung – in den drei Grundgangarten – sowie der Gesamteindruck als Reitpferd inkl. Charakter und Temperament unter Berücksichtigung der beginnenden Ausbildung zum Reitpferd. Insbesondere ist auf einen altersgemäßen Rahmen (Remontehaltung) zu achten. Das Bewegungspotenzial fließt nicht in die Notenfindung ein.

Die Beurteilung beginnt mit dem „Abteilung bilden" nach Kommando und endet mit dem Verlassen des Prüfungsvierecks.

Viereck für Gewöhnungsprüfungen

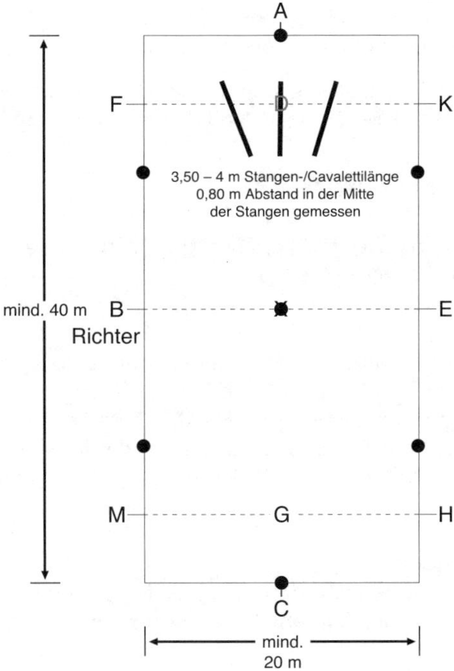

1.1.1 Aufgabe für Gewöhnungsprüfung für 3- und 4-jährige Reitpferde

Standort der Richter bei **B** außerhalb des Vierecks – wenn nicht möglich, in der Bahn zwischen B und X.

Viereck beliebig, mindestens 20 x 40 m – Dauer der Aufgabe ca. 9½ Minuten

Einreiten im Schritt am langen Zügel, Zügel aufnehmen und auf der linken Hand Abteilung bilden (große Abstände, 2 bis 3 Pferdelängen), ca. 1-mal herum.

(linke Hand)

(A-F-M-C-H-K-A)	Im Arbeitstempo antraben, leichttraben (1-mal herum).
(F-X-H)	Durch die ganze Bahn wechseln.

(rechte Hand)

(H-C-M-F-A-K-H-M)	Arbeitstrab (1-mal herum).
(M-B)	Aussitzen, Durchparieren zum Schritt, Mittelschritt.
(B-E-B)	Auf dem Mittelzirkel geritten, auf dem 3. Hufschlag geritten.
(B-F-A-K-H-C-M-B)	Der erste Reiter im Arbeitstempo antraben, ganze Bahn. An geeigneter Stelle (kurze Seite) angaloppieren (1-mal herum).
(F-A-K)	Durchparieren zum Arbeitstrab und zum Schritt, Mittelschritt.
(E-B-E)	An die Abteilung auf dem Mittelzirkel, 3. Hufschlag, anschließen.
(B-F-A-K-H-C-M-B)	Danach der zweite Reiter im Arbeitstempo antraben, ganze Bahn. An geeigneter Stelle (kurze Seite) angaloppieren (1-mal herum).
(F-A-K)	Durchparieren zum Arbeitstrab und zum Schritt, Mittelschritt.
(E-B-E)	An die Abteilung auf dem Mittelzirkel, 3. Hufschlag, anschließen.

(B-F-A-K-H-C-M-B)	Danach der dritte Reiter im Arbeitstempo antraben, ganze Bahn. An geeigneter Stelle (kurze Seite) angaloppieren (1-mal herum).
(F-A-K)	Durchparieren zum Arbeitstrab und zum Schritt, Mittelschritt.
(E-B-E)	An die Abteilung auf dem Mittelzirkel, 3. Hufschlag, anschließen.
(B-F-A-K-H-C-M-B)	Danach der vierte Reiter im Arbeitstempo antraben, ganze Bahn. An geeigneter Stelle (kurze Seite) angaloppieren (1-mal herum).
(F-A-K)	Durchparieren zum Arbeitstrab und zum Schritt, Mittelschritt.
(E-B-E)	An die Abteilung auf dem Mittelzirkel, 3. Hufschlag, anschließen. (Nach einzelnem Galoppieren aller Teilnehmer) Auf dem 1. Hufschlag geritten.
(B-F-A)	Im Arbeitstempo antraben, leichttraben, ganze Bahn.
(A-X-C)	Auf dem Zirkel geritten und aus dem Zirkel wechseln.

(linke Hand)

(X-C-X)	Auf dem Zirkel geritten (1-mal herum).
(X-C-H-K-A-F-M-C)	Zur geschlossenen Zirkelseite aussitzen und nacheinander angaloppieren. Ganze Bahn (1-mal herum).
(C)	An der kurzen Seite durchparieren zum Arbeitstrab, leichttraben.
(E-B-E)	Auf dem Mittelzirkel geritten, dabei Zügel aus der Hand kauen lassen (1-mal herum).
(E-B)	Zügel wieder verkürzen, aussitzen und durchparieren zum Schritt.
(B-E)	Mittelschritt am langen Zügel.
(E)	Ganze Bahn.
(Vor K)	Abwenden und einzeln hintereinander (3 bis 4 Pferdelängen Abstand) über die 3 Stangen reiten.

(Nach F)	Auf dem Hufschlag geritten.
(B-M-C-H)	Ganze Bahn. Auf 2 Pferdelängen Abstand aufschließen.
(H-E-K)	Abteilung links um – Marsch. Auf der Mittellinie (mit 5 m Zwischenraum) halten. Zügel hingeben, absitzen, beide Bügel hochschlagen, vorne links Huf aufheben. Danach Zügel vom Hals herunternehmen, zum Führen korrekt aufnehmen und im Schritt an der Hand die Bahn verlassen.

Es empfiehlt sich, aus Sicherheitsgründen Cavaletti bzw. fixierte Stangen zu verwenden.

1.2 Reitpferdeprüfungen gem. §§ 303 ff. LPO

Vorbemerkung

Neben der Prüfung der Qualität in den Grundgangarten und des Körperbaus der jungen Reitpferde dient diese Prüfung auch dazu, junge Pferde mit der Prüfungsatmosphäre vertraut zu machen.

Anforderungen

Es werden Gruppen von bis zu drei Pferden gebildet, die zunächst in den Grundgangarten unter dem Sattel gemäß Aufgaben RP 1 bzw. RP 2 vorgestellt werden. Die Beurteilung „Typ und Qualität des Körperbaus" erfolgt am Ende der Aufgabe. Dazu wird abgesattelt und das Pferd zur Bewertung an der Hand vorgestellt.

Beurteilung

Beurteilt werden gem. § 303 LPO die natürlichen Bewegungen des Pferdes in den drei Grundgangarten, der Typ und die Qualität des Körperbaues im Hinblick auf die Verwendung als Reitpferd. Weiterhin fließt die altersgemäße Erfüllung der Kriterien der Skala der Ausbildung, die Beurteilung des Temperaments und der Harmonie der Vorstellung mit in die Bewertung ein.

1.2.1 Richterkarte Reitpferdeprüfung

Richterkarte: Reitpferdeprüfung **Nr. der Prfg.** ....

Veranstaltungsort .... **Tag** .... **Blatt:** ....

Wertnoten: 10 = ausgezeichnet, 9 = sehr gut, 8 = gut, 7 = ziemlich gut, 6 = befriedigend, 5 = genügend, 4 = mangelhaft, 3 = ziemlich schlecht, 2 = schlecht, 1 = sehr schlecht, 0 = nicht ausgeführt.

	1	2	3	4	5	6	7	8	9	10	11	12	13	14	15
Programm-Nr.															
Trab (Takt, Losgelassenheit, Elastizität, natürliche Schwungveranlagung, Rückentätigkeit, Engagement der Hinterhand, Raumgriff)															
Galopp (Takt, Losgelassenheit, Gleichgewicht, natürliche Schwungveranlagung, Engagement der Hinterhand, Bergauftendenz, Bodengewinn)															
Schritt (Takt, Fleiß, Raumgriff, Ungebundenheit, losgelassenes Schreiten)															
Altersgemäße Erfüllung der Kriterien der Skala der Ausbildung, Rittigkeit (Reiteigenschaften, Losgelassenheit, Anlehnung, Selbsthaltung; Temperament: Ausgeglichenheit, Aufmerksamkeit, Sensibilität; Ausdruck, Harmonie															
Typ und Qualität des Körperbaus (Typ, Körperqualität, Reitpferdepoints Korrektheit des Fundaments)															
Summe der Teilnoten															
geteilt durch 5 = Wertnote															
Platzierung															

Unterschriften

1.2.2 Aufgaben für Reitpferdeprüfungen

Aufgabe RP 1 – Reitpferdeprüfung für 3-Jährige (bzw. 3- und 4-Jährige gemeinsam, wenn nicht getrennt ausgeschrieben)

Standort der Richter bei **E** außerhalb des Vierecks – wenn nicht möglich in der Bahn zwischen E und X.

Hinweis: Diese Aufgabe ist bei Championaten gemäß LPO § 303 bzw. Sichtungen bzw. Qualifikationen nicht zugelassen.

Viereck möglichst 20 x 60 m, jedoch mindestens gemäß LPO (mindestens 20 x 60 m, ggf. auch sonstige Maße, mindestens jedoch 1000 m^2 bei einer Mindestbreite von 20 m, bei Hallen-LP mindestens 20 x 40 m)

- Dauer der Aufgabe einschließlich Bewertung „Typ und Qualität des Körperbaus" abgesattelt an der Hand ca. 14½ Minuten bei Viereck 20 x 60 m bzw. 13 Minuten bei Viereck 20 x 40 m je Gruppe

Einreiten im Mittelschritt am langen Zügel, Zügel aufnehmen und auf der linken Hand Abteilung bilden.

(linke Hand)

(E-K-A-F-B-M-C-H-E-K-A)	Im Arbeitstempo antraben, leichttraben. Ganze Bahn (1-mal herum).
(F-X-H)	Durch die ganze Bahn wechseln.

(rechte Hand)

(H-C-M-B-F-A)	Ganze Bahn (1-mal herum).
(K-E)	Durchparieren zum Schritt, Mittelschritt am langen Zügel.
(C-X-A)	Durch die Länge der Bahn wechseln.

(linke Hand)

(A)	Linke Hand.
(F)	Im Arbeitstempo antraben, leichttraben.

(H-K) und (F-M)	An den nächsten zwei langen Seiten die Tritte verlängern.
(C)	Auf dem Zirkel geritten und zur geschlossenen Seite hin aussitzen und angaloppieren.
(C)	Ganze Bahn.
(H-K)	Eine lange Seite Arbeitsgalopp.
(F-M)	Eine lange Seite Galoppsprünge verlängern.
(H-X-F)	Durch die ganze Bahn wechseln und auf der Wechsellinie durchparieren zum Arbeitstrab, leichttraben.

(rechte Hand)

(A)	Auf dem Zirkel geritten und zur geschlossenen Seite hin aussitzen und angaloppieren.
(A)	Ganze Bahn.
(K-H)	Eine lange Seite Arbeitsgalopp.
(M-F)	Eine lange Seite Galoppsprünge verlängern.
(A)	An der kurzen Seite durchparieren zum Arbeitstrab, leichttraben.
(E-B-E)	Auf dem Mittelzirkel geritten und Zügel aus der Hand kauen lassen.
(E-B)	Zügel wieder verkürzen.
(B-F)	Ganze Bahn.
(A)	An der kurzen Seite aussitzen und durchparieren zum Schritt, Mittelschritt am langen Zügel.
(E)	Rechts um.
(B)	Rechts um.
(A-C)	Durch die Länge der Bahn wechseln.

(linke Hand)

(C)	Im Mittelschritt die Bahn verlassen, danach absitzen, absatteln und Vorstellung an der Hand zur Bewertung von „Typ und Qualität des Körperbaus".

Druck: März 2015

Aufgabe RP 1 – Reitpferdeprüfung für 3-Jährige (bzw. 3- und 4-Jährige gemeinsam, wenn nicht getrennt ausgeschrieben)

Standort der Richter bei **B** außerhalb des Vierecks – wenn nicht möglich in der Bahn zwischen B und X.

Hinweis: Diese Aufgabe ist bei Championaten gemäß LPO § 303 bzw. Sichtungen oder Qualifikationen nicht zugelassen.

Viereck möglichst 20 x 60 m, jedoch mindestens gemäß LPO (mindestens 20 x 60 m, ggf. auch sonstige Maße, mindestens jedoch 1000 m^2 bei einer Mindestbreite von 20 m, bei Hallen-LP mindestens 20 x 40 m)

– Dauer der Aufgabe einschließlich Bewertung „Typ und Qualität des Körperbaus" abgesattelt an der Hand ca. 14½ Minuten bei Viereck 20 x 60 m bzw. 13 Minuten bei Viereck 20 x 40 m je Gruppe

Einreiten im Mittelschritt am langen Zügel, Zügel aufnehmen und auf der linken Hand Abteilung bilden.

(linke Hand)

(B-M-C-H-E-K-A-F-B-M-C)	Im Arbeitstempo antraben, leichttraben. Ganze Bahn (1-mal herum).
(H-X-F)	Durch die ganze Bahn wechseln.

(rechte Hand)

(F-A-K-E-H-C)	Ganze Bahn (1-mal herum).
(M-B)	Durchparieren zum Schritt, Mittelschritt am langen Zügel.
(A-X-C)	Durch die Länge der Bahn wechseln.

(linke Hand)

(C)	Linke Hand.
(H)	Im Arbeitstempo antraben, leichttraben.
(F-M) und (H-K)	An den nächsten zwei langen Seiten die Tritte verlängern.

 Druck: März 2015

(A)	Auf dem Zirkel geritten und zur geschlossenen Seite hin aussitzen und angaloppieren.
(A)	Ganze Bahn.
(F-M)	Eine lange Seite Arbeitsgalopp.
(H-K)	Eine lange Seite Galoppsprünge verlängern.
(F-X-H)	Durch die ganze Bahn wechseln und auf der Wechsellinie durchparieren zum Arbeitstrab, leichttraben.

(rechte Hand)

(C)	Auf dem Zirkel geritten und zur geschlossenen Seite hin aussitzen und angaloppieren.
(C)	Ganze Bahn.
(M-F)	Eine lange Seite Arbeitsgalopp.
(K-H)	Eine lange Seite Galoppsprünge verlängern.
(C)	An der kurzen Seite durchparieren zum Arbeitstrab, leichttraben.
(B-E-B)	Auf dem Mittelzirkel geritten und Zügel aus der Hand kauen lassen.
(B-E)	Zügel wieder verkürzen.
(E-H)	Ganze Bahn.
(C)	An der kurzen Seite aussitzen und durchparieren zum Schritt, Mittelschritt am langen Zügel.
(B)	Rechts um.
(E)	Rechts um.
(C-A)	Durch die Länge der Bahn wechseln.

(linke Hand)

(A)	Im Mittelschritt die Bahn verlassen, danach absitzen, absatteln und Vorstellung an der Hand zur Bewertung von „Typ und Qualität des Körperbaus“.

Aufgabe RP 2 – Reitpferdeprüfung für 3-Jährige (bzw. 3- und 4-Jährige gemeinsam, wenn nicht getrennt ausgeschrieben)

Standort der Richter bei **E** außerhalb des Vierecks – wenn nicht möglich in der Bahn zwischen E und X.

Viereck möglichst 20 x 60 m, jedoch mindestens gem. LPO

- Dauer der Aufgabe einschließlich Bewertung „Typ und Qualität des Körperbaus" abgesattelt an der Hand ca. 16 Minuten je Gruppe

Einreiten im Schritt am langen Zügel, Zügel aufnehmen und auf der linken Hand Abteilung bilden.

(linke Hand)

(E-K-A-F-M-C-H-K-A-F)	Im Arbeitstempo antraben, leichttraben (1½-mal herum).
(F-E)	Durch die halbe Bahn wechseln.

(rechte Hand)

(C-A)	Schlangenlinie durch die Bahn, 3 Bögen.
(K-H)	Auf dem 3. Hufschlag geritten, aussitzen und vor den Richtern durchparieren zum Schritt, Mittelschritt.
(M-X-K)	Durch die ganze Bahn wechseln.

(linke Hand)

(A)	Nächste kurze Seite im Arbeitstempo antraben, leichttraben und auf dem Zirkel geritten (1-mal herum), zur geschlossenen Seite hin aussitzen und angaloppieren.
(A)	Ganze Bahn.
(F-M)	Eine lange Seite im Arbeitsgalopp.
(H-K)	Danach eine lange Seite die Galoppsprünge verlängern.
(A)	Nächste kurze Seite im Arbeitsgalopp.

 Druck: März 2015

(B-E-B-E)	Auf dem Mittelzirkel geritten und durchparieren zum Arbeitstrab, leichttraben (1 ½-mal herum).
(E-K-A)	Ganze Bahn.
(F-M)	Nächste lange Seite die Tritte verlängern, danach Arbeitstrab.
(H-X-F)	Durch die ganze Bahn wechseln.

(rechte Hand)

(K-H)	Nächste lange Seite die Tritte verlängern, danach Arbeitstrab.
(C)	Auf dem Zirkel geritten (½-mal herum) und zur geschlossenen Seite hin aussitzen und angaloppieren (1-mal herum).
(C)	Ganze Bahn.
(M-F-A-K-H)	Zwei lange Seiten im Arbeitsgalopp.
(M-F)	Danach eine lange Seite die Galoppsprünge verlängern.
(A)	Nächste kurze Seite im Arbeitsgalopp.
(E-B)	Auf dem Mittelzirkel geritten (½-mal herum).
(B-E)	Durchparieren zum Arbeitstrab, leichttraben (½-mal herum).
(E-B-E-B)	Danach Zügel aus der Hand kauen lassen (1 ½-mal herum).
(B-F-A)	Ganze Bahn, Zügel wieder verkürzen, aussitzen und am langen Zügel durchparieren zum Schritt, Mittelschritt.
(A-C)	Durch die Länge der Bahn wechseln, Mittelschritt am langen Zügel.

(linke Hand)

(H-K)	Im Mittelschritt die Bahn verlassen, danach absitzen, absatteln und Vorstellung an der Hand zur Bewertung von „Typ und Qualität des Körperbaus".

Druck: März 2015

Aufgabe RP 2 – Reitpferdeprüfung für 3-Jährige (bzw. 3- und 4-Jährige gemeinsam, wenn nicht getrennt ausgeschrieben)

Standort der Richter bei **B** außerhalb des Vierecks – wenn nicht möglich in der Bahn zwischen B und X.

Viereck möglichst 20 x 60 m, jedoch mindestens gem. LPO
- Dauer der Aufgabe einschließlich Bewertung „Typ und Qualität des Körperbaus" abgesattelt an der Hand ca. 16 Minuten je Gruppe

Einreiten im Schritt am langen Zügel, Zügel aufnehmen und auf der linken Hand Abteilung bilden.

(linke Hand)

(B-M-C-H-K-A-F-M-C-H)	Im Arbeitstempo antraben, leichttraben (1½-mal herum).
(H-B)	Durch die halbe Bahn wechseln.

(rechte Hand)

(A-C)	Schlangenlinie durch die Bahn, 3 Bögen.
(M-F)	Auf dem 3. Hufschlag geritten, aussitzen und vor den Richtern durchparieren zum Schritt, Mittelschritt.
(K-X-M)	Durch die ganze Bahn wechseln.

(linke Hand)

(C)	Nächste kurze Seite im Arbeitstempo antraben, leichttraben und auf dem Zirkel geritten (1-mal herum), zur geschlossenen Seite hin aussitzen und angaloppieren.
(C)	Ganze Bahn.
(H-K)	Eine lange Seite im Arbeitsgalopp.
(F-M)	Danach eine lange Seite die Galoppsprünge verlängern.
(C)	Nächste kurze Seite im Arbeitsgalopp.

(E-B-E-B)	Auf dem Mittelzirkel geritten und durchparieren zum Arbeitstrab, leichttraben (1½-mal herum).
(B-M-C)	Ganze Bahn.
(H-K)	Nächste lange Seite die Tritte verlängern, danach Arbeitstrab.
(F-X-H)	Durch die ganze Bahn wechseln.
(rechte Hand)	
(M-F)	Nächste lange Seite die Tritte verlängern, danach Arbeitstrab.
(A)	Auf dem Zirkel geritten (½-mal herum) und zur geschlossenen Seite hin aussitzen und angaloppieren (1-mal herum).
(A)	Ganze Bahn.
(K-H-C-M-F)	Zwei lange Seiten im Arbeitsgalopp,
(K-H)	danach eine lange Seite die Galoppsprünge verlängern.
(C)	Nächste kurze Seite im Arbeitsgalopp.
(B-E)	Auf dem Mittelzirkel geritten (½-mal herum).
(E-B)	Durchparieren zum Arbeitstrab, leichttraben (½-mal herum).
(B-E-B-E)	Danach Zügel aus der Hand kauen lassen (1½-mal herum).
(E-H-C)	Ganze Bahn, das Zügelmaß verkürzen, aussitzen und am langen Zügel durchparieren zum Schritt, Mittelschritt.
(C-A)	Durch die Länge der Bahn wechseln, Mittelschritt am langen Zügel.
(linke Hand)	
(F-M)	Im Mittelschritt die Bahn verlassen, danach absitzen, absatteln und Vorstellung an der Hand zur Bewertung von „Typ und Qualität des Körperbaus".

Aufgabe RP 3 – Reitpferdeprüfung für 4-Jährige

Standort der Richter bei **E** außerhalb des Vierecks – wenn nicht möglich in der Bahn zwischen E und X.

Viereck möglichst 20 x 60 m, jedoch mindestens gem. LPO
- Dauer der Aufgabe einschließlich Bewertung „Typ und Qualität des Körperbaus" abgesattelt an der Hand ca. 16 Minuten je Gruppe

Einreiten im Schritt am langen Zügel, Zügel aufnehmen und auf der linken Hand Abteilung bilden.

(linke Hand)

(E-K-A-F-M-C-H-K-A)	Im Arbeitstempo antraben, leichttraben (1½-mal herum).
(A-C)	Aussitzen, Schlangenlinien durch die Bahn, 3 Bögen.
(C)	Nach Beenden leichttraben.
(H-K-F-M)	Zwei lange Seiten Tritte verlängern, danach im Arbeitstrab.
(H-X-F)	Durch die ganze Bahn wechseln.

(rechte Hand)

(E-B-E)	Auf dem Mittelzirkel geritten, dabei Zügel aus der Hand kauen lassen (1-mal herum).
(E-B)	Danach Zügel wieder verkürzen (½-mal herum).
(B)	Ganze Bahn.
(K-H)	Nächste lange Seite die Tritte verlängern.
(C)	Nächste kurze Seite Arbeitstrab und aussitzen.
(M-F)	An der nächsten langen Seite, über Schritt, durchparieren zum Halten (5 Sekunden Ruhe). Anreiten im Mittelschritt am langen Zügel.

Druck: März 2015

(K-B), (B-H)	Im Mittelschritt jeweils durch die halbe Bahn wechseln.
(C-X-C-X-C)	Nächste kurze Seite antraben, auf dem Zirkel geritten (½-mal herum) und zur geschlossenen Seite hin angaloppieren; anschließend im Arbeitsgalopp (1-mal herum).
(C)	Ganze Bahn.
(M-F)	Eine lange Seite im Arbeitsgalopp.
(K-H-C-M-F)	Zwei lange Seiten Galoppsprünge verlängern, danach Arbeitsgalopp.
(K-X-M)	Durch die ganze Bahn wechseln, dabei auf der Wechsellinie durchparieren zum Trab, bei Erreichen des Hufschlags links angaloppieren.

(linke Hand)

(H-K)	Nächste lange Seite Galoppsprünge verlängern, danach Arbeitsgalopp.
(B-E-B)	Auf dem Mittelzirkel geritten, dabei Zügel aus der Hand kauen lassen (1-mal herum).
(B-E)	Zügel wieder verkürzen, durchparieren zum Arbeitstrab und aussitzen (½-mal herum).
(E-A)	Ganze Bahn und durchparieren zum Schritt, Mittelschritt am langen Zügel.
(F-M-H-K)	Im Mittelschritt am langen Zügel die Bahn verlassen, danach absitzen, absatteln und Vorstellung an der Hand zur Bewertung von „Typ und Qualität des Körperbaus".

Aufgabe RP 3 – Reitpferdeprüfung für 4-Jährige

Standort der Richter bei **B** außerhalb des Vierecks – wenn nicht möglich in der Bahn zwischen B und X.

Viereck möglichst 20 x 60 m, jedoch mindestens gem. LPO
- Dauer der Aufgabe einschließlich Bewertung „Typ und Qualität des Körperbaus" abgesattelt an der Hand ca. 16 Minuten je Gruppe

Einreiten im Schritt am langen Zügel, Zügel aufnehmen und auf der linken Hand Abteilung bilden.

(linke Hand)

(B-M-C-H-K-A-F-M-C)	Im Arbeitstempo antraben, leichttraben (1½-mal herum).
(C-A)	Aussitzen, Schlangenlinien durch die Bahn, 3 Bögen.
(A)	Nach Beenden leichttraben.
(F-M-H-K)	Zwei lange Seiten Tritte verlängern, danach im Arbeitstrab.
(F-X-H)	Durch die ganze Bahn wechseln.

(rechte Hand)

(B-E-B)	Auf dem Mittelzirkel geritten, dabei Zügel aus der Hand kauen lassen (1-mal herum).
(B-E)	Danach Zügel wieder verkürzen (½-mal herum).
(E)	Ganze Bahn.
(M-F)	Nächste lange Seite Tritte verlängern.
(A)	Nächste kurze Seite Arbeitstrab und aussitzen.
(K-H)	An der nächsten langen Seite, über Schritt, durchparieren zum Halten (5 Sekunden Ruhe). Anreiten im Mittelschritt am langen Zügel.
(M-E), (E-F)	Im Mittelschritt jeweils durch die halbe Bahn wechseln.

(A-X-A-X-A)	Nächste kurze Seite antraben, auf dem Zirkel geritten (½-mal herum) und zur geschlossenen Seite hin angaloppieren; anschließend im Arbeitsgalopp (1-mal herum).
(A)	Ganze Bahn.
(K-H)	Eine lange Seite im Arbeitsgalopp.
(M-F-A-K-H)	Zwei lange Seiten Galoppsprünge verlängern, danach Arbeitsgalopp.
(M-X-K)	Durch die ganze Bahn wechseln, dabei auf der Wechsellinie durchparieren zum Trab, bei Erreichen des Hufschlags links angaloppieren.
(linke Hand)	
(F-M)	Nächste lange Seite Galoppsprünge verlängern, danach Arbeitsgalopp.
(E-B-E)	Auf dem Mittelzirkel geritten, dabei Zügel aus der Hand kauen lassen (1-mal herum).
(E-B)	Zügel wieder verkürzen, durchparieren zum Arbeitstrab und aussitzen (½-mal herum).
(B-C)	Ganze Bahn und durchparieren zum Schritt, Mittelschritt am langen Zügel.
(H-K-F-M)	Im Mittelschritt am langen Zügel die Bahn verlassen, danach absitzen, absatteln und Vorstellung an der Hand zur Bewertung von „Typ und Qualität des Körperbaus".

1.3 Eignungsprüfungen für Reitpferde gem. §§ 310 ff. LPO (ggf. mit Teilprüfung Gelände)

Vorbemerkung

Diese Prüfung dient dazu, das vielseitig veranlagte und am Beginn der Ausbildung stehende Pferd auf seine Eignung als Reitpferd zum sofortigen Einsatz zu prüfen. Durch die kleine Hindernisfolge ist sie auch als Vorbereitungsprüfung für spätere Springprüfungen (bzw. bei Durchführung mit Teilprüfung Gelände auch auf Vielseitigkeitsprüfungen) geeignet.

Ausführliche Informationen sind in den „FN-Turniersport-Merkblättern" und in den „Richtlinien für Reiten und Fahren, Band 1 und 2", zu finden.

Anforderungen

Die Pferde sind einem Rittigkeitstest mit unmittelbar folgendem Springen zu unterziehen. Im Rittigkeitstest wird in einer Abteilung von bis zu drei Reitern eine der nachfolgenden Aufgaben geritten. Der Springtest besteht aus einer Folge von mindestens vier Hindernissen mit mindestens einem Handwechsel.
Bei einer Ausschreibung mit Teilprüfung Gelände ist im Anschluss eine kleine Geländestrecke mit ca. fünf Hindernissen und möglichst einem Wasserdurchritt zu absolvieren.

Beurteilung

Beurteilt werden die Rittigkeit, die Bewegungsqualität, das Temperament und das Springen (gleiche Kriterien wie in Springpferdeprüfungen, jedoch geringere Anforderungen an die Routine). Maßgebend ist die Eignung als Reitpferd zum sofortigen Einsatz. Die Teilkriterien Rittigkeit einschließlich Temperament und Springen werden als gleichberechtigt nebeneinandergestellt. Die Rittigkeit wird sowohl während der Aufgabe als auch während des Springens beurteilt. Bei Durchführung mit Teilprüfung Gelände fließt zusätzlich das Verhalten im Gelände in die Note mit ein.

1.3.1 Leitfaden Eignungsprüfung

Kriterien: Eignung als Reitpferd zum sofortigen Einsatz		
Rittigkeit: Losgelassenheit, Anlehnung, Durchlässigkeit, Gehorsam (dem Alter/Ausbildungsstand entsprechend)		
Natürliche Bewegungsqualität/Grundgangarten: Trab:		
Galopp:		
Schritt:		
Verhalten am Sprung (Springmanier):		
Temperament/Gesamteindruck:		
Grundnote:	**Abzüge für Ungehorsam:**	**Gesamtnote:**

1.3.2 Eignungsprüfungen für Reitpferde Aufgaben R 1 bis R 3

Aufgabe R 1

(Abteilungsreiten für bis zu 3 Reiter)

Viereck 20 x 40 m – Dauer: etwa 5½ Minuten

	Auf der rechten Hand im Mittelschritt Abteilung bilden.
(M-F-K-H)	Abteilung im Arbeitstempo – Trab – leichttraben.
(B-E-B)	Auf dem Mittelzirkel geritten (1-mal herum).
(B)	Ganze Bahn. Aussitzen.
(K-X-M)	Durch die ganze Bahn wechseln.
(H-K)	(An der langen Seite) Abteilung – Halt. Abteilung – Marsch – Mittelschritt (½-mal herum).
(F-M)	Abteilung im Arbeitstempo – Trab.
(C-X)	Auf dem Zirkel geritten (½-mal herum).
(X-C-X-C)	(Zur geschlossenen Zirkelseite) Abteilung im Arbeitstempo – Galopp – Marsch (1½-mal herum).
(C)	Ganze Bahn.
(H-K)	(An der langen Seite) Galoppsprünge verlängern.
(K-F)	(An der kurzen Seite) Im Arbeitstempo.
(F-M)	(An der langen Seite) Abteilung im Arbeitstempo – Trab.
(H-X-F)	Durch die ganze Bahn wechseln, dabei Tritte verlängern.
(A-E-C)	(½-mal herum).
(C-X)	Auf dem Zirkel geritten.
(X-C-X-C)	(Zur geschlossenen Zirkelseite) Abteilung im Arbeitstempo – Galopp – Marsch (1½-mal herum), an der offenen Zirkelseite Galoppsprünge verlängern. An der geschlossenen Zirkelseite im Arbeitstempo.
(C)	Ganze Bahn.
(M-F)	(An der langen Seite) Abteilung im Arbeitstempo – Trab.
(K-X-M)	Durch die ganze Bahn wechseln, dabei Tritte verlängern.
(M-H)	(An der kurzen Seite) Im Arbeitstempo.
(E-B-E)	Auf dem Mittelzirkel geritten. Abteilung – Schritt – Mittelschritt (1-mal herum).
(E)	Ganze Bahn, nächste lange Seite am langen Zügel die Bahn verlassen und vorbereiten zum Springen.

Aufgabe R 2

(Abteilungsreiten für bis zu 3 Reiter)

Viereck 20 x 40 m – Dauer: etwa 4½ Minuten

	Auf der linken Hand im Mittelschritt Abteilung bilden.
(F-M-H-K)	Abteilung im Arbeitstempo – Trab – leichttraben (1-mal herum).
(K-F)	Aussitzen.
(F-X-H)	Durch die ganze Bahn wechseln, dabei Tritte verlängern.
(C-X-C)	Auf dem Zirkel geritten (1-mal herum).
(C-X-C)	Abteilung im Arbeitstempo – Galopp – Marsch (1-mal herum).
(C)	Ganze Bahn (½-mal herum).
(F-K)	(An der kurzen Seite) Abteilung im Arbeitstempo – Trab.
(K-H)	(An der langen Seite) Abteilung – Halt.
	Abteilung – Marsch – Mittelschritt.
(M-X-K)	Durch die ganze Bahn wechseln.
(F-M)	(An der langen Seite) Abteilung im Arbeitstempo – Trab.
(C-X)	Auf dem Zirkel geritten (½-mal herum).
(X-C-X-C)	(Zur geschlossenen Zirkelseite) Abteilung im Arbeitstempo – Galopp – Marsch (1½-mal herum).
(C)	Ganze Bahn.
(H-K)	Galoppsprünge verlängern.
(K-F)	(An der kurzen Seite) Im Arbeitstempo.
(F-M)	(An der langen Seite) Abteilung im Arbeitstempo – Trab.
(H-X-F)	Durch die ganze Bahn wechseln, dabei Tritte verlängern.
(F-K)	(An der kurzen Seite) Im Arbeitstempo – leichttraben.
(K-H)	(An der langen Seite) Tritte verlängern.
(H-M)	(An der kurzen Seite) Im Arbeitstempo.
(B-E)	Auf dem Mittelzirkel geritten (½-mal herum), dabei Zügel aus der Hand kauen lassen (½-mal herum).
(B)	Aussitzen. Zügel wieder verkürzen.
	Ganze Bahn.
(K-H)	Abteilung – Schritt – Mittelschritt. Am langen Zügel die Bahn verlassen und vorbereiten zum Springen.

Aufgabe R 3

(Für 5- und 6-jährige Reitpferde und/oder Championate)

(Abteilungsreiten für bis zu 3 Reiter)

Viereck 20 x 60 m – Dauer: etwa 6 Minuten

	Auf der rechten Hand im Mittelschritt Abteilung bilden.
(K-H)	Abteilung im Arbeitstempo – Trab – leichttraben.
(C-A)	Anfang Schlangenlinie durch die Bahn, 4 Bögen, links beenden.
(A)	Aussitzen.
(F-M)	(An der langen Seite) Abteilung – Schritt – Mittelschritt.
(H-B)	Durch die halbe Bahn wechseln.
(B-E)	Auf dem Mittelzirkel geritten (½-mal herum).
(E-B-E-B)	Abteilung im Arbeitstempo – Galopp – Marsch (1½-mal herum).
(B-E)	Galoppsprünge verlängern (½-mal herum).
(E)	Ganze Bahn.
(H-M)	(An der kurzen Seite) Im Arbeitstempo.
(M-F)	(An der langen Seite) Abteilung im Arbeitstempo – Trab.
(K-X-M)	Durch die ganze Bahn wechseln, dabei leichttraben und Tritte verlängern.
(M-H)	(An der kurzen Seite) Aussitzen, im Arbeitstempo.
(E-B)	Auf dem Mittelzirkel geritten (½-mal herum).
(B-E-B)	Abteilung im Arbeitstempo – Galopp – Marsch (1-mal herum).
(B)	Ganze Bahn.
(H-K)	(An der langen Seite) Galoppsprünge verlängern.
(K)	(Vor der kurzen Seite) Im Arbeitstempo.
(K-F)	(An der kurzen Seite) Abteilung im Arbeitstempo – Trab.
(F-M)	(An der langen Seite) Abteilung – Halt. Abteilung im Arbeitstempo – Trab.
(H-X-F)	Durch die ganze Bahn wechseln, dabei Tritte verlängern.
(F-K)	(An der kurzen Seite) Im Arbeitstempo.
(E-B)	Auf dem Mittelzirkel geritten (½-mal herum).
(B-E-B)	Leichttraben und Zügel aus der Hand kauen lassen (1-mal herum).
(B-E)	Aussitzen. Zügel wieder verkürzen.
(E)	Ganze Bahn. Abteilung – Schritt – Mittelschritt. Am langen Zügel die Bahn verlassen und vorbereiten zum Springen.

1.3.3 Parcoursvorschläge Eignungsprüfungen

Vorschlag 1

zur Parcoursgestaltung für Eignungsprüfungen innerhalb des Dressurplatzes 20 x 40 m

- für Aufgaben R 1 und R 2 (Hindernisse im Rahmen der Klasse A*)
- konzipiert für 4-m-Stangen; für Halle und geschlossenes Viereck werden jedoch 3-m- bzw. 3,5-m-Stangen empfohlen

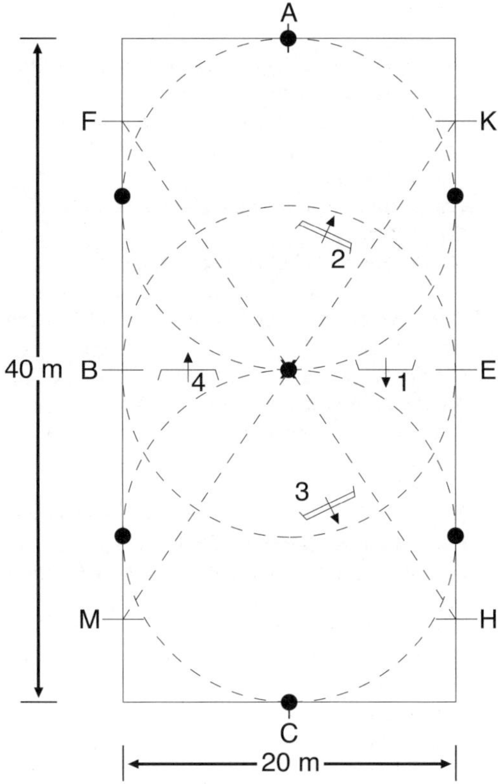

Bei Durchführung der Teilprüfung Springen auf einem separaten Prüfungsplatz ist auch freie Parcoursgestaltung im Rahmen der Bestimmungen des § 312.1 LPO möglich.

Vorschlag 2
zur Parcoursgestaltung für Eignungsprüfungen innerhalb des Dressurplatzes 20 x 40 m

- für Aufgaben R 1 und R 2 (Hindernisse im Rahmen der Klasse A*)
- konzipiert für 4-m-Stangen; für Halle und geschlossenes Viereck werden jedoch 3-m- bzw. 3,5-m-Stangen empfohlen

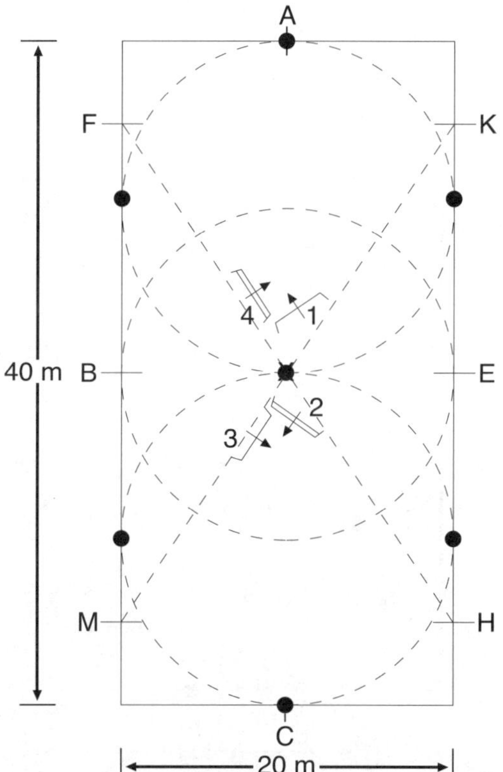

Bei Durchführung der Teilprüfung Springen auf einem separaten Prüfungsplatz ist auch freie Parcoursgestaltung im Rahmen der Bestimmungen des § 312.1 LPO möglich.

Vorschlag 3
zur Parcoursgestaltung für Eignungsprüfungen innerhalb des Dressurplatzes 20 x 40 m

- für Aufgaben R 1 und R 2 (Hindernisse im Rahmen der Klasse A*)
- konzipiert für 4-m-Stangen; für Halle und geschlossenes Viereck werden jedoch 3-m- bzw. 3,5-m-Stangen empfohlen

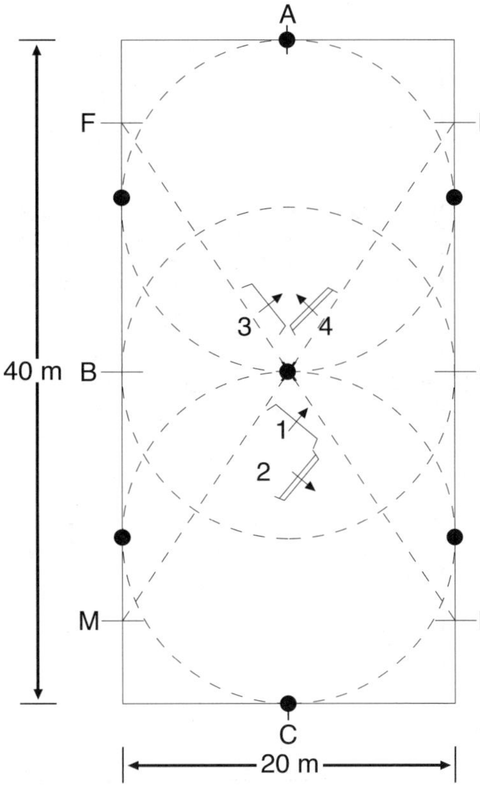

Bei Durchführung der Teilprüfung Springen auf einem separaten Prüfungsplatz ist auch freie Parcoursgestaltung im Rahmen der Bestimmungen des § 312.1 LPO möglich.

Vorschlag 4
zur Parcoursgestaltung für Eignungsprüfungen innerhalb des Dressurplatzes 20 x 60 m

- für Aufgaben R 3 – auf einem Viereck 20 x 60 m (Hindernisse im Rahmen der Klasse A**)
- konzipiert für 4-m-Stangen; für Halle und geschlossenes Viereck werden jedoch 3-m- bzw. 3,5-m-Stangen empfohlen
- mit einer Distanz von ca. 17,50 m

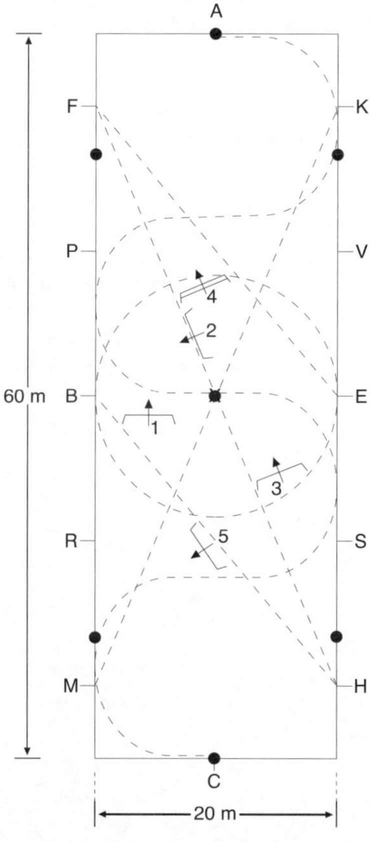

Bei Durchführung der Teilprüfung Springen auf einem separaten Prüfungsplatz ist auch freie Parcoursgestaltung im Rahmen der Bestimmungen des § 312.1 LPO möglich.

2. Aufbauprüfungen

2.1 Dressurpferdeprüfungen gem. §§ 350 ff. LPO

Vorbemerkung

In Dressurpferdeprüfungen wird überprüft, ob sich das junge Pferd ausbildungsmäßig auf dem richtigen Weg befindet.

Ausführliche Informationen sind in den „FN-Turniersport-Merkblättern" und in den „Richtlinien für Reiten und Fahren, Band 1 und 2", zu finden.

Anforderungen

Es werden die nachfolgenden Aufgaben je nach Vorspann einzeln oder zu zweit auf dem vorgesehenen Viereck geritten.

Beurteilung

Beurteilt werden Rittigkeit (vgl. Skala der Ausbildung) und die Grundgangarten, insbesondere deren Förderungsfähigkeit sowie der Gesamteindruck als Dressurpferd (Bewegungsablauf, Gebäude, Ausstrahlung, Mühelosigkeit und Geschmeidigkeit).

Das Pferd sollte aufgrund seiner Leistung den allgemeingültigen Vorstellungen von einem Dressurpferd entsprechen. Sitz und Einwirkung des Reiters spielen für die Vorstellung eine Rolle, dürfen jedoch nicht direkt in die Bewertung einfließen. Verreiten wird wie in Dressurprüfungen bewertet.

2.1.1 Leitfaden Dressurpferdeprüfung der Klasse A

Trab (Takt, Losgelassenheit, Elastizität, Schwung, Rückentätigkeit, Raumgriff)
Schritt (Takt, Fleiß, Raumgriff, losgelassenes Schreiten)
Galopp (Takt, Losgelassenheit, Gleichgewicht, Schwung, Raumgriff, Bergauftendenz)
Durchlässigkeit (Losgelassenheit, Anlehnung, beginnende Geraderichtung, Gehorsam)
Gesamteindruck (Perspektive als Dressurpferd; Ausbildungsstand auf der Basis der Skala der Ausbildung) **Note:**

Notenbogen Dressurpferdeprüfung der Klasse A

	Note
Trab (Takt, Losgelassenheit, Elastizität, Schwung, Rückentätigkeit, Raumgriff)	
Schritt (Takt, Fleiß, Raumgriff, losgelassenes Schreiten)	
Galopp (Takt, Losgelassenheit, Gleichgewicht, Schwung, Raumgriff, Bergauftendenz)	
Durchlässigkeit (Losgelassenheit, Anlehnung, beginnende Geraderichtung, Gehorsam)	
Gesamteindruck (Perspektive als Dressurpferd; Ausbildungsstand auf der Basis der Skala der Ausbildung)	
Gesamtnote	
: 5 = Gesamtergebnis	

Nur ganze und halbe Noten erlaubt.

Druck: März 2015

2.1.2 Dressurpferdeprüfungen der Klasse A Aufgaben DA 1 bis DA 4/2

Aufgabe DA 1

(Nur einzeln)

Viereck 20 x 60 m (in der Ausschreibung anzugeben) – Dauer: etwa 4½ Minuten

Viereck 20 x 40 m (in der Ausschreibung anzugeben) – Dauer: etwa 3½ Minuten

A-X	Einreiten im Arbeitstrab.
X	Halten. Grüßen. Im Arbeitstempo antraben.
C	Linke Hand.
C-H-K-A-F-B	Arbeitstrab.
B-E-B	Auf dem Mittelzirkel (1-mal herum).
B	Ganze Bahn.
H-X-F	Durch die ganze Bahn wechseln, dabei Tritte verlängern. Leichttraben.
F	Arbeitstrab. Aussitzen.
A	Mittelschritt.
K-X-M	Im Mittelschritt durch die ganze Bahn wechseln.
M	Im Arbeitstempo antraben.
C	Im Arbeitstempo angaloppieren.
E-B-E	Auf dem Mittelzirkel geritten (1-mal herum). Zwischen B und E überstreichen.
E	Ganze Bahn.
F-X-H	Durch die ganze Bahn wechseln. Vor X Arbeitstrab, nach X im Arbeitstempo rechts angaloppieren (2 bis 3 Pferdelängen Trab erlaubt).
C	Auf dem Zirkel geritten (1-mal herum).
C	Ganze Bahn.
M-F	Galoppsprünge verlängern.
Zw. F und A	Arbeitsgalopp.
Zw. A und K	Arbeitstrab.
E-B	Auf dem Mittelzirkel geritten (½-mal herum), dabei Zügel aus der Hand kauen lassen.
B-F	Ganze Bahn. Zügel wieder verkürzen.
A	Auf die Mittellinie abwenden.
X	Halten. Grüßen. Im Mittelschritt am langen Zügel die Bahn verlassen.

Aufgabe DA 2

(Nur einzeln)

Viereck 20 x 60 m (in der Ausschreibung anzugeben) –
Dauer: etwa 5½ Minuten

Viereck 20 x 40 m (in der Ausschreibung anzugeben) –
Dauer: etwa 4½ Minuten

A-X	Einreiten im Arbeitstrab.
X	Halten. Grüßen.
	Im Arbeitstempo antraben.
C	Rechte Hand.
A-C	Schlangenlinie durch die Bahn, 3 Bögen, rechts beenden.
M-F	Tritte verlängern. Leichttraben.
F	Arbeitstrab. Aussitzen.
A	Mittelschritt.
K-X-M	Im Mittelschritt durch die ganze Bahn wechseln.
C	Halten. Im Arbeitstempo antraben.
C-H-E	Arbeitstrab.
E-B	Auf dem Mittelzirkel geritten (½-mal herum).
B	Im Arbeitstempo links angaloppieren.
B-E	Arbeitsgalopp (½-mal herum).
E	Ganze Bahn.
F-M	Galoppsprünge verlängern.
Zw. M und C	Arbeitsgalopp.
Zw. C und H	Arbeitstrab.
H-B	Durch die halbe Bahn wechseln.
B	Im Arbeitstempo rechts angaloppieren.
A	Auf dem Zirkel geritten (1-mal herum), dabei an der offenen Zirkelseite überstreichen.
A	Arbeitstrab und ganze Bahn.
K-X-M	Durch die ganze Bahn wechseln, dabei Tritte verlängern.
M	Arbeitstrab.
E-B-E	Auf dem Mittelzirkel geritten (1-mal herum), dabei leichttraben und Zügel aus der Hand kauen lassen.
Vor E	Zügel wieder verkürzen. Aussitzen.
E	Ganze Bahn.
A	Auf die Mittellinie abwenden.
X	Halten. Grüßen
	Im Mittelschritt am langen Zügel die Bahn verlassen.

Hinweis für Veranstalter

Bei den Aufgaben
DA 3 und DA 4
ist entweder in der
Ausschreibung oder spätestens
in der Zeiteinteilung festzulegen,
ob die DA 3/1 oder die DA 3/2
bzw.
die DA 4/1 oder die DA 4/2
geritten wird.

 Druck: März 2015

Es ist entweder in der Ausschreibung oder spätestens in der Zeiteinteilung festzulegen, ob die DA 3/1 oder DA 3/2 geritten wird.

Aufgabe DA 3/1

(Nur einzeln)

Viereck 20 x 60 m (in der Ausschreibung anzugeben) –
Dauer: etwa 4½ Minuten

Viereck 20 x 40 m (in der Ausschreibung anzugeben) –
Dauer: etwa 3½ Minuten

A-X	Einreiten im Arbeitstrab.
X	Halten. Grüßen. Im Arbeitstempo antraben.
C	Rechte Hand.
B-E-B	Auf dem Mittelzirkel geritten (1-mal herum).
B	Ganze Bahn.
K-X-M	Durch die ganze Bahn wechseln, dabei Tritte verlängern. Leichttraben.
M	Arbeitstrab. Aussitzen.
C	Mittelschritt.
H-X-F	Im Mittelschritt durch die ganze Bahn wechseln.
A	Im Arbeitstempo antraben. Auf dem Zirkel geritten (1-mal herum), (dabei zur geschlossenen Zirkelseite) im Arbeitstempo rechts angaloppieren.
A-K-H-C-M	Ganze Bahn.
M-X-K	Durch die ganze Bahn wechseln, auf der Wechsellinie Arbeitstrab.
A	Auf dem Zirkel geritten (1-mal herum), (dabei zur geschlossenen Zirkelseite) im Arbeitstempo links angaloppieren.
A	Ganze Bahn.
F-M	Nächste lange Seite Galoppsprünge verlängern.
M	Arbeitsgalopp.
C	Arbeitstrab.
E-B-E	Auf dem Mittelzirkel geritten (1-mal herum), dabei leichttraben und Zügel aus der Hand kauen lassen.
Vor E	Zügel wieder verkürzen. Aussitzen.
E	Ganze Bahn.
A	Auf die Mittellinie abwenden.
X	Halten. Grüßen. Im Mittelschritt am langen Zügel die Bahn verlassen.

Aufgabe DA 3/2

(Zu zweit hintereinander)

Viereck 20 x 60 m (in der Ausschreibung anzugeben) –
Dauer: etwa 4½ Minuten

Viereck 20 x 40 m (in der Ausschreibung anzugeben) –
Dauer: etwa 3½ Minuten

	Auf der rechten Hand im Mittelschritt Abteilung bilden. Abteilung im Arbeitstempo – Trab.
(A)	(Von der kurzen Seite auf die Richter zu) Anfang rechts dreht, links marschiert auf – Marsch. (Wenn der Anfangsreiter die Verbindungslinie der beiden Punkte E-B erreicht) Anfang – Halt. Grüßen.
(M-B)	Abteilung zu einem Rechts-brecht-Ab – im Arbeitstempo – Trab.
(B-E-B)	Auf dem Mittelzirkel geritten (1-mal herum).
(B)	Ganze Bahn.
(K-X-M)	Durch die ganze Bahn wechseln, dabei Tritte verlängern. Leichttraben.
(M)	Im Arbeitstempo. Aussitzen.
(C)	(Mitte der kurzen Seite) Abteilung – Schritt – Mittelschritt.
(H-X-F)	Durch die ganze Bahn wechseln.
(A)	(Mitte der kurzen Seite) Abteilung im Arbeitstempo – Trab. Auf dem Zirkel geritten (1-mal herum), dabei zur geschlossenen Zirkelseite Abteilung im Arbeitstempo – Galopp – Marsch.
(A-K-H-C-M)	(Mitte der kurzen Seite) Ganze Bahn.
(M-X-K)	Durch die ganze Bahn wechseln. Auf der Wechsellinie Abteilung im Arbeitstempo – Trab.
(A)	(Mitte der kurzen Seite) Auf dem Zirkel geritten (1-mal herum), dabei zur geschlossenen Zirkelseite Abteilung im Arbeitstempo – Galopp – Marsch.
(A)	(Mitte der kurzen Seite) Ganze Bahn.
(F-M)	(Nächste lange Seite) Galoppsprünge verlängern.
(M)	(Vor der kurzen Seite) Im Arbeitstempo.
(C)	(Mitte der kurzen Seite) Abteilung im Arbeitstrab.
(E-B-E)	Auf dem Mittelzirkel geritten (1-mal herum), dabei leichttraben und Zügel aus der Hand kauen lassen.
(Vor E)	Zügel wieder verkürzen. Aussitzen.
(E)	Ganze Bahn.
(A)	(Von der kurzen Seite auf die Richter zu) Anfang links dreht, rechts marschiert auf – Marsch. (Wenn der Anfangsreiter die Verbindungslinie der beiden Punkte E-B erreicht hat) Anfang – Halt. Grüßen. Im Mittelschritt am langen Zügel die Bahn verlassen.

Es ist entweder in der Ausschreibung oder spätestens in der Zeiteinteilung festzulegen, ob die DA 4/1 oder DA 4/2 geritten wird.

Aufgabe DA 4/1

(Nur einzeln)

Viereck 20 x 60 m (in der Ausschreibung anzugeben) –
Dauer: etwa 5 Minuten

Viereck 20 x 40 m (in der Ausschreibung anzugeben) –
Dauer: etwa 4 Minuten

A-X	Einreiten im Arbeitstrab.
X	Halten. Grüßen.
	Im Arbeitstempo antraben.
C	Rechte Hand.
A-X-C	Durch die Länge der Bahn wechseln.
H-K	Einfache Schlangenlinie.
A	Mittelschritt.
F-X-H	Im Mittelschritt durch die ganze Bahn wechseln.
C	Halten.
	Im Arbeitstempo antraben.
A	Im Arbeitstempo rechts angaloppieren.
A	Auf dem Zirkel geritten (1-mal herum).
A	Arbeitstrab. Ganze Bahn.
K-X-M	Durch die ganze Bahn wechseln.
C	Im Arbeitstempo links angaloppieren.
C	Auf dem Zirkel geritten (1-mal herum).
C	Ganze Bahn.
H-K	Galoppsprünge verlängern.
K-A	Arbeitsgalopp.
A	Arbeitstrab.
F-X-H	Durch die ganze Bahn wechseln, dabei Tritte verlängern.
H	Arbeitstrab.
B-E-B	Auf dem Mittelzirkel geritten (1-mal herum), dabei zwischen B und E leichttraben und Zügel aus der Hand kauen lassen. Zwischen E und B aussitzen. Zügel wieder verkürzen.
B	Ganze Bahn.
A	Auf die Mittellinie abwenden.
X	Halten. Grüßen.
	Im Mittelschritt am langen Zügel die Bahn verlassen.

Aufgabe DA 4/2

(Zu zweit hintereinander)

Viereck 20 x 60 m (in der Ausschreibung anzugeben) –
Dauer: etwa 5 Minuten

Viereck 20 x 40 m (in der Ausschreibung anzugeben) –
Dauer: etwa 4 Minuten

	Auf der rechten Hand im Mittelschritt Abteilung bilden. Abteilung im Arbeitstempo – Trab.
(A)	(Von der kurzen Seite auf die Richter zu) Anfang rechts dreht, links marschiert auf – Marsch. (Wenn der Anfangsreiter die Verbindungslinie der beiden Punkte E-B erreicht hat) Anfang – Halt. Grüßen.
(M-F)	Abteilung zu einem Rechts-brecht-Ab – im Arbeitstempo – Trab.
(A-X-C)	Durch die Länge der Bahn wechseln.
(H-K)	An der nächsten langen Seite einfache Schlangenlinie.
(A)	(An der kurzen Seite) Abteilung – Schritt – Mittelschritt.
(F-X-H)	Durch die ganze Bahn wechseln.
(M-F)	(An der langen Seite halten.) Abteilung – Halt. Abteilung im Arbeitstempo – Trab.
(A)	(Mitte der kurzen Seite) Abteilung im Arbeitstempo – Galopp – Marsch.
(A)	Auf dem Zirkel geritten (1-mal herum).
(A)	(Mitte der kurzen Seite) Abteilung im Arbeitstempo – Trab. Ganze Bahn.
(K-X-M)	Durch die ganze Bahn wechseln.
(C)	(Mitte der kurzen Seite) Abteilung im Arbeitstempo – Galopp – Marsch.
(C)	Auf dem Zirkel geritten (1-mal herum).
(C)	(Mitte der kurzen Seite) Ganze Bahn.
(H-K)	(An der langen Seiten) Galoppsprünge verlängern.
(K-A)	(Vor der kurzen Seite) Im Arbeitstempo.
(A)	(Mitte der kurzen Seite) Abteilung im Arbeitstempo – Trab.
(F-X-H)	Durch die ganze Bahn wechseln, dabei Tritte verlängern.
(H)	(Am Wechselpunkt) Im Arbeitstempo.
(B-E-B)	Auf dem Mittelzirkel geritten (1-mal herum), dabei zwischen B und E leichttraben und Zügel aus der Hand kauen lassen. Zwischen E und B aussitzen. Zügel wieder verkürzen.
(B)	Ganze Bahn.
(A)	(Von der kurzen Seite auf die Richter zu) Anfang rechts dreht, links marschiert auf – Marsch. (Wenn der Anfangsreiter die Verbindungslinie der beiden Punkte E-B erreicht hat) Anfang – Halt. Grüßen. Im Mittelschritt am langen Zügel die Bahn verlassen.

2.1.3 Leitfaden Dressurpferdeprüfung der Klasse L

Trab (Takt, Losgelassenheit, Elastizität, Schwung, Rückentätigkeit, Raumgriff, Versammlungsbereitschaft)
Schritt (Takt, Fleiß, Raumgriff, losgelassenes Schreiten)
Galopp (Takt, Losgelassenheit, Elastizität, natürliches Gleichgewicht, Schwung, Raumgriff, Bergauftendenz, Versammlungsbereitschaft)
Durchlässigkeit (Losgelassenheit, Anlehnung, Geraderichtung, Gehorsam, Selbsthaltung)
Gesamteindruck (Perspektive als Dressurpferd; Ausbildungsstand auf der Basis der Skala der Ausbildung) **Note:**

2.1.4 Notenbogen Dressurpferdeprüfung der Klasse L

	Note
Trab (Takt, Losgelassenheit, Elastizität, Schwung, Rückentätigkeit, Raumgriff, Versammlungsbereitschaft)	
Schritt (Takt, Fleiß, Raumgriff, losgelassenes Schreiten)	
Galopp (Takt, Losgelassenheit, Elastizität, natürliches Gleichgewicht, Schwung, Raumgriff, Bergauftendenz, Versammlungsbereitschaft)	
Durchlässigkeit (Losgelassenheit, Anlehnung, Geraderichtung, Gehorsam, Selbsthaltung)	
Gesamteindruck (Perspektive als Dressurpferd; Ausbildungsstand auf der Basis der Skala der Ausbildung)	
Gesamtnote	
: 5 = Gesamtergebnis	

Nur ganze und halbe Noten erlaubt.

Druck: März 2015

2.1.5 Dressurpferdeprüfungen der Klasse L Aufgaben DL 1 bis DL 5

Aufgabe DL 1

Nur auf Trense. (Nur einzeln)

Viereck 20 x 40 m – Dauer: etwa 4½ Minuten

A-X	Einreiten im Arbeitstrab.
X	Halten. Grüßen. Im Arbeitstempo antraben.
C	Rechte Hand.
B-X	Halbe Volte rechts (10 m).
X-E	Halbe Volte links (10 m).
F-X-H	Im Mitteltrab durch die ganze Bahn wechseln.
H	Versammelter Trab.
C	Kurzkehrt rechts, danach Arbeitstrab.
E-X	Halbe Volte links (10 m).
X-B	Halbe Volte rechts (10 m).
K-X-M	Im Mitteltrab durch die ganze Bahn wechseln.
M	Versammelter Trab.
C	Im versammelten Tempo links angaloppieren.
E-B-E	Auf dem Mittelzirkel geritten (1-mal herum), dabei zwischen E und B überstreichen.
E-X	Halbe Volte links (10 m).
X	Einfacher Galoppwechsel.
X-B	Halbe Volte rechts (10 m).
B	Ganze Bahn.
K-B	Ohne Galoppwechsel durch die halbe Bahn wechseln.
C	Einfacher Galoppwechsel.
H-K	Mittelgalopp.
Zwischen K und A	Versammelter Galopp.
F-E	Ohne Galoppwechsel durch die halbe Bahn wechseln.
C	Mittelschritt.
M-X-K	Im Mittelschritt durch die ganze Bahn wechseln.
A	Halten. Eine Pferdelänge rückwärtsrichten, daraus im Arbeitstempo antraben.
B-E	Auf dem Mittelzirkel geritten (½-mal herum), dabei Zügel aus der Hand kauen lassen.
E-K	Ganze Bahn. Zügel wieder verkürzen.
A	Auf die Mittellinie abwenden.
X	Halten. Grüßen. Im Mittelschritt am langen Zügel die Bahn verlassen.

Aufgabe DL 2

Nur auf Trense. (Nur einzeln)

Viereck 20 x 40 m – Dauer: etwa 4½ Minuten

A-X	Einreiten im Arbeitstrab.
X	Halten. Grüßen.
	Im Arbeitstempo antraben.
C	Rechte Hand.
A-C	Schlangenlinie durch die Bahn, 4 Bögen, links beenden.
H-X-F	Im Mitteltrab durch die ganze Bahn wechseln.
F	Versammelter Trab.
A	Kurzkehrt, danach Mittelschritt.
B	Links um.
X	Halten. Eine Pferdelänge rückwärtsrichten, daraus im Mittelschritt anreiten.
E	Rechte Hand.
H	Im Arbeitstempo rechts angaloppieren.
F	Versammelter Galopp und aus der Ecke kehrt (10 m).
B-E	Halbe Zirkellinie im Außengalopp, danach ganze Bahn.
Nach E	Einfacher Galoppwechsel.
F-M	Mittelgalopp.
M	Versammelter Galopp.
H-B	Ohne Galoppwechsel durch die halbe Bahn wechseln.
A	Versammelter Trab.
E-B-E	Arbeitstrab und auf dem Mittelzirkel geritten, leichttraben, dabei Zügel aus der Hand kauen lassen (1-mal herum).
Vor E	Zügel wieder verkürzen. Aussitzen.
E	Ganze Bahn.
C	Versammelter Trab.
M-X-K	Im Mitteltrab durch die ganze Bahn wechseln.
K	Versammelter Trab.
A	Auf die Mittellinie abwenden.
X	Halten. Grüßen.
	Im Mittelschritt am langen Zügel die Bahn verlassen.

 Druck: März 2015

Aufgabe DL 3

Nur auf Trense. (Nur einzeln)

Viereck 20 x 60 m – Dauer: etwa 5½ Minuten

A-X	Einreiten im Arbeitstrab.
X	Halten. Grüßen. Im Arbeitstempo antraben.
C	Rechte Hand.
B-X	Halbe Volte rechts (10 m).
X-E	Halbe Volte links (10 m).
F-X-H	Im Mitteltrab durch die ganze Bahn wechseln.
H	Versammelter Trab.
C	Kurzkehrt rechts, danach Arbeitstrab.
E-X	Halbe Volte links (10 m).
X-B	Halbe Volte rechts (10 m).
K-X-M	Im Mitteltrab durch die ganze Bahn wechseln.
M	Versammelter Trab.
C	Im versammelten Tempo links angaloppieren.
E-B-E	Auf dem Mittelzirkel geritten (1-mal herum), dabei zwischen E und B überstreichen.
E-X	Halbe Volte links (10 m).
X	Einfacher Galoppwechsel.
X-B	Halbe Volte rechts (10 m).
B	Ganze Bahn.
K-B	Ohne Galoppwechsel durch die halbe Bahn wechseln.
C	Einfacher Galoppwechsel.
H-K	Mittelgalopp.
Zwischen K und A	Versammelter Galopp.
F-E	Ohne Galoppwechsel durch die halbe Bahn wechseln.
C	Mittelschritt.
M-X-K	Im Mittelschritt durch die ganze Bahn wechseln.
A	Halten. Eine Pferdelänge rückwärtsrichten, daraus im Arbeitstempo antraben.
B-E	Auf dem Mittelzirkel geritten (½-mal herum), dabei Zügel aus der Hand kauen lassen.
E-K	Ganze Bahn. Zügel wieder verkürzen.
A	Auf die Mittellinie abwenden.
X	Halten. Grüßen. Im Mittelschritt am langen Zügel die Bahn verlassen.

Aufgabe DL 4

Nur auf Trense. (Nur einzeln)

Viereck 20 x 60 m – Dauer: etwa 5 Minuten

A-X	Einreiten im Arbeitstrab.
X	Halten. Grüßen.
	Im Arbeitstempo antraben.
C	Linke Hand.
E	Volte (10 m).
F-X-H	Im Mitteltrab durch die ganze Bahn wechseln.
H	Versammelter Trab.
C-A	Schlangenlinie durch die Bahn, 4 Bögen, links beenden.
A	Halten, Kehrtwendung auf der Hinterhand. Im Mittelschritt anreiten.
K-R-M	Durch die Bahn wechseln.
M	Im Arbeitstempo links angaloppieren.
C	Auf dem Zirkel geritten (1-mal herum), dabei an der offenen Zirkelseite überstreichen.
C	Ganze Bahn.
H-K	Mittelgalopp.
K	Versammelter Galopp.
F-E	Ohne Galoppwechsel durch die halbe Bahn wechseln.
C	Einfacher Galoppwechsel.
M-P	Mittelgalopp.
P	Versammelter Galopp.
Nach F	Aus der nächsten Ecke kehrt (10 m) ohne Galoppwechsel.
C	Versammelter Trab.
S-F	Im Mitteltrab durch die Bahn wechseln.
F	Versammelter Trab.
A	Auf die Mittellinie abwenden.
G	Halten. Grüßen.
	Im Mittelschritt am langen Zügel die Bahn verlassen.

Druck: März 2015

Aufgabe DL 5

Nur auf Trense. (Nur einzeln)

Viereck 20 x 60 m – Dauer: etwa 5 Minuten

A-X	Einreiten im Arbeitstrab.
X	Halten. Grüßen. Im Arbeitstempo antraben.
C	Linke Hand.
F-X-H	Im Mitteltrab durch die ganze Bahn wechseln.
H	Arbeitstrab.
B	Rechts um, versammelter Trab.
X	Kurzkehrt rechts.
B	Rechte Hand.
K-X-M	Im Mitteltrab durch die ganze Bahn wechseln.
M	Arbeitstrab.
C	Halten. Eine Pferdelänge rückwärtsrichten, daraus im Mittelschritt anreiten.
E	Links um.
Zwischen X und B	Kurzkehrt links.
E	Linke Hand.
V	Im Arbeitstempo links angaloppieren.
A	Versammelter Galopp.
F-E	Ohne Galoppwechsel durch die halbe Bahn wechseln.
S-R	Halber Zirkel im Außengalopp.
R	Ganze Bahn.
B	Einfacher Galoppwechsel.
K-B	Ohne Galoppwechsel durch die halbe Bahn wechseln.
R-S	Halber Zirkel im Außengalopp.
S	Ganze Bahn.
E	Einfacher Galoppwechsel.
F-M	Mittelgalopp.
M	Arbeitsgalopp.
C	Arbeitstrab.
E-B-E	Auf dem Mittelzirkel geritten (1-mal herum), leichttraben, dabei Zügel aus der Hand kauen lassen.
Vor E	Zügel wieder verkürzen. Aussitzen.
E	Ganze Bahn.
A	Auf die Mittellinie abwenden.
X	Halten. Grüßen. Im Mittelschritt am langen Zügel die Bahn verlassen.

2.1.6 Notenbogen Dressurpferdeprüfung der Klasse M

	Note
Trab (Takt, Losgelassenheit, Elastizität, Schwung, Rückentätigkeit, Raumgriff, Versammlungsfähigkeit)	
Schritt (Takt, Fleiß, Raumgriff, losgelassenes Schreiten)	
Galopp (Takt, Losgelassenheit, Elastizität, natürliches Gleichgewicht, Schwung, Raumgriff, Bergauftendenz, Versammlungsfähigkeit)	
Durchlässigkeit (Losgelassenheit, Anlehnung, Geraderichtung, Gehorsam einschließlich der fliegenden Galopppwechsel und Seitengänge, Selbsthaltung)	
Gesamteindruck (Perspektive als Dressurpferd; Ausbildungsstand auf der Basis der Skala der Ausbildung)	
Gesamtnote	
: 5 = **Gesamtergebnis**	

Nur ganze und halbe Noten erlaubt.

Druck: März 2015

2.1.7 Dressurpferdeprüfungen der Klasse M Aufgaben DM 1 bis DM 3

Aufgabe DM 1

Nur auf Trense. (Nur einzeln)

Viereck 20 x 60 m – Dauer: etwa 5 Minuten

A-X	Einreiten im Arbeitstrab.
X	Halten. Grüßen.
	Im Arbeitstempo antraben.
C	Linke Hand.
E-X	Halbe Volte links (10 m).
X-B	Halbe Volte rechts (10 m).
A	Versammelter Trab.
K-E	Schulterherein.
E	Volte (8 m).
E-G	Nach rechts traversieren.
C	Rechte Hand.
M-X-K	Im Mitteltrab durch die ganze Bahn wechseln.
K	Versammelter Trab.
F-B	Schulterherein.
B	Volte (8 m).
B-G	Nach links traversieren.
C	Linke Hand.
H-X-F	Im starken Trab durch die ganze Bahn wechseln.
F	Versammelter Trab.
A	Mittelschritt.
K-X-M	Im starken Schritt durch die ganze Bahn wechseln.
M-C	Mittelschritt.
C	Im Arbeitstempo links angaloppieren.
V-P	Halber Zirkel, dabei überstreichen.
P	Ganze Bahn.
Vor B	Versammelter Galopp.
B-I-H	Durch die halbe Bahn wechseln.
Bei I	Fliegender Galoppwechsel.
H	Arbeitsgalopp.
B-P-V-E	Mittelgalopp und halber Zirkel.
Vor E	Versammelter Galopp.
E-I-M	Durch die halbe Bahn wechseln.
Bei I	Fliegender Galoppwechsel.
H-V	Mittelgalopp.
V	Versammelter Galopp.
K	Versammelter Trab.
A	Auf die Mittellinie abwenden.
X	Halten. Grüßen.
	Im Mittelschritt am langen Zügel die Bahn verlassen.

Aufgabe DM 2

Nur auf Trense. (Nur einzeln)

Viereck 20 x 60 m – Dauer: etwa 4½ Minuten

A-X	Einreiten im versammelten Galopp.
X	Halten. Grüßen. Im Arbeitstempo antraben.
C	Rechte Hand.
R-K	Im Mitteltrab durch die Bahn wechseln.
K	Versammelter Trab.
F-P	Schulterherein.
P-I	Nach links traversieren.
I	Geradeaus.
C	Linke Hand.
H-X-F	Im starken Trab durch die ganze Bahn wechseln.
F	Versammelter Trab.
K-V	Schulterherein.
V-I	Nach rechts traversieren.
I	Geradeaus.
G	Mittelschritt.
C	Rechte Hand.
M-S-E	Im starken Schritt durch die Bahn wechseln.
E	Mittelschritt und links um.
Zwischen X und B	Kurzkehrt links.
Zwischen X und E	Kurzkehrt rechts.
X	Im versammelten Tempo rechts angaloppieren.
B	Rechte Hand.
P-V-H	Halber Zirkel und Mittelgalopp.
H	Versammelter Galopp.
M-I-E	Durch die halbe Bahn wechseln.
I	Fliegender Galoppwechsel.
V-P-M	Halber Zirkel und Mittelgalopp.
M	Versammelter Galopp.
H-I-B	Durch die halbe Bahn wechseln.
I	Fliegender Galoppwechsel.
F	Arbeitstrab.
A	Auf die Mittellinie abwenden.
X	Halten. Grüßen. Im Mittelschritt am langen Zügel die Bahn verlassen.

Aufgabe DM 3

Nur auf Trense. (Nur einzeln)

Viereck 20 x 60 m – Dauer: etwa 5 Minuten

A-X	Einreiten im Arbeitstrab.
X	Halten. Grüßen. Im Arbeitstempo antraben.
C	Linke Hand.
A	Versammelter Trab.
F-B	Schulterherein.
B-X	Halbe Volte links (10 m).
X-E	Halbe Volte rechts (10 m).
E-H	Schulterherein.
M-X-K	Im Mitteltrab durch die ganze Bahn wechseln.
K	Versammelter Trab.
A	Auf die Mittellinie abwenden.
D-E	Nach links traversieren.
S-R-S-R	Arbeitstrab und auf dem Zirkel geritten (1½-mal herum).
Zwischen R und S	Zügel aus der Hand kauen lassen.
Zwischen S und R	Zügel wieder verkürzen und versammelter Trab.
R-L	Nach rechts traversieren.
A	Linke Hand.
F-X-H	Im starken Trab durch die ganze Bahn wechseln.
H	Versammelter Trab.
C	Mittelschritt.
M-I-E-V	Im starken Schritt durch die halbe Bahn wechseln.
V	Mittelschritt und links um.
L	Halten. Eine Pferdelänge rückwärtsrichten, über Mittelschritt im versammelten Tempo rechts angaloppieren.
P	Rechte Hand.
K-S	Mittelgalopp.
S	Versammelter Galopp.
M-I-E	Durch die halbe Bahn wechseln mit fliegendem Galoppwechsel bei I.
Nach K	Kehrtvolte (10 m).
Vor E	Fliegender Galoppwechsel.
S-R	Halber Zirkel, dabei überstreichen.
Nach F	Kehrvolte (10 m).
Vor B	Fliegender Galoppwechsel.
R-S	Halber Zirkel, dabei Mittelgalopp.
Zw. S-E	Versammelter Galopp.
E-L-F	Durch die halbe Bahn wechseln mit fliegendem Galoppwechsel bei L.
A	Auf die Mittellinie abwenden.
D	Versammelter Trab.
I	Halten. Grüßen. Im Mittelschritt am langen Zügel die Bahn verlassen.

2.2 Springpferdeprüfungen gem. §§ 360 ff. LPO

Vorbemerkung
In einer Springpferdeprüfung wird geprüft, ob das junge Pferd im Hinblick auf seinen Einsatz als Springpferd ausbildungsmäßig auf dem richtigen Weg ist. Zielvorstellung ist eine flüssige, harmonisch-rationelle Absolvierung des Parcours.

Ausführliche Informationen sind in den „FN-Turniersport-Merkblättern" und in den „Richtlinien für Reiten und Fahren, Band 1 und 2", zu finden.

Anforderungen
Einzelnes Überwinden eines für junge Pferde „freundlich" gebauten Parcours (grundsätzlich passende Distanzen, Wendungen, die einen flüssigen Ablauf fördern) gem. LPO § 504 mit erlaubter Zeit mit den „üblichen" Hindernissen und mindestens zwei, besser mehreren Handwechseln.

Beurteilung
Beurteilt werden je nach Ausschreibung Rittigkeit und Springmanier, ausgedrückt in einer Wertnote abzüglich der Strafpunkte (Standard-Springpferdeprüfung) und/oder in Punkten und Sekunden (Spezial-Springpferdeprüfung).
Hinsichtlich der Rittigkeit ist auf das Grundtempo, die Regulierbarkeit und die Wendigkeit zu achten. Die Beurteilung der Springmanier basiert auf der Anpassungsfähigkeit, der Bascule und der Beintechnik. Das Springvermögen findet nur im Rahmen der Anforderungen Berücksichtigung.

2.2.1 Leitfaden Springpferdeprüfung

Rittigkeit:		
Springmanier:		
Grundnote:	**Abzüge gem. § 363 LPO:**	**Gesamtnote:**

2.3 Geländepferdeprüfungen gem. §§ 370 ff. LPO

Vorbemerkung

In einer Geländepferdeprüfung wird überprüft, ob das junge Pferd auf seinen Einsatz als Geländepferd ausbildungsmäßig auf dem richtigen Weg ist. Die Prüfung dient damit generell der Verbesserung des Reitens im Gelände durch Förderung der Ausbildung des Pferdes. Der Schwerpunkt der Bewertung liegt eindeutig auf den Eigenschaften und Fähigkeiten des Pferdes, eine für junge Pferde einladend gebaute Geländestrecke mit verschiedenen Hindernissen zu überwinden.

Ausführliche Informationen sind in den „FN-Turniersport-Merkblättern" und in den „Richtlinien für Reiten und Fahren, Band 1 und 2", zu finden.

Anforderungen

Einzelnes Überwinden einer Geländestrecke gem. LPO § 372 in vorgegebener Zeit mit den „üblichen", d.h. möglichst natürlichen und abwechslungsreichen festen Hindernissen der jeweiligen Klasse, die in der Tendenz allerdings einladender aufgebaut sind.

Beurteilung

Beurteilt werden Rittigkeit (dem Streckenverlauf angepasstes rhythmisches Galoppieren über den gesamten Parcours bei Einhaltung des geforderten Grundtempos als Mindestgeschwindigkeit, das auch im Anreiten der Hindernisse nicht ohne Begründung unterbrochen wird und mit Kontrolle über jeden Galoppsprung), Springmanier (willig-flüssiges, aufmerksames Überwinden der Hindernisse mit hergegebenem Rücken und einem Aufwand, der der Hindernishöhe oder -weite entspricht, Anpassungsfähigkeit und „Sich-helfen-Können", Bascule, insbesondere Beintechnik und sichere Landung) und Galoppiervermögen (rhythmischer, rationeller und leichtfüßiger, runder, erhabener, aber nicht aufwendiger Galoppsprung) des Pferdes, ausgedrückt in einer Wertnote abzüglich der Strafpunkte.

2.3.1 Leitfaden Geländepferdeprüfung

Kriterien:
- ausbildungsmäßig auf dem richtigen Weg
- flüssige, rhythmische, harmonisch-rationelle Absolvierung

Rittigkeit:
- dem Streckenverlauf angepasstes, rhythmisches Galoppieren
- Regulierbarkeit, Wendigkeit
- konstante Anlehnung, erkennbare Selbsthaltung, im Gleichgewicht

Verhalten am Sprung (Springmanier):
- willig-flüssiges, aufmerksames Überwinden der Hindernisse
- mit hergegebenem Rücken, Beweglichkeit und Elastizität
- Beintechnik: rationelles und geschicktes Springen
- stets sicher ausbalanciert, sichere Landung

Galoppade/Galoppiervermögen:
raumgreifend, rationell, leichtfüßig, fleißig, Bergauftendenz

Grundnote:	**Abzüge gem. § 373 LPO:**	**Gesamtnote:**

IV. Dressurreiter-/Dressurprüfungen gem. §§ 400 ff. LPO

1. Dressurreiterprüfungen

Vorbemerkung
Aufbauend auf den Prinzipien des einfachen Reiterwettbewerbes und des Dressurreiterwettbewerbes soll in den Dressurreiterprüfungen der Klassen E, A, L und M überprüft werden, ob sich der Reiter in seiner Grundausbildung auf dem richtigen Weg befindet. Die reiterlichen Fertigkeiten werden bei der Bewertung in den Vordergrund, die Qualitäten des Pferdes dagegen zurückgestellt.

Ausführliche Informationen sind in den „FN-Turniersport-Merkblättern" und in den „Richtlinien für Reiten und Fahren, Band 1 und 2", zu finden.

Anforderungen
Die Teilnehmer absolvieren eine der folgenden Aufgaben der Klassen E, A, L oder M. Die Aufgaben bestehen aus Lektionen der jeweiligen Klasse. Dabei wird besonders auf die Vorbereitung und Ausführung einzelner Lektionen durch den Reiter geachtet.

Beurteilung
Bewertet werden der Sitz (Korrektheit), die Hilfengebung, das Gefühl und die Einwirkung des Reiters sowie die Auswirkung der reiterlichen Einwirkung auf das Gerittensein des Pferdes (Erfüllung der einzelnen Punkte der Skala der Ausbildung des Pferdes entsprechend der jeweiligen Klasse), ausgedrückt in einer Wertnote zwischen 0 bis 10. Dieser Grundgedanke beinhaltet, dass nur aus einer richtigen Sitzgrundlage heraus eine korrekte Hilfengebung und damit eine korrekte Einwirkung auf das Pferd möglich sind.

1.1 Leitfaden Dressurreiterprüfungen der Klassen E, A, L und M

Sitz (Balance, Losgelassenheit und Geschmeidigkeit – insbesondere das Mitschwingen in der Mittelpositur, Beachtung von Schenkellage, Schulterpartie, Kopf- und Handhaltung)
Hilfengebung – Gefühl und Einwirkung (Zusammenwirken und Effektivität der Gewichts-, Schenkel- und Zügelhilfen)
Einfluss des Reiters auf das Gerittensein des Pferdes und auf die Ausführung der Aufgabe und Lektionen
Gesamtbeurteilung **Note:**

1.2 Dressurreiterprüfungen der Klassen E, A, L und M Aufgaben RE 1, RA 1/1, RA 1/2 und RA 2, RL 1 und RL 2, RM 1 und RM 2

Klasse E

Aufgabe RE 1

(Zu zweit hintereinander)

Viereck 20 x 40 m – Dauer: etwa 3 Minuten

	Auf der rechten Hand im Mittelschritt Abteilung bilden.
(A)	(Von der kurzen Seite auf die Richter zu) Anfang rechts dreht, links marschiert auf – Marsch. (Wenn der Anfangsreiter die Verbindungslinie der beiden Punkte E-B erreicht) Anfang – Halt. Grüßen.
(M-B)	Abteilung zu einem Rechts-brecht-Ab – im Arbeitstempo – Trab.
(B)	Anfang halbe Volte rechts (10 m) – Marsch.
(X)	Im Mittelpunkt eine Pferdelänge geradeaus, danach Anfang halbe Volte links (10 m).
(K-F)	(An der kurzen Seite) Abteilung – Schritt – Mittelschritt.
(F-E)	Im Mittelschritt durch die halbe Bahn wechseln.
(E)	(Bei Erreichen des Hufschlages) Abteilung im Arbeitstempo – Trab.
(C)	Abteilung im Arbeitstempo – Galopp – Marsch.
(B-E-B)	Auf dem Mittelzirkel geritten (1-mal herum).
(B)	Ganze Bahn.
(B-F)	(Vor der kurzen Seite) Abteilung im Arbeitstempo – Trab.
(K-X-M)	Durch die ganze Bahn wechseln.
(C)	Abteilung im Arbeitstempo – Galopp – Marsch.
(C-X-C)	Auf dem Zirkel geritten (1-mal herum), dabei an der offenen Zirkelseite mit der inneren Hand überstreichen.
(C)	Abteilung im Arbeitstempo – Trab und ganze Bahn – leichttraben.
(E)	Anfang halbe Volte links (10 m) – Marsch.
(X)	Im Mittelpunkt eine Pferdelänge geradeaus, danach Anfang halbe Volte rechts (10 m).
(F)	Aussitzen.
(A)	(Von der kurzen Seite auf die Richter zu) Anfang rechts dreht, links marschiert auf – Marsch. (Wenn der Anfangsreiter die Verbindungslinie der beiden Punkte E-B erreicht) Anfang – Halt. Grüßen. Im Mittelschritt am langen Zügel die Bahn verlassen.

Es ist entweder in der Ausschreibung oder spätestens in der Zeiteinteilung festzulegen, ob die RA 1/1 oder RA 1/2 geritten wird.

Klasse A

Aufgabe RA 1/1

(Nur einzeln)

Viereck 20 x 40 m – Dauer: etwa 3½ Minuten

A-X	Einreiten im Arbeitstrab.
X	Halten. Grüßen.
	Im Arbeitstempo antraben.
C	Rechte Hand.
B	Halbe Volte rechts (10 m).
X	Im Mittelpunkt eine Pferdelänge geradeaus, danach halbe Volte links (10 m).
A	Mittelschritt.
F-E	Im Mittelschritt durch die halbe Bahn wechseln.
E	Bei Erreichen des Hufschlages im Arbeitstempo antraben.
H	Im Arbeitstempo rechts angaloppieren.
B-E-B	Auf dem Mittelzirkel geritten (1-mal herum), dabei zwischen E und B überstreichen.
B	Ganze Bahn.
F	Vor der kurzen Seite Arbeitstrab.
K-X-M	Durch die ganze Bahn wechseln, dabei Tritte verlängern.
M	Arbeitstrab.
C	Im Arbeitstempo links angaloppieren.
E-B-E-B	Auf dem Mittelzirkel geritten (1½-mal herum).
	Zwischen E und B bis E die Galoppsprünge verlängern.
B	Arbeitstrab und ganze Bahn.
C-X-C	Auf dem Zirkel geritten (1-mal herum), dabei leichttraben und Zügel aus der Hand kauen lassen.
C	Ganze Bahn. Zügel wieder verkürzen. Aussitzen.
H-X-F	Durch die ganze Bahn wechseln.
A	Auf die Mittellinie abwenden.
X	Halten. Grüßen.
	Im Mittelschritt am langen Zügel die Bahn verlassen.

Druck: März 2015

Aufgabe RA 1/2

(Zu zweit hintereinander)

Viereck 20 x 40 m – Dauer: etwa 3½ Minuten

	Auf der rechten Hand im Mittelschritt Abteilung bilden.
(A)	(Von der kurzen Seite auf die Richter zu) Anfang rechts dreht, links marschiert auf – Marsch. (Wenn der Anfangsreiter die Verbindungslinie der beiden Punkte E-B erreicht) Anfang – Halt. Grüßen. Abteilung zu einem Rechts-brecht-Ab – im Arbeitstempo – Trab.
(B)	Anfang halbe Volte rechts (10 m) – Marsch.
(X)	Im Mittelpunkt eine Pferdelänge geradeaus, danach Anfang halbe Volte links (10 m).
(A)	Abteilung – Schritt – Mittelschritt.
(F-E)	Im Mittelschritt durch die halbe Bahn wechseln.
(E)	(Bei Erreichen des Hufschlages) Abteilung im Arbeitstempo – Trab.
(H)	Abteilung im Arbeitstempo – Galopp – Marsch.
(B-E-B)	Auf dem Mittelzirkel geritten (1-mal herum), dabei zwischen E und B überstreichen.
(B)	Ganze Bahn.
(F)	(Vor der kurzen Seite) Abteilung im Arbeitstempo – Trab.
(K-X-M)	Durch die ganze Bahn wechseln, dabei Tritte verlängern.
(M)	(Am Wechselpunkt) Im Arbeitstempo.
(C)	Abteilung im Arbeitstempo – Galopp – Marsch.
(E-B-E-B)	Auf dem Mittelzirkel geritten (1½-mal herum). Zwischen E und B bis E die Galoppsprünge verlängern.
(B)	Abteilung im Arbeitstempo – Trab und ganze Bahn.
(C-X-C)	Auf dem Zirkel geritten (1-mal herum), dabei leichttraben und Zügel aus der Hand kauen lassen.
(C)	Ganze Bahn. Zügel wieder verkürzen. Aussitzen.
(H-X-F)	Durch die ganze Bahn wechseln.
(A)	(Von der kurzen Seite auf die Richter zu) Anfang rechts dreht, links marschiert auf – Marsch. (Wenn der Anfangsreiter die Verbindungslinie der beiden Punkte E-B erreicht) Anfang – Halt. Grüßen. Im Mittelschritt am langen Zügel die Bahn verlassen.

Aufgabe RA 2

(Nur einzeln)

Viereck 20 x 40 m – Dauer: etwa 3 Minuten

A-X	Einreiten im Arbeitstrab.
X	Halten. Grüßen. Im Arbeitstempo antraben.
C	Rechte Hand.
M-X-K	Durch die ganze Bahn wechseln.
A-C	Schlangenlinie durch die Bahn, 3 Bögen, links beenden, vor dem Durchreiten der Mittellinie jeweils Übergang zum Mittelschritt, nach 3 bis 5 Schritten im Arbeitstempo antraben.
H-X-F	Durch die ganze Bahn wechseln, dabei Tritte verlängern.
F	Arbeitstrab.
A	Im Arbeitstempo rechts angaloppieren.
A-X-A	Auf dem Zirkel geritten. An der offenen Zirkelseite überstreichen.
A	Ganze Bahn.
K-H	Galoppsprünge verlängern.
H	Vor der kurzen Seite Arbeitsgalopp.
C-X-A	Auf dem Zirkel geritten (½-mal herum) und aus dem Zirkel wechseln mit Galoppwechsel über Arbeitstrab im Mittelpunkt.
A-X-A	An der offenen Zirkelseite 2 bis 3 Pferdelängen überstreichen (1-mal herum).
A	Arbeitstrab, ganze Bahn.
B	Links um.
X	Halten, eine Pferdelänge rückwärtsrichten, daraus im Arbeitstempo antraben.
E	Linke Hand.
A	Mittelschritt.
F-M	Viereck verkleinern und vergrößern.
C	Im Arbeitstempo antraben.
E-B-E	Auf dem Mittelzirkel geritten, dabei leichttraben und Zügel aus der Hand kauen lassen.
Vor E	Zügel wieder verkürzen.
E	Aussitzen und ganze Bahn.
A	Auf die Mittellinie abwenden.
X	Halten. Grüßen. Im Mittelschritt am langen Zügel die Bahn verlassen.

 Druck: März 2015

Klasse L

Aufgabe RL 1

Nur auf Trense. (Nur einzeln)

Viereck 20 x 40 m – Dauer: etwa 3½ Minuten

A-X	Einreiten im Arbeitstrab.
X	Halten. Grüßen. Im Arbeitstempo antraben.
C	Rechte Hand.
B	Volte (10 m), dabei eine Pferdelänge mit der inneren Hand überstreichen.
A	Versammelter Trab
K-X-M	Im Mitteltrab durch die ganze Bahn wechseln.
M	Versammelter Trab.
E	Links um.
X	Halten, eine Pferdelänge rückwärtsrichten, daraus im Mittelschritt anreiten.
B	Rechte Hand.
A	Im versammelten Tempo rechts angaloppieren.
K-H	Mittelgalopp.
H	Versammelter Galopp.
B-X	Halbe Volte rechts (10 m).
X	Eine Pferdelänge geradeaus und einfacher Galoppwechsel.
X-E	Halbe Volte links (10 m).
A	Auf den Zirkel geritten.
A-X-C	Aus dem Zirkel wechseln ohne Galoppwechsel.
C	Einfacher Galoppwechsel.
C-X-A	Aus dem Zirkel wechseln ohne Galoppwechsel.
A	Mittelschritt, ganze Bahn.
Zwischen F und B	Kurzkehrt links, danach im versammelten Tempo antraben.
A	Auf die Mittellinie abwenden.
X	Halten. Grüßen. Im Mittelschritt am langen Zügel die Bahn verlassen.

Aufgabe RL 2

Nur auf Trense. (Nur einzeln)

Viereck 20 x 40 m – Dauer: etwa 3½ Minuten

A-X	Einreiten im Arbeitstrab.
X	Halten. Grüßen.
	Im Arbeitstempo antraben.
C	Rechte Hand.
B-X	Halbe Volte rechts (10 m).
X-E	Halbe Volte links (10 m).
F-X-H	Im Mitteltrab durch die ganze Bahn wechseln.
H	Versammelter Trab.
C-A	Schlangenlinie durch die Bahn, 3 Bögen, rechts beenden, vor dem Durchreiten der Mittellinie jeweils Übergang zum Mittelschritt, nach 3 bis 5 Schritten im Arbeitstempo antraben.
A	Kurzkehrt rechts, danach Mittelschritt.
B	Links um.
X	Im versammelten Tempo rechts angaloppieren.
E	Rechte Hand.
M-F	Mittelgalopp.
F	Versammelter Galopp.
F	Aus der nächsten Ecke kehrt ohne Galoppwechsel.
B-E	Halber Zirkel. Außengalopp.
Vor K	Einfacher Galoppwechsel.
F-E	Ohne Galoppwechsel durch die halbe Bahn wechseln.
C	Arbeitstrab.
B-E-B	Auf dem Mittelzirkel geritten (1-mal herum), dabei Zügel aus der Hand kauen lassen.
B	Ganze Bahn. Zügel wieder verkürzen.
A	Auf die Mittellinie abwenden.
X	Halten. Grüßen.
	Im Mittelschritt am langen Zügel die Bahn verlassen.

 Druck: März 2015

Klasse M

Aufgabe RM 1

Nur auf Kandare. (Nur einzeln)

Viereck 20 x 40 m – Dauer: etwa 4½ Minuten

A-X	Einreiten im versammelten Trab.
X	Halten. Grüßen. Im versammelten Tempo antraben.
C	Rechte Hand.
M-G	Halbe Volte rechts (10 m).
G-H	Halbe Volte links (10 m).
Daraus bis K	Schulterherein links.
F-D	Halbe Volte links (10 m).
D-K	Halbe Volte rechts (10 m).
Daraus bis H	Schulterherein rechts.
M-F	Mitteltrab.
F	Versammelter Trab.
A	Auf die Mittellinie abwenden.
Zwischen D und X bis M	Nach rechts traversieren.
C	Auf die Mittellinie abwenden.
Zwischen G und X bis F	Nach links traversieren.
K-X	Auf die Wechsellinie abwenden.
Vor X	Kurzkehrt rechts.
A	Mittelschritt.
F-X	Auf die Wechsellinie abwenden.
Vor X	Kurzkehrt links.
A	Halten, eine Pferdelänge rückwärtsrichten, daraus im versammelten Tempo rechts angaloppieren.
K-X-M	Durch die ganze Bahn wechseln.
Zwischen X und M	Fliegender Galoppwechsel.
C	Volte (8 m).
H-K	Mittelgalopp.
K	Versammelter Galopp.
F-X-H	Durch die ganze Bahn wechseln.
Zwischen X und H	Fliegender Galoppwechsel.
C	Volte (8 m).
M-F	Mittelgalopp.
F	Versammelter Galopp.
A	Auf die Mittellinie abwenden.
X	Halten. Grüßen. Im Mittelschritt am langen Zügel die Bahn verlassen.

Aufgabe RM 2

Nur auf Kandare. (Nur einzeln)

Viereck 20 x 60 m – Dauer: etwa 5 Minuten

A-X	Einreiten im versammelten Galopp.
X	Halten. Grüßen.
	Im versammelten Tempo antraben.
C	Linke Hand.
H-E	Schulterherein links.
E	Links um.
B	Rechte Hand.
B-F	Schulterherein rechts.
A	Auf die Mittellinie abwenden.
X-M	Nach rechts traversieren.
H-X	Nach links traversieren.
X-A	Geradeaus.
A	Linke Hand.
F-X-H	Im Mitteltrab durch die ganze Bahn wechseln.
H	Versammelter Trab.
Vor P	Kurzkehrt rechts.
Vor M	Kurzkehrt links, danach Mittelschritt.
B-L-K	Im Mittelschritt durch die Bahn wechseln.
A	Halten, eine Pferdelänge rückwärtsrichten, daraus im versammelten Tempo links angaloppieren.
A-C	Schlangenlinie durch die Bahn, 3 Bögen, mit fliegendem Galoppwechsel beim Durchreiten der Mittellinie, links beenden.
H-K	Mittelgalopp.
K	Versammelter Galopp.
A	Auf die Mittellinie abwenden.
X	Einfacher Galoppwechsel.
C	Rechte Hand.
M-F	Mittelgalopp.
F	Versammelter Galopp.
A	Auf die Mittellinie abwenden.
D	Versammelter Trab.
I	Halten. Grüßen.
	Im Mittelschritt am langen Zügel die Bahn verlassen.

Druck: März 2015

2. Dressurprüfungen gem. §§ 400 ff. LPO

2.1 Mannschaftsdressur

Vorbemerkung

Diese Prüfung dient dazu, neben den Fertigkeiten im dressurmäßigen Reiten, auch das Aufeinanderabstimmen verschiedener Reiter und damit die Teamfähigkeit zu fördern und zu überprüfen.

Ausführliche Informationen sind in den „FN-Turniersport-Merkblättern" und in den „Richtlinien für Reiten und Fahren, Band 1 und 2", zu finden.

Anforderungen

Mannschaftsweises Reiten nach den Anforderungen an das Reiten von Dressurprüfungen gem. § 405 LPO. Zusätzlich wird das Einhalten der Abstände und das Anpassen an die anderen Mannschaftsmitglieder bei geschlossenem Gesamteindruck überprüft. Eine Mannschaft besteht aus bis zu vier Reitern (genaue Festlegung in der Ausschreibung) und dem Mannschaftsführer.

Beurteilung

Beurteilt werden die einzelnen Reiter und Pferde entsprechend den Kriterien für Dressurprüfungen, ergänzt um die Anpassungsfähigkeit in die Mannschaft. Zusätzlich wird der Gesamteindruck bewertet. Dazu zählen das Gleichmaß der Abteilung (Einhaltung der Abstände während der Aufgabe und der Zwischenräume bei der Aufstellung), die Ausstrahlung der gesamten Abteilung (Zusammenpassen der Pferde in Größe, Farbe, Verhalten und Bewegungsablauf; der Sitz und die Einwirkung der Reiter, Zusammenpassen von Reiter und Pferd), die Exaktheit der Lektionen, das Auftreten des Reitlehrers und das Herausgebrachtsein von Reiter und Pferd (gleichmäßige, ordentliche, saubere, zulässige Ausrüstung der Pferde; einheitlicher Anzug der Reiter).

2.1.1 Leitfaden Mannschaftsdressur/Abteilungsreiten für Vereine der Klassen E, A und L Aufgaben E 1 bis E 4, A 1 bis A 4 und L 1

Grundgangarten, Tempi und Übergänge: Mittelschritt Arbeitstrab Arbeitsgalopp *In Klasse A und L zusätzlich:* Mitteltrab Mittelgalopp *In Klasse L zusätzlich:* Versammelter Trab Versammelter Galopp
Korrektheit der verlangten Lektionen
Losgelassenheit und Anlehnung der Pferde
Sitz und Einwirkung der Reiter
Gesamtbeurteilung (inkl. Aufstellungen, Bahndisziplin, Herausgebrachtsein, Reitlehrer) **Note:**

2.2 Abteilungsreiten gem. §§ 400 ff. LPO

Vorbemerkung
Bei den Abteilungen von zwei bis vier Reitern, die nach der Startreihenfolge zusammengestellt werden, wird jeder Reiter für sich gemäß den oben aufgeführten Kriterien bewertet. Dagegen werden nicht die typischen Kriterien der Mannschaftsdressur (Abstimmung von Reiter und Pferd, Auftreten des Reitlehrers, Gesamteindruck etc.) zusätzlich bewertet.
Der Leitfaden für Mannschaftsdressur findet hier keine Anwendung.

2.3 Dressur-Kür – Einzel

Vorbemerkung
Die Kür ist eine beim Publikum sehr beliebte Prüfung im Dressursport. Sie zeichnet sich besonders durch zwei wesentliche Merkmale aus. Einmal durch die freie Gestaltungsmöglichkeit im Rahmen der jeweiligen Klasse, wobei die Vorzüge des Pferdes entsprechend herausgestellt werden können, und zum anderen durch die Musik, die in Übereinstimmung mit allen Bewegungsabläufen den Gesamteindruck der Vorstellung noch verbessern kann.

Ausführliche Informationen zur Ausführung, Gestaltung und Bewertung von Küren sind in dem FN-Turniersport-Merkblatt „Dressurküren" enthalten.

Anforderungen
Diese sind in den Richtlinien für Dressur-Kür – Einzel sowie in den Leitfäden und Notenbögen mit den entsprechenden Leistungsvorgaben beschrieben.
Wesentlichster Bestandteil und unabdingbare Voraussetzung aller Kür-Dressurprüfungen bleibt die genaue Beachtung der Reitlehre und der „Skala der Ausbildung". Das Gerittensein des Pferdes und das Können des Reiters sind die maßgebenden Kriterien.
Für die Gestaltung ist die ideenvolle Kombination innerhalb der Grundgangarten und Lektionen mit besonderer Beachtung der Übergänge gefordert. Choreografie, Vollständigkeit und eine

wirkungsvoll den Bewegungen des Pferdes angepasste Musik sind von großer Wichtigkeit.

Beurteilung
In der A-Note werden die Ausführung und in der B-Note die künstlerische Gestaltung bewertet.
Der Schwierigkeitsgrad muss im Einklang mit dem Leistungsvermögen und dem Ausbildungsgrad von Pferd und Reiter stehen. Der Rahmen der Vorstellungen ist durch die Anforderungen in den einzelnen Klassen genau bezeichnet; ein Überziehen wirkt sich wertnotenmindernd aus.
Für die Bewertung der Ausführung gelten dieselben Grundsätze wie für das Richten in Dressurprüfungen nach Aufgaben. Das gilt ebenso für einen Teil der B-Note.
Bei der künstlerischen Gestaltung wird neben einer interessanten Choreografie mit leistungsangepasstem Schwierigkeitsgrad besonders der harmonische Gesamteindruck mit dem Schwerpunkt auf eine in jeder Phase den Bewegungen des Pferdes angepasste Musik beurteilt. Besonders wertvoll ist es, wenn diese interpretiert wird.

2.4 Dressur-Kür – Mannschafts- und Quadrillenreiten

Vorbemerkung
Diese Prüfungsformen stellen eine bedeutende Alternative zum Mannschaftsreiten nach festgelegten Aufgaben dar. Die zur Dressur-Kür – Einzel gemachten Aussagen gelten analog auch für Mannschafts-Dressur-Kür-WB/LP und Quadrillenreiten.

Ausführliche Informationen zur Ausführung, Gestaltung und Bewertung von Küren sind in dem FN-Turniersport-Merkblatt „Dressurküren" enthalten.

Anforderungen
Die Anforderungen entsprechen der jeweiligen Klasse und orientieren sich an den Bemerkungen zum Mannschaftsreiten und zur Dressur-Kür – Einzel. Die Abstände von beispielsweise zwei Pferdelängen müssen jedoch nicht eingehalten werden, eine gleichmäßige Verteilung über das gesamte Viereck ist erwünscht. Eine Mannschaft kann aus bis zu sechs Reitern (genaue Festlegung in der

Ausschreibung) und dem Mannschaftsführer bestehen. Eine Dressurquadrille besteht in der Regel aus 8 oder mehr, jedoch immer aus einer durch 4 teilbaren Anzahl von Reitern (8, 12, 16 etc.).

Beurteilung

Auch die Beurteilung orientiert sich an den Bemerkungen zum Mannschaftsreiten und zur Dressur-Kür – Einzel. Beim Dressur-Kür-Mannschaftsreiten werden ebenfalls zwei gleichgewichtete Noten vergeben, die A- und die B-Note. Die A-Note für die Ausführung und die B-Note für die künstlerische Gestaltung.
Die verschiedenen Prüfungsarten unterscheiden sich also in der Anzahl der Reiter. Die Bewertung erfolgt in den Klassen E bis L anhand von Leitfäden.

2.4.1 Leitfaden Mannschaftsdressur-Kür, Paar-/ Dreierklasse, Quadrillenreiten der Klassen E, A und L

Viereck 20 x 40 m oder 20 x 60 m

Dauer: 4 bis 5 Minuten (Klasse E und A), 5 bis 6 Minuten (Klasse L); Dressurquadrille 6 bis 10 Minuten (siehe Ausschreibung)

Dieser Leitfaden soll für das gemeinsame und getrennte Richtverfahren verwendet werden (kein Richten nach Einzelnoten).

A-Note **Ausführung** (ankreuzen)			
Grundgangarten gezeigt	S O	T O	G O
Zusätzlich in Kl. A:			
• Mitteltrab, Mittelgalopp	O	O	O
• Trabvolte links/rechts (10 m)	O	O	O
Zusätzlich in Kl. L:			
• Versammelter Trab, versammelter Galopp	O	O	O
• Trabvolte links/rechts (8 m)	O	O	O
• Galoppvolte links/rechts (8 m)	O	O	O
• Mindestens ein einfacher Galoppwechsel auf beiden Händen	O	O	O
• Außengalopp links und rechts	O	O	O

Kommentar im Fließtext zu:
Sitz und Hilfengebung aller Reiter, Gerittensein der Pferde (Takt, Losgelassenheit, Anlehnung, Durchlässigkeit, Gehorsam), Qualität der Grundgangarten und Ausführung der Pflichtlektionen.

Ausführung	**A-Note**	
Benötigte Zeit		

Abzüge von jeweils 0,5 Punkten von der Note
– für Auslassen von Lektionen und/oder Gangarten

Abzüge von jeweils 0,2 Punkten von der Note
– für Überziehen einer Pflichtlektion

Total für Ausführung	**A-Note**	

B-Note (künstlerische Gestaltung)	Bemerkungen
Gehorsam, Losgelassenheit und Durchlässigkeit der Pferde	
Sitz und Einwirkung der Reiter, Harmonie von Reiter und Pferd	
Herausgebrachtsein und Zusammenpassen der Pferde und Reiter	
Choreografie (Inhaltlicher Ideenreichtum, Einteilung des Vierecks, Linienführung)	
Übereinstimmung der Bewegungsabläufe mit der Musik	
Gesamteindruck (Musikalische Darbietung, dressurmäßige Leistung)	

Künstlerische Gestaltung **B-Note** ______

Abzüge von 0,5 Punkten von der Note
- für Auslassen von Lektionen und/oder Gangarten ______
- für Zeigen einer Lektion einer höheren Klasse ______
- für Überziehen einer Pflichtlektion ______

Abzüge von 0,2 Punkten von der Note
- für Über- oder Unterschreiten des jeweiligen Zeitlimits ______

Total für künstlerische Gestaltung **B-Note** ______

Resultat

Total für Ausführung **A-Note** ___,___

Total für künstlerische Gestaltung + **B-Note** ___,___

= ___,___

: 2 x 10 = **Endresultat:** ______ %

2.5 Leitfaden Dressurprüfungen der Klassen E und A Aufgaben E 5/1 bis E 8, A 5/1 bis A 10 VE 1 bis VE 2/2, VA 1 bis VA 3

Takt (Losgelassenheit, Anlehnung/Schwung, beginnendes Geraderichten)
Durchlässigkeit und Gehorsam
Sitz, Hilfengebung, Gefühl und Einwirkung des Reiters
Einfluss des Reiters auf das Gerittensein des Pferdes und auf die Ausführung der Aufgabe und der Lektionen
Gesamtbeurteilung **Note:**

2.6 Dressurprüfungen der Klasse E Aufgaben E 1 bis E 8

Aufgabe E 1

(Abteilungsreiten für 2 bis 4 Reiter)

Viereck 20 x 40 m – Dauer: etwa 3½ Minuten

	Auf der rechten Hand im Mittelschritt Abteilung bilden.
(A)	(Von der kurzen Seite auf die Richter zu) Anfang rechts dreht, links marschiert auf – Marsch. (Wenn der Anfangsreiter die Verbindungslinie der beiden Punkte E-B erreicht) Anfang – Halt. Grüßen.
(M-F)	Abteilung zu einem Rechts-brecht-Ab – im Arbeitstempo – Trab.
(A-X-C)	Auf dem Zirkel geritten und aus dem Zirkel wechseln.
(C-X)	(½-mal herum).
(X-C-X-C)	Abteilung im Arbeitstempo – Galopp – Marsch (1½ -mal herum).
(C)	Abteilung im Arbeitstempo – Trab – ganze Bahn.
(K-F)	(An der kurzen Seite) Abteilung – Schritt – Mittelschritt.
(F-X-H)	Durch die ganze Bahn wechseln.
(H-M)	(An der kurzen Seite) Abteilung im Arbeitstempo – Trab (½-mal herum).
(A-X)	Auf dem Zirkel geritten (½-mal herum).
(X-A)	Abteilung im Arbeitstempo – Galopp – Marsch (½-mal herum).
(A)	Ganze Bahn.
(H-M)	(An der kurzen Seite) Abteilung im Arbeitstempo – Trab.
(A)	(Von der kurzen Seite auf die Richter zu) Anfang rechts dreht, links marschiert auf – Marsch. (Wenn der Anfangsreiter die Verbindungslinie der beiden Punkte E-B erreicht) Anfang – Halt. Grüßen. Im Mittelschritt am langen Zügel die Bahn verlassen.

Aufgabe E 2

(Abteilungsreiten für 2 bis 4 Reiter)

Viereck 20 x 40 m – Dauer: etwa 3½ Minuten

	Auf der linken Hand im Mittelschritt Abteilung bilden.
(A)	(Von der kurzen Seite auf die Richter zu) Anfang links dreht, rechts marschiert auf – Marsch. (Wenn der Anfangsreiter die Verbindungslinie der beiden Punkte E-B erreicht) Anfang – Halt. Grüßen.
(H-K)	Abteilung zu einem Links-brecht-Ab – im Arbeitstempo – Trab.
(A-X-C)	Auf dem Zirkel geritten und aus dem Zirkel wechseln.
(C-X)	(½-mal herum).
(X-C-X-C)	Abteilung im Arbeitstempo – Galopp – Marsch (1½-mal herum).
(C)	Abteilung im Arbeitstempo – Trab – ganze Bahn.
(F-K)	(An der kurzen Seite) Abteilung – Schritt – Mittelschritt.
(K-X-M)	Durch die ganze Bahn wechseln.
(M-H)	(An der kurzen Seite) Abteilung im Arbeitstempo – Trab (½-mal herum).
(A-X)	Auf dem Zirkel geritten (½ -mal herum).
(X-A)	Abteilung im Arbeitstempo – Galopp – Marsch (½-mal herum).
(A)	Ganze Bahn.
(M-H)	(An der kurzen Seite) Abteilung im Arbeitstempo – Trab.
(A)	(Von der kurzen Seite auf die Richter zu) Anfang links dreht, rechts marschiert auf – Marsch. (Wenn der Anfangsreiter die Verbindungslinie der beiden Punkte E-B erreicht) Anfang – Halt. Grüßen. Im Mittelschritt am langen Zügel die Bahn verlassen.

Druck: März 2015

Aufgabe E 3

(Abteilungsreiten für 2 bis 4 Reiter)

Besonders für Mannschafts-Dressuraufgaben geeignet

Viereck 20 x 40 m – Dauer: etwa 3½ Minuten

	Auf der rechten Hand im Mittelschritt Abteilung bilden.
(A)	(Von der kurzen Seite auf die Richter zu) Anfang rechts dreht, links marschiert auf – Marsch. (Wenn der Anfangsreiter die Verbindungslinie der beiden Punkte E-B erreicht) Anfang – Halt. Grüßen.
(M-F)	Abteilung zu einem Rechts-brecht-Ab – im Arbeitstempo – Trab.
(A-C)	Durch die Länge der Bahn wechseln.
(E-B)	Auf dem Mittelzirkel geritten (½-mal herum).
(B-E-B-E)	Abteilung im Arbeitstempo – Galopp – Marsch (1½-mal herum).
(E)	Abteilung im Arbeitstempo – Trab – ganze Bahn.
(F-M)	(An der langen Seite) Abteilung links um – Marsch.
(K-H)	(Bei Erreichen des Hufschlags) Abteilung rechts um – Marsch.
(B-E)	Auf dem Mittelzirkel geritten (½-mal herum).
(E-B-E)	Abteilung im Arbeitstempo – Galopp – Marsch (1-mal herum).
(E)	Ganze Bahn.
(H-M)	(An der kurzen Seite) Abteilung im Arbeitstempo – Trab.
(F-K)	(An der kurzen Seite) Abteilung – Schritt – Mittelschritt.
(K-X-M)	Durch die ganze Bahn wechseln.
(M-H)	(An der kurzen Seite) Abteilung im Arbeitstempo – Trab.
(E)	Anfang links um – Marsch.
(B)	Anfang rechts um – Marsch.
(A)	(Von der kurzen Seite auf die Richter zu) Anfang rechts dreht, links marschiert auf – Marsch. (Wenn der Anfangsreiter die Verbindungslinie der beiden Punkte E-B erreicht) Anfang – Halt. Grüßen. Im Mittelschritt am langen Zügel die Bahn verlassen.

Aufgabe E 4

(Abteilungsreiten für 2 bis 4 Reiter)

Viereck 20 x 40 m – Dauer: etwa 3½ Minuten

	Auf der rechten Hand im Mittelschritt Abteilung bilden.
(A)	(Von der kurzen Seite auf die Richter zu) Anfang rechts dreht, links marschiert auf – Marsch. (Wenn der Anfangsreiter die Verbindungslinie der beiden Punkte E-B erreicht) Anfang – Halt. Grüßen.
(M-F)	Abteilung zu einem Rechts-brecht-Ab – im Arbeitstempo – Trab.
(A-C)	Anfang Schlangenlinie durch die Bahn, 3 Bögen, dabei leichttraben, mit Fußwechsel bei Überreiten der Mittellinie, rechts beenden.
(C-M)	Aussitzen.
(B-E)	Auf dem Mittelzirkel geritten (½-mal herum).
(E-B-E-B)	Abteilung im Arbeitstempo – Galopp – Marsch (1½-mal herum).
(B)	Abteilung im Arbeitstempo – Trab – ganze Bahn.
(F-K)	(An der kurzen Seite) Abteilung – Schritt – Mittelschritt.
(K-X-M)	Durch die ganze Bahn wechseln.
(M-H)	(An der kurzen Seite) Abteilung im Arbeitstempo – Trab.
(E-B)	Auf dem Mittelzirkel geritten (½-mal herum).
(B-E-B)	Abteilung im Arbeitstempo – Galopp – Marsch (1-mal herum).
(B)	Ganze Bahn.
(M-H)	(An der kurzen Seite) Abteilung im Arbeitstempo – Trab.
(E)	Anfang links um – Marsch.
(B)	Anfang rechts um – Marsch.
(A)	(Von der kurzen Seite auf die Richter zu) Anfang rechts dreht, links marschiert auf – Marsch. (Wenn der Anfangsreiter die Verbindungslinie der beiden Punkte E-B erreicht) Anfang – Halt. Grüßen. Im Mittelschritt am langen Zügel die Bahn verlassen.

 Druck: März 2015

Hinweis für Veranstalter

Bei den Aufgaben
E 5, E 6 und E 7
ist entweder
in der Ausschreibung oder
in der Zeiteinteilung festzulegen,
ob die E 5/1 oder die E 5/2,
die E 6/1 oder die E 6/2
bzw.
die E 7/1 oder die E 7/2
geritten wird.

Es ist entweder in der Ausschreibung oder spätestens in der Zeiteinteilung festzulegen, ob die E 5/1 oder E 5/2 geritten wird.

Aufgabe E 5/1

(Nur einzeln)

Viereck 20 x 40 m – Dauer: etwa 3½ Minuten

A-X	Einreiten im Mittelschritt.
X	Im Mittelpunkt halten. Grüßen. Im Arbeitstempo antraben, leichttraben.
C	Rechte Hand.
K-X-M	Durch die ganze Bahn wechseln.
C-X-C	(Mitte der kurzen Seite) Aussitzen und auf dem Zirkel geritten (1-mal herum).
C-X-A	Aus dem Zirkel wechseln.
A-X	(½-mal herum).
X-A-X-A	(Zur geschlossenen Zirkelseite) im Arbeitstempo rechts angaloppieren (1½-mal herum).
A	(Mitte der kurzen Seite) Arbeitstrab, ganze Bahn (½-mal herum).
C	(Mitte der kurzen Seite) Mittelschritt.
M-X-K	Durch die ganze Bahn wechseln.
K	(Vor der kurzen Seite) im Arbeitstempo antraben.
A-X	Auf dem Zirkel geritten (½-mal herum).
X-A	Im Mittelpunkt im Arbeitstempo links angaloppieren (½-mal herum).
A	Ganze Bahn (½-mal herum).
C	(Mitte der kurzen Seite) Arbeitstrab.
E	Links um.
B	Rechte Hand.
A	Auf die Mittellinie abwenden.
X	Im Mittelpunkt halten. Grüßen. Im Mittelschritt am langen Zügel die Bahn verlassen.

 Druck: März 2015

Aufgabe E 5/2

(Zu zweit hintereinander)

Viereck 20 x 40 m – Dauer: etwa 3½ Minuten

	Auf der rechten Hand im Mittelschritt Abteilung bilden.
(A)	(Von der kurzen Seite auf die Richter zu) Anfang rechts dreht, links marschiert auf – Marsch. (Wenn der Anfangsreiter die Verbindungslinie der beiden Punkte E-B erreicht) Anfang – Halt. Grüßen.
(M-F)	Abteilung zu einem Rechts-brecht-Ab – im Arbeitstempo – Trab – leichttraben.
(K-X-M)	Durch die ganze Bahn wechseln.
(C)	(Mitte der kurzen Seite) Aussitzen und auf dem Zirkel geritten (1-mal herum).
(C-X-A)	Aus dem Zirkel wechseln.
(A-X)	(½-mal herum).
(X-A-X-A)	(Zur geschlossenen Zirkelseite) Abteilung im Arbeitstempo – Galopp – Marsch (1½-mal herum).
(A)	(Mitte der kurzen Seite) Abteilung im Arbeitstempo – Trab – ganze Bahn (½-mal herum).
(H-M)	(An der kurzen Seite) Abteilung – Schritt – Mittelschritt.
(M-X-K)	Durch die ganze Bahn wechseln.
(K-A)	(An der kurzen Seite) Abteilung im Arbeitstempo – Trab.
(A-X)	Auf dem Zirkel geritten (½-mal herum).
(X-A)	(Zur geschlossenen Zirkelseite) Abteilung im Arbeitstempo – Galopp – Marsch (½-mal herum).
(A)	Ganze Bahn (½-mal herum).
(M-H)	(An der kurzen Seite) Abteilung im Arbeitstempo – Trab.
(E)	(Mitte der langen Seite) Anfang links um – Marsch.
(B)	(Bei Erreichen des Hufschlags) Anfang rechts um – Marsch.
(A)	(Von der kurzen Seite auf die Richter zu) Anfang rechts dreht, links marschiert auf – Marsch. (Wenn der Anfangsreiter die Verbindungslinie der beiden Punkte E-B erreicht) Anfang – Halt. Grüßen. Im Mittelschritt am langen Zügel die Bahn verlassen.

Es ist entweder in der Ausschreibung oder spätestens in der Zeiteinteilung festzulegen, ob die E 6/1 oder E 6/2 geritten wird.

Aufgabe E 6/1

(Nur einzeln)

Viereck 20 x 40 m – Dauer: etwa 3½ Minuten

A-X	Einreiten im Mittelschritt.
X	Im Mittelpunkt halten. Grüßen. Im Arbeitstempo antraben, leichttraben.
C	Linke Hand.
F-X-H	Durch die ganze Bahn wechseln.
C-X-C	Mitte der kurzen Seite aussitzen und auf dem Zirkel geritten (1-mal herum).
C-X-A	Aus dem Zirkel wechseln.
A-X	(½-mal herum).
X-A-X-A	(Zur geschlossenen Zirkelseite) im Arbeitstempo links angaloppieren (1½-mal herum).
A	Mitte der kurzen Seite Arbeitstrab, ganze Bahn (½-mal herum).
C	Mitte der kurzen Seite Mittelschritt.
H-X-F	Durch die ganze Bahn wechseln.
F	Vor der kurzen Seite im Arbeitstempo antraben.
A-X	Auf dem Zirkel geritten (½-mal herum).
X-A	Im Mittelpunkt im Arbeitstempo rechts angaloppieren (½-mal herum).
A	Ganze Bahn (½-mal herum).
C	Mitte der kurzen Seite Arbeitstrab.
B	Rechts um.
E	Linke Hand.
A	Auf die Mittellinie abwenden.
X	Im Mittelpunkt halten. Grüßen. Im Mittelschritt am langen Zügel die Bahn verlassen.

Aufgabe E 6/2

(Zu zweit hintereinander)

Viereck 20 x 40 m – Dauer: etwa 3½ Minuten

	Auf der linken Hand im Mittelschritt Abteilung bilden.
(A)	(Von der kurzen Seite auf die Richter zu) Anfang links dreht, rechts marschiert auf – Marsch. (Wenn der Anfangsreiter die Verbindungslinie der beiden Punkte E-B erreicht) Anfang – Halt. Grüßen.
(H-K)	Abteilung zu einem Links-brecht-Ab – im Arbeitstempo – Trab – leichttraben.
(F-X-H)	Durch die ganze Bahn wechseln.
(C-X-C)	(Mitte der kurzen Seite) Aussitzen und auf dem Zirkel geritten (1-mal herum).
(C-X-A)	Aus dem Zirkel wechseln.
(A-X)	(½-mal herum).
(X-A-X-A)	(Zur geschlossenen Zirkelseite) Abteilung im Arbeitstempo – Galopp – Marsch (1½-mal herum).
(A)	(Mitte der kurzen Seite) Abteilung im Arbeitstempo – Trab – ganze Bahn (½-mal herum).
(M-H)	(An der kurzen Seite) Abteilung – Schritt – Mittelschritt.
(H-X-F)	Durch die ganze Bahn wechseln.
(F-A)	(An der kurzen Seite) Abteilung im Arbeitstempo – Trab.
(A-X)	Auf dem Zirkel geritten (½-mal herum).
(X-A)	(Zur geschlossenen Zirkelseite) Abteilung im Arbeitstempo – Galopp – Marsch (½-mal herum).
(A)	Ganze Bahn (½-mal herum).
(H-M)	(An der kurzen Seite) Abteilung im Arbeitstempo – Trab.
(B)	(Mitte der langen Seite) Anfang rechts um – Marsch.
(E)	(Bei Erreichen des Hufschlags) Anfang links um – Marsch.
(A)	(Von der kurzen Seite auf die Richter zu) Anfang links dreht, rechts marschiert auf – Marsch. (Wenn der Anfangsreiter die Verbindungslinie der beiden Punkte E-B erreicht) Anfang – Halt. Grüßen. Im Mittelschritt am langen Zügel die Bahn verlassen.

Es ist entweder in der Ausschreibung oder spätestens in der Zeiteinteilung festzulegen, ob die E 7/1 oder E 7/2 geritten wird.

Aufgabe E 7/1

(Nur einzeln)

Viereck 20 x 40 m – Dauer: etwa 3½ Minuten

A-X	Einreiten im Mittelschritt.
X	Im Mittelpunkt halten. Grüßen. Im Arbeitstempo antraben.
C	Linke Hand, leichttraben.
F-X-H	Durch die ganze Bahn wechseln.
C	(Mitte der kurzen Seite) Aussitzen.
B-E-B	Auf dem Mittelzirkel geritten (1-mal herum).
B-X-E	Durch den Mittelzirkel wechseln.
E	Ganze Bahn.
A-X	Auf dem Zirkel geritten (½-mal herum).
X-A-X-A	(Zur geschlossenen Zirkelseite) im Arbeitstempo links angaloppieren (1½-mal herum).
A	(Mitte der kurzen Seite) Arbeitstrab, ganze Bahn (½-mal herum).
C	(Mitte der kurzen Seite) Mittelschritt.
H-X-F	Durch die ganze Bahn wechseln.
F	(Vor der kurzen Seite) Im Arbeitstempo antraben.
A-X	Auf dem Zirkel geritten (½ -mal herum).
X-A	Im Mittelpunkt im Arbeitstempo rechts angaloppieren (½-mal herum).
A	Ganze Bahn (½-mal herum).
C	(Mitte der kurzen Seite) Arbeitstrab.
M-E	Durch die halbe Bahn wechseln.
A	Auf die Mittellinie abwenden.
X	Im Mittelpunkt halten. Grüßen. Im Mittelschritt am langen Zügel die Bahn verlassen.

Druck: März 2015

Aufgabe E 7/2

(Zu zweit hintereinander)

Viereck 20 x 40 m – Dauer: etwa 3½ Minuten

	Auf der linken Hand im Mittelschritt Abteilung bilden.
(A)	(Von der kurzen Seite auf die Richter zu) Anfang links dreht, rechts marschiert auf – Marsch. (Wenn der Anfangsreiter die Verbindungslinie der beiden Punkte E-B erreicht) Anfang – Halt. Grüßen.
(X-H-K)	Abteilung zu einem Links-brecht-Ab – im Arbeitstempo – Trab.
(H)	Leichttraben.
(F-X-H)	Durch die ganze Bahn wechseln.
(C)	(Mitte der kurzen Seite) Aussitzen.
(B-E-B)	Auf dem Mittelzirkel geritten (1-mal herum).
(B-X-E)	Durch den Mittelzirkel wechseln.
(E)	Ganze Bahn.
(A-X)	Auf dem Zirkel geritten (½-mal herum).
(X-A-X-A)	(Zur geschlossenen Zirkelseite) Abteilung im Arbeitstempo – Galopp – Marsch (1½-mal herum).
(A)	(Mitte der kurzen Seite) Abteilung im Arbeitstempo – Trab – ganze Bahn (½-mal herum).
(M-H)	(An der kurzen Seite) Abteilung – Schritt – Mittelschritt.
(H-X-F)	Durch die ganze Bahn wechseln.
(F-A)	(An der kurzen Seite) Abteilung im Arbeitstempo – Trab.
(A-X)	Auf dem Zirkel geritten (½-mal herum).
(X-A)	(Zur geschlossenen Zirkelseite) Abteilung im Arbeitstempo – Galopp – Marsch (½-mal herum).
(A)	Ganze Bahn (½-mal herum).
(H-M)	(An der kurzen Seite) Abteilung im Arbeitstempo – Trab.
(M-E)	Durch die halbe Bahn wechseln.
(A)	(Von der kurzen Seite auf die Richter zu) Anfang links dreht, rechts marschiert auf – Marsch. (Wenn der Anfangsreiter die Verbindungslinie der beiden Punkte E-B erreicht) Anfang – Halt. Grüßen. Im Mittelschritt am langen Zügel die Bahn verlassen.

Druck: März 2015

Aufgabe E 8 (analog VE 1)

(Nur einzeln)

Viereck 20 x 40 m – Dauer: etwa 2 Minuten

(A-X)	Einreiten im Mittelschritt. Im Mittelpunkt halten. Grüßen. Im Mittelschritt anreiten.
(G)	Vor der kurzen Seite im Arbeitstempo antraben.
(C)	Rechte Hand.
(K-X-M)	Durch die ganze Bahn wechseln.
(C-X-C)	Mitte der kurzen Seite im Arbeitstempo links angaloppieren und auf dem Zirkel geritten (1-mal herum).
(C)	Mitte der kurzen Seite Arbeitstrab.
(C-X-A)	Aus dem Zirkel wechseln.
(A)	Mitte der kurzen Seite im Arbeitstempo rechts angaloppieren, ganze Bahn (½-mal herum).
(C)	Mitte der kurzen Seite Arbeitstrab.
(M)	Nach der kurzen Seite Mittelschritt.
(B)	Mitte der langen Seite rechts um.
(X)	Im Mittelpunkt rechts um.
(G)	Vor den Richtern halten. Grüßen. Im Mittelschritt am langen Zügel die Bahn verlassen.

Wertnotenskala gem. § 57 LPO

10 = ausgezeichnet

9 = sehr gut

8 = gut

7 = ziemlich gut

6 = befriedigend

5 = genügend

4 = mangelhaft

3 = ziemlich schlecht

2 = schlecht

1 = sehr schlecht

0 = nicht ausgeführt

Druck: März 2015

2.7 Leitfaden Dressurprüfung der Klasse E – Kür

Viereck 20 x 40 m – Dauer: 3 bis 3½ Minuten

A-Note (Ausführung)	
Pflichtlektionen	Bemerkungen
Mittelschritt (mind. 40 m zusammenhängend)	
Arbeitstrab ganze Bahn	
Arbeitstrab auf der Zirkellinie	
Arbeitsgalopp ganze Bahn	
Übergänge **Trab – Galopp, Galopp – Trab**	

Ausführung	**A-Note**	
Benötigte Zeit		

Abzüge von jeweils 0,5 Punkten von der Note
– für Auslassen von Lektionen und/oder Gangarten

Abzüge von jeweils 0,2 Punkten von der Note
– für Überziehen einer Pflichtlektion

Total für Ausführung	**A-Note**	

 Druck: März 2015

B-Note (künstlerische Gestaltung)	
Allgemeiner Eindruck	Bemerkungen
Gehorsam, Losgelassenheit und Durchlässigkeit des Pferdes	
Sitz und Einwirkung des Reiters, Harmonie von Reiter und Pferd	
Choreografie (Inhaltlicher Ideenreichtum, Einteilung des Vierecks, Linienführung)	
Übereinstimmung der Bewegungsabläufe mit der Musik	
Gesamteindruck (Musikalische Darbietung, dressurmäßige Leistung)	

Künstlerische Gestaltung **B-Note** ☐

Abzüge von 0,5 Punkten von der Note
- für Auslassen von Lektionen und/oder Gangarten ______
- für Zeigen einer Lektion einer höheren Klasse ______
- für Überziehen einer Pflichtlektion ______

Abzüge von 0,2 Punkten von der Note
- für Über- oder Unterschreiten des jeweiligen Zeitlimits ______

Total für künstlerische Gestaltung **B-Note** ☐

Resultat

Total für Ausführung **A-Note** ____,____

Total für künstlerische Gestaltung + **B-Note** ____,____

= ____,____

: 2 x 10 = **Endresultat:** ☐ %

Ausführliche Informationen zur Ausführung, Gestaltung und Bewertung von Küren sind in dem FN-Turniersport-Merkblatt „Dressurküren" enthalten.

2.8 Dressurprüfungen der Klasse A Aufgaben A 1 bis A 10

Aufgabe A 1 (nur für A*)

(Abteilungsreiten für 2 bis 4 Reiter)

Viereck 20 x 40 m – Dauer: etwa 4 Minuten

	Auf der rechten Hand im Mittelschritt Abteilung bilden.
(A)	(Von der kurzen Seite auf die Richter zu) Anfang rechts dreht, links marschiert auf – Marsch. (Wenn der Anfangsreiter die Verbindungslinie der beiden Punkte E-B erreicht) Anfang – Halt. Grüßen.
(M-B)	Abteilung zu einem Rechts-brecht-Ab – im Arbeitstempo – Trab.
(B-E-B)	Auf dem Mittelzirkel geritten (1-mal herum).
(B)	Ganze Bahn.
(K-X-M)	Durch die ganze Bahn wechseln, dabei Tritte verlängern und leichttraben.
(M)	(Am Wechselpunkt) Aussitzen. Im Arbeitstempo.
(H-K)	(An der langen Seite) Abteilung – Halt. Abteilung – Schritt – Mittelschritt.
(Nach A)	Nach A auf die Viertellinie abwenden.
(Linie B-E bis M)	Anfang Viereck vergrößern – Marsch.
(Zwischen M und H)	Abteilung im Arbeitstempo – Trab.
(E-B)	Auf dem Mittelzirkel geritten (½-mal herum).
(B-E-B)	Abteilung im Arbeitstempo – Galopp – Marsch (1-mal herum).
(B)	Ganze Bahn.
(M-H)	Abteilung im Arbeitstempo – Trab.
(H-X-F)	Durch die ganze Bahn wechseln.
(E-B)	Auf dem Mittelzirkel geritten (½-mal herum).
(B-E)	Abteilung im Arbeitstempo – Galopp – Marsch (½-mal herum).
(E)	Ganze Bahn.
(M-F)	(An der langen Seite) Galoppsprünge verlängern.
(F-K)	(An der kurzen Seite) Im Arbeitstempo.
(K-H)	(An der langen Seite) Abteilung im Arbeitstempo – Trab.
(A)	(Von der kurzen Seite auf die Richter zu) Anfang rechts dreht, links marschiert auf – Marsch. (Wenn der Anfangsreiter die Verbindungslinie der beiden Punkte E-B erreicht) Anfang – Halt. Grüßen. Im Mittelschritt am langen Zügel die Bahn verlassen.

Aufgabe A 2 (nur für A*)

(Abteilungsreiten für 2 bis 4 Reiter)

Viereck 20 x 40 m – Dauer: etwa 4 Minuten

	Auf der rechten Hand im Mittelschritt Abteilung bilden.
(A)	(Von der kurzen Seite auf die Richter zu) Anfang rechts dreht, links marschiert auf – Marsch. (Wenn der Anfangsreiter die Verbindungslinie der beiden Punkte E-B erreicht) Anfang – Halt. Grüßen.
(M-F)	Abteilung zu einem Rechts-brecht-Ab – im Arbeitstempo – Trab.
(K-X-M)	Durch die ganze Bahn wechseln, leichttraben.
(H-K)	(An der langen Seite) Aussitzen.
(F-X-H)	Durch die ganze Bahn wechseln, dabei Tritte verlängern.
(H)	(Am Wechselpunkt) Im Arbeitstempo.
(H-M)	(An der kurzen Seite) Abteilung – Schritt – Mittelschritt.
(Ab B)	Anfang Viereck verkleinern – Marsch.
(Vor A)	An der kurzen Seite rechte Hand.
(K-H)	Abteilung im Arbeitstempo – Trab.
(C-X)	Auf dem Zirkel geritten (½-mal herum).
(X-C-X-C)	Abteilung im Arbeitstempo – Galopp – Marsch (1½-mal herum).
(C-X-A)	Abteilung im Arbeitstempo – Trab – aus dem Zirkel wechseln.
(A-X-A)	Abteilung im Arbeitstempo – Galopp – Marsch (1-mal herum).
(A)	Ganze Bahn.
(F-M)	(An der langen Seite) Galoppsprünge verlängern.
(M)	Im Arbeitstempo.
(H-E)	Abteilung im Arbeitstempo – Trab.
(E-B-E)	Auf dem Mittelzirkel geritten (1-mal herum).
(E-X-B)	Durch den Mittelzirkel wechseln.
(B)	Ganze Bahn.
(A)	(Von der kurzen Seite auf die Richter zu) Anfang rechts dreht, links marschiert auf – Marsch. (Wenn der Anfangsreiter die Verbindungslinie der beiden Punkte E-B erreicht) Anfang – Halt. Grüßen. Im Mittelschritt am langen Zügel die Bahn verlassen.

Aufgabe A 3 (nur für A*)

(Abteilungsreiten für 2 bis 4 Reiter)

Besonders für Mannschafts-Dressuraufgaben geeignet

Viereck 20 x 40 m – Dauer: etwa 4 Minuten

	Auf der rechten Hand im Mittelschritt Abteilung bilden.
(A)	(Von der kurzen Seite auf die Richter zu) Anfang rechts dreht, links marschiert auf – Marsch. (Wenn der Anfangsreiter die Verbindungslinie der beiden Punkte E-B erreicht) Anfang – Halt. Grüßen.
(M)	Abteilung zu einem Rechts-brecht-Ab – im Arbeitstempo – Trab.
(M-F)	(An der langen Seite) Abteilung rechts um – Marsch.
(H-K)	(Bei Erreichen des Hufschlages) Abteilung links um – Marsch.
(F-M)	(An der langen Seite) Leichttraben.
(C-A)	Anfang Schlangenlinie durch die Bahn 4 Bögen mit Fußwechsel beim Durchreiten der Mittellinie, rechts beenden.
(F-K)	(An der kurzen Seite) Aussitzen.
(K-H)	(An der langen Seite) Abteilung – Schritt – Mittelschritt.
(M-F)	(An der langen Seite) Abteilung im Arbeitstempo – Trab.
(K-X-M)	Durch die ganze Bahn wechseln, dabei Tritte verlängern.
(M-H)	(An der kurzen Seite) Im Arbeitstempo.
(E-B)	Auf dem Mittelzirkel geritten (½-mal herum).
(B-E)	Abteilung im Arbeitstempo – Galopp – Marsch (½-mal herum).
(E)	Ganze Bahn.
(F-M)	(An der langen Seite) Galoppsprünge verlängern.
(M-H)	(An der kurzen Seite) Im Arbeitstempo.
(H-K)	(An der langen Seite) Abteilung im Arbeitstempo – Trab.
(F-E)	Durch die halbe Bahn wechseln, dabei überstreichen.
(C-X)	Auf dem Zirkel geritten (½-mal herum).
(X-C)	Abteilung im Arbeitstempo – Galopp – Marsch (½-mal herum).
(C)	Ganze Bahn.
(F-K)	(An der kurzen Seite) Abteilung im Arbeitstempo – Trab.
(E)	(Mitte der langen Seite) Anfang rechts um – Marsch.
(B)	Anfang rechts um – Marsch.
(A)	(Von der kurzen Seite auf die Richter zu) Anfang rechts dreht, links marschiert auf – Marsch. (Wenn der Anfangsreiter die Verbindungslinie der beiden Punkte E-B erreicht) Anfang – Halt. Grüßen. Im Mittelschritt am langen Zügel die Bahn verlassen.

Aufgabe A 4 (nur für A*)

(Abteilungsreiten für 2 bis 4 Reiter)

Viereck 20 x 40 m – Dauer: etwa 4 Minuten

	Auf der linken Hand im Mittelschritt Abteilung bilden.
(A)	(Von der kurzen Seite auf die Richter zu) Anfang links dreht, rechts marschiert auf – Marsch. (Wenn der Anfangsreiter die Verbindungslinie der beiden Punkte E-B erreicht) Anfang – Halt. Grüßen.
(H-K)	Abteilung zu einem Links-brecht-Ab – im Arbeitstempo – Trab.
(F-X-H)	Durch die ganze Bahn wechseln.
(H-M)	(An der kurzen Seite) Abteilung – Schritt – Mittelschritt.
(M-E)	Durch die halbe Bahn wechseln.
(Nach A)	Nach A auf die Viertellinie abwenden.
(Ab Linie E-B bis M)	Anfang Viereck vergrößern – Marsch.
(M-H)	(An der kurzen Seite) Abteilung im Arbeitstempo – Trab.
(E-B)	Auf dem Mittelzirkel geritten (½-mal herum)
(B-E-B-E)	Abteilung im Arbeitstempo – Galopp – Marsch (1½-mal herum).
(E)	Ganze Bahn. Abteilung im Arbeitstempo – Trab.
(F-X-H)	Durch die ganze Bahn wechseln, dabei Tritte verlängern.
(H)	(Am Wechselpunkt) Im Arbeitstempo.
(C-X)	Auf dem Zirkel geritten (½-mal herum).
(X-C-X-C)	Abteilung im Arbeitstempo – Galopp – Marsch (1½-mal herum).
(C)	Ganze Bahn.
(M-F)	(An der langen Seite) Galoppsprünge verlängern.
(F)	Im Arbeitstempo.
(F-K)	(An der kurzen Seite) Abteilung im Arbeitstempo – Trab.
(K-X-M)	Durch die ganze Bahn wechseln.
(A)	(Von der kurzen Seite auf die Richter zu) Anfang links dreht, rechts marschiert auf – Marsch. (Wenn der Anfangsreiter die Verbindungslinie der beiden Punkte E-B erreicht) Anfang – Halt. Grüßen. Im Mittelschritt am langen Zügel die Bahn verlassen.

Es ist entweder in der Ausschreibung oder spätestens in der Zeiteinteilung festzulegen, ob die A 5/1 oder A 5/2 geritten wird.

Aufgabe A 5/1 (nur für A*)

(Nur einzeln)

Viereck 20 x 40 m – Dauer: etwa 4 Minuten

A-X	Einreiten im Arbeitstrab.
X	Halten. Grüßen.
	Im Arbeitstempo antraben.
C	Rechte Hand.
B	Volte (10 m), dabei mit der inneren Hand überstreichen.
A-X-C	Durch die Länge der Bahn wechseln.
H-X-F	Durch die ganze Bahn wechseln, dabei Tritte verlängern.
F	Im Arbeitstempo.
K	Mittelschritt.
Ab E	Viereck verkleinern.
	An der kurzen Seite rechte Hand.
M-E	Im Mittelschritt durch die halbe Bahn wechseln.
A	Im Arbeitstempo antraben.
F-M	Einfache Schlangenlinie.
C-X	Auf dem Zirkel geritten (½-mal herum).
X-C-X-C	Im Mittelpunkt im Arbeitstempo links angaloppieren (1½-mal herum).
C	Arbeitstrab.
C-X-A	Aus dem Zirkel wechseln.
X-A	Im Mittelpunkt im Arbeitstempo rechts angaloppieren (½-mal herum).
A-K-H	Ganze Bahn, dabei Galoppsprünge verlängern.
H	Arbeitsgalopp.
M	Arbeitstrab.
B-X	Halbe Volte rechts.
X-E	Halbe Volte links.
A	Auf die Mittellinie abwenden.
X	Im Mittelpunkt halten. Grüßen.
	Im Mittelschritt am langen Zügel die Bahn verlassen.

Aufgabe A 5/2 (nur für A*)

(Zu zweit hintereinander)

Viereck 20 x 40 m – Dauer: etwa 4 Minuten

	Auf der rechten Hand im Mittelschritt Abteilung bilden. Abteilung im Arbeitstempo Trab.
(A)	(Von der kurzen Seite auf die Richter zu) Anfang rechts dreht, links marschiert auf – Marsch. (Wenn der Anfangsreiter die Verbindungslinie der beiden Punkte E-B erreicht) Anfang – Halt. Grüßen.
(M)	Abteilung zu einem Rechts-brecht-Ab – im Arbeitstempo – Trab.
(M-F)	Abteilung Volte (10 m) Marsch, dabei mit der inneren Hand überstreichen.
(A-X-C)	Durch die Länge der Bahn wechseln.
(H-X-F)	Durch die ganze Bahn wechseln, dabei Tritte verlängern.
(F)	Im Arbeitstempo.
(K)	Abteilung – Schritt – Mittelschritt.
(E)	Anfang Viereck verkleinern – Marsch.
(Vor C)	An der kurzen Seite rechte Hand.
(M-E)	Im Mittelschritt durch die halbe Bahn wechseln.
(A)	Abteilung im Arbeitstempo – Trab.
(F-M)	Einfache Schlangenlinie.
(C-X)	Auf dem Zirkel geritten (½-mal herum).
(X-C-X-C)	(Im Mittelpunkt) Abteilung im Arbeitstempo – Galopp – Marsch (1½-mal herum).
(C)	Abteilung im Arbeitstempo – Trab.
(C-X-A)	Aus dem Zirkel wechseln.
(X-A)	(Im Mittelpunkt) Abteilung im Arbeitstempo – Galopp – Marsch (½-mal herum).
(A-K-H)	Ganze Bahn, dabei Galoppsprünge verlängern.
(H)	Im Arbeitstempo.
(M)	Abteilung im Arbeitstempo – Trab.
(B-X)	Anfang halbe Volte rechts – Marsch.
(X-E)	Anfang halbe Volte links – Marsch.
(A)	(Von der kurzen Seite auf die Richter zu) Anfang links dreht, rechts marschiert auf – Marsch. (Wenn der Anfangsreiter die Verbindungslinie der beiden Punkte E-B erreicht) Anfang – Halt. Grüßen. Im Mittelschritt am langen Zügel die Bahn verlassen.

Es ist entweder in der Ausschreibung oder spätestens in der Zeiteinteilung festzulegen, ob die A 6/1 oder A 6/2 geritten wird.

Aufgabe A 6/1 (nur für A*)

(Nur einzeln)

Viereck 20 x 40 m – Dauer: etwa 4 Minuten

A-X	Einreiten im Arbeitstrab.
X	Halten. Grüßen.
	Im Arbeitstempo antraben.
C	Linke Hand.
F-X-H	Durch die ganze Bahn wechseln, dabei Tritte verlängern.
H	Arbeitstrab.
M-E	Durch die halbe Bahn wechseln.
A	Mittelschritt.
B	Viereck verkleinern.
(An der kurzen Seite)	Linke Hand.
C	Im Arbeitstempo antraben.
C-X-C	Auf dem Zirkel geritten (1-mal herum), dabei an der offenen Zirkelseite überstreichen.
C-X-C	Im Arbeitstempo links angaloppieren (1-mal herum).
C	Arbeitstrab, ganze Bahn.
E	Kehrtvolte (10 m).
C-X	Auf dem Zirkel geritten (½-mal herum).
X-C	Im Mittelpunkt im Arbeitstempo rechts angaloppieren (½-mal herum).
C-M-F	Ganze Bahn, dabei Galoppsprünge verlängern.
F	Arbeitsgalopp.
K-X-M	Durch die ganze Bahn wechseln.
M	Arbeitstrab.
H-K	Einfache Schlangenlinie.
A	Auf die Mittellinie abwenden.
X	Im Mittelpunkt halten. Grüßen.
	Im Mittelschritt am langen Zügel die Bahn verlassen.

Aufgabe A 6/2 (nur für A*)

(Zu zweit hintereinander)

Viereck 20 x 40 m – Dauer: etwa 4 Minuten

	Auf der linken Hand im Mittelschritt Abteilung bilden. Abteilung im Arbeitstempo – Trab.
(A)	(Von der kurzen Seite auf die Richter zu) Anfang links dreht, rechts marschiert auf – Marsch. (Wenn der Anfangsreiter die Verbindungslinie der beiden Punkte E-B erreicht) Anfang – Halt. Grüßen.
(H-K)	Abteilungen zu einem Links-brecht-Ab – im Arbeitstempo – Trab.
(F-X-H)	Durch die ganze Bahn wechseln, dabei Tritte verlängern.
(H)	Im Arbeitstempo.
(M-E)	Durch die halbe Bahn wechseln.
(A)	Abteilung – Schritt – Mittelschritt.
(B)	Anfang Viereck verkleinern – Marsch.
(An der kurzen Seite)	Linke Hand.
(C)	Abteilung im Arbeitstempo – Trab.
(C-X-C)	Auf dem Zirkel geritten (1-mal herum), dabei an der offenen Zirkelseite überstreichen.
(C-X-C)	Abteilung im Arbeitstempo – Galopp – Marsch (1-mal herum).
(C)	Abteilung im Arbeitstempo – Trab – ganze Bahn.
(E)	Anfang Kehrtvolte (10 m) – Marsch.
(C-X)	Auf dem Zirkel geritten (½-mal herum).
(X-C)	(Im Mittelpunkt) Abteilung im Arbeitstempo – Galopp – Marsch (½-mal herum).
(C-M-F)	Ganze Bahn, dabei Galoppsprünge verlängern.
(F)	Im Arbeitstempo.
(K-X-M)	Durch die ganze Bahn wechseln.
(M)	Abteilung im Arbeitstempo – Trab.
(H-K)	Anfang einfache Schlangenlinie an der langen Seite.
(A)	(Von der kurzen Seite auf die Richter zu) Anfang links dreht, rechts marschiert auf – Marsch. (Wenn der Anfangsreiter die Verbindungslinie der beiden Punkte E-B erreicht) Anfang – Halt. Grüßen. Im Mittelschritt am langen Zügel die Bahn verlassen.

Aufgabe A 7 (nur für A**)

(Abteilungsreiten für 2 bis 3 Reiter)

Viereck 20 x 40 m – Dauer: etwa 4½ Minuten

	Auf der rechten Hand im Mittelschritt Abteilung bilden. Abteilung im Arbeitstempo – Trab.
(A)	(Von der kurzen Seite auf die Richter zu) Anfang rechts dreht, links marschiert auf – Marsch. (Wenn der Anfangsreiter die Verbindungslinie der beiden Punkte E-B erreicht) Anfang – Halt. Grüßen.
(M-F)	Abteilung zu einem Rechts-brecht-Ab – im Arbeitstempo – Trab.
(K-X-M)	Im Mitteltrab durch die ganze Bahn wechseln.
(M)	(Am Wechselpunkt) Im Arbeitstempo.
(H-K)	(An der langen Seite) Volte (10 m) – Marsch.
(B-E-B)	Auf dem Mittelzirkel geritten (1-mal herum).
(B-E-B)	Abteilung im Arbeitstempo – Galopp – Marsch (1-mal herum).
(B)	Ganze Bahn.
(H-X-F)	Durch die ganze Bahn wechseln. (Auf der Wechsellinie) Abteilung – Schritt – Mittelschritt.
(F)	Abteilung im Arbeitstempo – Galopp – Marsch.
(K-H)	(An der langen Seite) Mittelgalopp.
(H-M)	(An der kurzen Seite) Im Arbeitstempo.
(F-K)	(An der kurzen Seite) Abteilung im Arbeitstempo – Trab.
(E-B-E-B)	Auf dem Mittelzirkel geritten (1½-mal herum). Zwischen E und B Zügel aus der Hand kauen lassen. Zwischen B und E Zügel wieder verkürzen.
(B)	Ganze Bahn.
(F-K)	(An der kurzen Seite) Abteilung – Schritt – Mittelschritt.
(K-X-M)	Im Mittelschritt durch die ganze Bahn wechseln.
(M-H)	(An der kurzen Seite) Abteilung im Arbeitstempo – Trab.
(E-X-B)	Auf dem Mittelzirkel geritten und durch den Zirkel wechseln.
(B)	Ganze Bahn.
(A)	(Von der kurzen Seite auf die Richter zu) Anfang rechts dreht, links marschiert auf – Marsch. (Wenn der Anfangsreiter die Verbindungslinie der beiden Punkte E-B erreicht) Anfang – Halt. Grüßen. Im Mittelschritt am langen Zügel die Bahn verlassen.

 Druck: März 2015

Aufgabe A 8 (nur für A**)

(Abteilungsreiten für 2 bis 3 Reiter)

Viereck 20 x 40 m – Dauer: etwa 4 Minuten

	Auf der linken Hand im Mittelschritt Abteilung bilden. Abteilung im Arbeitstempo – Trab.
(A)	(Von der kurzen Seite auf die Richter zu) Anfang links dreht, rechts marschiert auf – Marsch. (Wenn der Anfangsreiter die Verbindungslinie der beiden Punkte E-B erreicht) Anfang – Halt. Grüßen.
(H-K)	Abteilung zu einem Links-brecht-Ab – im Arbeitstempo – Trab.
(Nach A)	Nach A auf die Viertellinie abwenden.
(Ab Linie E-B bis M)	Anfang Viereck vergrößern – Marsch.
(E-B-E)	Auf dem Mittelzirkel geritten (1-mal herum).
(E-B-E)	Abteilung im Arbeitstempo – Galopp – Marsch (1-mal herum).
(E)	Ganze Bahn.
(F-X-H)	Durch die ganze Bahn wechseln. (Auf der Wechsellinie) Abteilung – Schritt – Mittelschritt.
(H)	Abteilung im Arbeitstempo – Galopp – Marsch.
(M-F)	(An der langen Seite) Mittelgalopp.
(F-K)	(An der kurzen Seite) Im Arbeitstempo.
(K-H)	(An der langen Seite) Abteilung im Arbeitstempo – Trab.
(M-X-K)	Im Mitteltrab durch die ganze Bahn wechseln.
(K)	(Am Wechselpunkt) Im Arbeitstempo.
(K-F)	(An der kurzen Seite) Abteilung – Schritt – Mittelschritt.
(F-E)	Durch die halbe Bahn wechseln.
(E-B)	Auf den Mittelzirkel geritten (½-mal herum).
(B)	Ganze Bahn.
(B-F)	(An der langen Seite) Abteilung im Arbeitstempo – Trab.
(K-H)	Abteilung – Halt, eine Pferdelänge rückwärtsrichten – Marsch. Abteilung im Arbeitstempo – Trab.
(M-E)	Durch die halbe Bahn wechseln.
(A)	(Von der kurzen Seite auf die Richter zu) Anfang links dreht, rechts marschiert auf – Marsch. (Wenn der Anfangsreiter die Verbindungslinie der beiden Punkte E-B erreicht) Anfang – Halt. Grüßen. Im Mittelschritt am langen Zügel die Bahn verlassen.

Es ist entweder in der Ausschreibung oder spätestens in der Zeiteinteilung festzulegen, ob die A 9/1 oder A 9/2 geritten wird.

Aufgabe A 9/1 (nur für A**)

(Nur einzeln)

Viereck 20 x 40 m – Dauer: etwa 4 Minuten

A-X	Einreiten im Arbeitstrab.
X	Halten. Grüßen. Im Arbeitstempo antraben.
C	Linke Hand.
A	Auf die Mittellinie abwenden.
D	Volte links (10 m), dabei mit der inneren Hand überstreichen.
G	Volte rechts (10 m), dabei mit der inneren Hand überstreichen.
C	Rechte Hand.
M-E	Durch die halbe Bahn wechseln.
E-B	Mittelschritt. Halbe Zirkellinie.
B-H	Durch die halbe Bahn wechseln.
H	Im Arbeitstempo antraben.
Nach C	Auf die Viertellinie abwenden.
In Höhe X bis F	Viereck vergrößern.
K-X-M	Durch die ganze Bahn wechseln, Mitteltrab.
M	Arbeitstrab.
Nach C	Auf die Viertellinie abwenden.
In Höhe X bis K	Viereck vergrößern.
B	Im Arbeitstempo links angaloppieren.
H-X-F	Durch die ganze Bahn wechseln.
Zwischen H und X	Schritt, Mittelschritt.
F	Im Arbeitstempo rechts angaloppieren.
K-H	Mittelgalopp.
H	Arbeitsgalopp.
M	Arbeitstrab.
B	Halten. Eine Pferdelänge rückwärtsrichten, daraus im Arbeitstempo antraben.
A	Auf die Mittellinie abwenden.
X	Im Mittelpunkt halten. Grüßen. Im Mittelschritt am langen Zügel die Bahn verlassen.

Druck: März 2015

Aufgabe A 9/2 (nur für A**)

(Zu zweit hintereinander)

Viereck 20 x 40 m – Dauer: etwa 4 Minuten

	Auf der linken Hand im Mittelschritt Abteilung bilden. Abteilung im Arbeitstempo – Trab.
(A)	(Von der kurzen Seite auf die Richter zu) Anfang links dreht, rechts marschiert auf – Marsch. (Wenn der Anfangsreiter die Verbindungslinie der beiden Punkte E-B erreicht) Anfang – Halt. Grüßen.
(H-K)	Abteilung zu einem Links-brecht-Ab – im Arbeitstempo – Trab.
(A)	Auf die Mittellinie abwenden.
(D)	Anfang Volte links (10 m), dabei mit der inneren Hand überstreichen – Marsch.
(G)	Anfang Volte rechts (10 m), dabei mit der inneren Hand überstreichen – Marsch.
(C)	Rechte Hand.
(M-E)	Durch die halbe Bahn wechseln.
(E-B)	(Bei Erreichen des Hufschlages) Abteilung – Schritt – Mittelschritt. Von E nach B halbe Zirkellinie.
(B-H)	Von B nach H durch die halbe Bahn wechseln.
(H)	(Bei Erreichen des Hufschlages) Abteilung im Arbeitstempo – Trab.
(Nach C)	Auf die Viertellinie abwenden.
(In Höhe X bis F)	Anfang Viereck vergrößern – Marsch.
(K-X-M)	Durch die ganze Bahn wechseln, Mitteltrab.
(M)	Im Arbeitstempo.
(Nach C)	Auf die Viertellinie abwenden.
(In Höhe X bis K)	Anfang Viereck vergrößern – Marsch.
(B)	Abteilung im Arbeitstempo – Galopp – Marsch.
(H-X-F)	Durch die ganze Bahn wechseln.
(Zwischen H und X)	Abteilung – Schritt – Mittelschritt.
(F)	Abteilung im Arbeitstempo – Galopp – Marsch.
(K-H)	Mittelgalopp.
(H)	Im Arbeitstempo.
(M)	Abteilung im Arbeitstempo – Trab.
(M-F)	Abteilung – Halt. Eine Pferdelänge rückwärtsrichten, daraus im Arbeitstempo antraben – Marsch.
(A)	(Von der kurzen Seite auf die Richter zu) Anfang rechts dreht, links marschiert auf – Marsch. (Wenn der Anfangsreiter die Verbindungslinie der beiden Punkte E-B erreicht) Anfang – Halt. Grüßen. Im Mittelschritt am langen Zügel die Bahn verlassen.

Aufgabe A 10 (nur für A**)

(Nur einzeln)

Viereck 20 x 40 m – Dauer: etwa 3½ Minuten

A-X	Einreiten im Arbeitstrab.
X	Halten. Grüßen.
	Im Arbeitstempo antraben.
C	Rechte Hand.
B-X	Halbe Volte (10 m).
X-E	Halbe Volte (10 m).
Nach A	Auf die Viertellinie abwenden.
In Höhe	
X bis M	Viereck vergrößern.
H-X-F	Durch die ganze Bahn wechseln, Mitteltrab.
F	Arbeitstrab.
Nach A	Auf die Viertellinie abwenden.
In Höhe	
X bis H	Viereck vergrößern.
C	Mittelschritt.
B	Rechts um.
X	Im Arbeitstempo rechts angaloppieren.
E	Rechte Hand.
M-X-K	Durch die ganze Bahn wechseln.
Zwischen	
M und X	Schritt, Mittelschritt.
K	Im Arbeitstempo links angaloppieren.
F-M	Mittelgalopp.
M	Arbeitsgalopp.
E-B-E-B	Auf dem Mittelzirkel geritten (1½-mal herum), dabei Zügel aus der Hand kauen lassen.
B	Zügel wieder verkürzen. Ganze Bahn.
M	Arbeitstrab.
E	Links um.
X	Halten. Eine Pferdelänge rückwärtsrichten, daraus im Arbeitstempo antraben.
B	Rechte Hand.
A	Auf die Mittellinie abwenden.
X	Im Mittelpunkt halten. Grüßen.
	Im Mittelschritt am langen Zügel die Bahn verlassen.

Druck: März 2015

2.9 Leitfaden Dressurprüfung der Klasse A – Kür

Viereck 20 x 40 m – Dauer: 3 bis 3½ Minuten

A-Note (Ausführung)	
Pflichtlektionen	Bemerkungen
Mittelschritt (mind. 40 m zusammenhängend auf einer Hufschlaglinie)	
Arbeitstrab	
Volte (10 m) im Trab rechts	
Volte (10 m) im Trab links	
Einfache Schlangenlinie links und/oder rechts	
Mitteltrab	
Arbeitsgalopp	
Mittelgalopp	
Galoppwechsel über Schritt und/oder über Trab von rechts nach links	
Galoppwechsel über Schritt und/oder über Trab von links nach rechts	

Ausführung	**A-Note**	
Benötigte Zeit		

Abzüge von jeweils 0,5 Punkten von der Note
– für Auslassen von Lektionen und/oder Gangarten

Abzüge von jeweils 0,2 Punkten von der Note
– für Überziehen einer Pflichtlektion

Total für Ausführung	**A-Note**	

Druck: März 2015

B-Note (künstlerische Gestaltung)	
Allgemeiner Eindruck	Bemerkungen
Gehorsam, Losgelassenheit und Durchlässigkeit des Pferdes	
Sitz und Einwirkung des Reiters, Harmonie von Reiter und Pferd	
Choreografie (Inhaltlicher Ideenreichtum, Einteilung des Vierecks, Linienführung)	
Übereinstimmung der Bewegungsabläufe mit der Musik	
Gesamteindruck (Musikalische Darbietung, dressurmäßige Leistung)	

Künstlerische Gestaltung **B-Note** [ ]

Abzüge von 0,5 Punkten von der Note
- für Auslassen von Lektionen und/oder Gangarten ______
- für Zeigen einer Lektion einer höheren Klasse ______
- für Überziehen einer Pflichtlektion ______

Abzüge von 0,2 Punkten von der Note
- für Über- oder Unterschreiten des jeweiligen Zeitlimits ______

Total für künstlerische Gestaltung **B-Note** [ ]

Resultat

Total für Ausführung **A-Note** ____,____

Total für künstlerische Gestaltung + **B-Note** ____,____

= ____,____

: 2 x 10 = Endresultat: [%]

Ausführliche Informationen zur Ausführung, Gestaltung und Bewertung von Küren sind in dem FN-Turniersport-Merkblatt „Dressurküren" enthalten.

2.10 Dressurprüfungen der Klasse L Aufgaben L 1 bis L 11

Aufgabe L 1 (Nur für L*)

(Abteilungsreiten für 2 bis 4 Reiter)

Viereck 20 x 40 m – Dauer: etwa 5½ Minuten

	Auf der rechten Hand im Mittelschritt Abteilung bilden. Abteilung im Arbeitstempo – Trab.
(A)	(Von der kurzen Seite auf die Richter zu) Anfang rechts dreht, links marschiert auf – Marsch. (Wenn der Anfangsreiter die Verbindungslinie der beiden Punkte E-B erreicht) Anfang – Halt. Grüßen.
(M-B)	Abteilung zu einem Rechts-brecht-Ab – im Arbeitstempo – Trab.
(B-X)	Anfang Mitte der langen Seite halbe Volte rechts (10 m).
(X-E)	Danach halbe Volte links (10 m).
(F-X-H)	Durch die ganze Bahn wechseln – Mitteltrab.
(H-M)	(An der kurzen Seite) Im versammelten Tempo.
(M-F)	(An der langen Seite) Abteilung – Halt. Eine Pferdelänge rückwärtsrichten – Marsch. Abteilung – Marsch – Mittelschritt.
(K-H)	(An der langen Seite) Abteilung im versammelten Tempo – Galopp – Marsch.
(C-X-C)	Auf dem Zirkel geritten (1-mal herum). An der offenen Zirkelseite 2 bis 3 Pferdelängen überstreichen.
(C-X-A)	Ohne Galoppwechsel aus dem Zirkel wechseln.
(A)	Ganze Bahn.
(F-M)	(An der langen Seite) Abteilung – Schritt – Mittelschritt. Abteilung im versammelten Tempo – Galopp – Marsch (als einfacher Galoppwechsel).
(H-K)	Mittelgalopp.
(K-F)	(An der kurzen Seite) Im versammelten Tempo.
(F-E)	Ohne Galoppwechsel durch die halbe Bahn wechseln.

Druck: März 2015

(M-F)	(An der langen Seite) Abteilung – Schritt – Mittelschritt. Abteilung im versammelten Tempo – Galopp – Marsch (als einfacher Galoppwechsel).
(K-H)	(An der langen Seite) Abteilung im versammelten Tempo – Trab.
(M-F)	(An der langen Seite) Abteilung – Halt. Auf der Hinterhand rechts um kehrt – Marsch. Abteilung im versammelten Tempo – Trab.
(H-K)	(An der langen Seite) Abteilung kehrt – Marsch.
(A)	(Von der kurzen Seite auf die Richter zu) Anfang rechts dreht, links marschiert auf – Marsch. (Wenn der Anfangsreiter die Verbindungslinie der beiden Punkte E-B erreicht). Anfang – Halt. Grüßen.
	Im Mittelschritt am langen Zügel die Bahn verlassen.

Gesamturteil:

Wertnote: ________

Abzüge
für Verreiten und Auslassungen:
das 1. Mal bei Lektion Nr. ... 0,2 Punkte ________
das 2. Mal bei Lektion Nr. ... 0,4 Punkte ________
das 3. Mal bei Lektion Nr. ... Ausschluss ________

Gesamtwertnote: ________

Druck: März 2015

Aufgabe L 2 (Nur für L*)

(Nur einzeln)

Viereck 20 x 40 m – Dauer: etwa 3½ Minuten

			Koeffizient
1.	A-X X	Einreiten im Arbeitstrab. Halten. Grüßen. Im Arbeitstempo antraben.	
2.	C B-X	Rechte Hand. Halbe Volte rechts (10 m).	
3.	X-E A (A-F)	Halbe Volte links (10 m). Versammelter Trab. (Der versammelte Trab)	
4.	F-X-H H	Im Mitteltrab durch die ganze Bahn wechseln. Versammelter Trab.	
5.		(Übergänge vom versammelten Trab zum Mitteltrab und vom Mitteltrab zum versammelten Trab)	
6.	B (H-C-M-B-X)	Rechts um. (Der versammelte Trab)	
7.	X	Halten. Eine Pferdelänge rückwärtsrichten, daraus im Mittelschritt anreiten.	
8.	E (X-E-K-A)	Linke Hand. (Der Mittelschritt)	2
9.	A	Kurzkehrt links.	
10.	(A-K) K	(Der Mittelschritt) Im versammelten Tempo rechts angaloppieren.	
11.	(K-H) Nach H	(Der versammelte Galopp) Aus der nächsten Ecke kehrt (8 m) ohne Galoppwechsel.	
12.	(E-K-A)	(Der Außengalopp)	
13.	A	Einfacher Galoppwechsel.	
14.	(A-F-M) Nach M	(Der versammelte Galopp) Aus der nächsten Ecke kehrt (8 m) ohne Galoppwechsel.	
15.	(B-F-A)	(Der Außengalopp)	
16.	A	Einfacher Galoppwechsel.	

Druck: März 2015

			Koeffizient
17.	(A-K) K-H H	(Der versammelte Galopp) Mittelgalopp. Versammelter Galopp.	
18.		(Übergänge vom versammelten Galopp zum Mittelgalopp und vom Mittelgalopp zum versammelten Galopp)	
19.	C M-X-K K	Versammelter Trab. Im Mitteltrab durch die ganze Bahn wechseln. Versammelter Trab.	
20.		(Übergänge vom versammelten Galopp zum versammelten Trab, vom versammelten Trab zum Mitteltrab und vom Mitteltrab zum versammelten Trab)	
21.	A X	Auf die Mittellinie abwenden. Halten. Grüßen.	
		Im Mittelschritt am langen Zügel die Bahn verlassen.	

Gemeinsames Richtverfahren:

Gesamturteil:

Wertnote: ________

Abzüge
für Verreiten und Auslassungen:
das 1. Mal bei Lektion Nr. ... 0,2 Punkte ________
das 2. Mal bei Lektion Nr. ... 0,4 Punkte ________
das 3. Mal bei Lektion Nr. ... Ausschluss ________

Gesamtwertnote: ________

Getrenntes Richtverfahren:

Bei getrenntem Richtverfahren Gesamtnoten und Abzüge analog **Aufgabe M 1**, dann **gesamt: 290**

Druck: März 2015

Aufgabe L 3 (Nur für L*)

(Nur einzeln)

Viereck 20 x 40 m – Dauer: etwa 3½ Minuten

			Koeffizient
1.	A-X X	Einreiten im Arbeitstrab. Halten. Grüßen. Im versammelten Tempo antraben.	
2.	C E (E-K-A)	Linke Hand. Volte (8 m). (Der versammelte Trab)	
3.	A	Kurzkehrt links.	
4.	K-X-M M (M-C-H)	Im Mitteltrab durch die ganze Bahn wechseln. Versammelter Trab. (Der versammelte Trab)	
5.		(Übergänge vom versammelten Trab zum Mitteltrab und vom Mitteltrab zum versammelten Trab)	
6.	H E (H-E-X)	Mittelschritt. Links um. (Der Mittelschritt)	2
7.	X	Halten. Eine Pferdelänge rückwärtsrichten, daraus im Mittelschritt anreiten.	
8.	B (X-B-F)	Rechte Hand. (Der Mittelschritt)	2
9	F	Im versammelten Tempo rechts angaloppieren.	
10.	(F-A-K-E-H) Nach H	(Der versammelte Galopp) Aus der nächsten Ecke kehrt (8 m) ohne Galoppwechsel.	
11.	(E-K-A)	(Der Außengalopp)	
12.	A	Einfacher Galoppwechsel.	
13.	(A-F) F-E	(Der versammelte Galopp) Ohne Galoppwechsel durch die halbe Bahn wechseln.	
14.	(E-H-C)	(Der Außengalopp)	
15.	C	Einfacher Galoppwechsel.	

Druck: März 2015

			Koeffizient
16.	(C-M) M-F F	(Der versammelte Galopp) Mittelgalopp. Versammelter Galopp.	
17.		(Übergänge vom versammelten Galopp zum Mittelgalopp und vom Mittelgalopp zum versammelten Galopp)	
18.	A K-E-B B Zwischen B und F (B-F-A)	Arbeitstrab. Zügel aus der Hand kauen lassen und auf dem Mittelzirkel geritten (½-mal herum). Ganze Bahn. Zügel wieder verkürzen. (Der Arbeitstrab)	
19.	A G	Auf die Mittellinie abwenden. Halten. Grüßen.	
		Im Mittelschritt am langen Zügel die Bahn verlassen.	

Gemeinsames Richtverfahren:

Gesamturteil:

Wertnote: ____________

Abzüge
für Verreiten und Auslassungen:
das 1. Mal bei Lektion Nr. ... 0,2 Punkte ____________
das 2. Mal bei Lektion Nr. ... 0,4 Punkte ____________
das 3. Mal bei Lektion Nr. ... Ausschluss ____________

Gesamtwertnote: ____________

Getrenntes Richtverfahren:

Bei getrenntem Richtverfahren Gesamtnoten und Abzüge analog **Aufgabe M 1**, dann **gesamt: 280**

Druck: März 2015

Aufgabe L 4 (Nur für L*)

(Nur einzeln)

Viereck 20 x 40 m – Dauer: etwa 3½ Minuten

			Koeffizient
1.	A-X X	Einreiten im Arbeitstrab. Halten. Grüßen. Im versammelten Tempo antraben.	
2.	C H-X-F F	Linke Hand. Im Mitteltrab durch die ganze Bahn wechseln. Versammelter Trab.	
3.		(Übergänge vom versammelten Trab zum Mitteltrab und vom Mitteltrab zum versammelten Trab)	
4.	A	Halten. Kehrtwendung auf der Hinterhand. Im versammelten Tempo antraben.	
5.	F-M	Doppelte Schlangenlinie.	
6.	C H-B (C-H-B-F)	Mittelschritt. Durch die halbe Bahn wechseln. (Der Mittelschritt)	2
7.	F (F-A-K-E)	Im versammelten Tempo rechts angaloppieren. (Der versammelte Galopp)	
8.	E	Einfacher Galoppwechsel zum Außengalopp.	
9.	(E-H-C)	(Der Außengalopp)	
10.	C C-X-A A	Auf dem Zirkel geritten. Aus dem Zirkel wechseln ohne Galoppwechsel. Ganze Bahn.	
11.	F-M M	Mittelgalopp. Versammelter Galopp.	
12.		(Übergänge vom versammelten Galopp zum Mittelgalopp und vom Mittelgalopp zum versammelten Galopp)	
13.	C C-X-A	Auf dem Zirkel geritten. Aus dem Zirkel wechseln ohne Galoppwechsel.	
14.	A (A-K-E)	Ganze Bahn. (Der Außengalopp)	
15.	E	Einfacher Galoppwechsel.	

Druck: März 2015

			Koeffizient
16.	(E-H) H C-X X-C	(Der versammelte Galopp) Arbeitsgalopp. Auf dem Zirkel geritten und Zügel aus der Hand kauen lassen. Zügel wieder verkürzen.	
17.	C M-X-K K	Versammelter Trab und ganze Bahn. Im Mitteltrab durch die ganze Bahn wechseln. Versammelter Trab.	
18.		(Übergänge vom versammelten Galopp zum versammelten Trab, vom versammelten Trab zum Mitteltrab und vom Mitteltrab zum versammelten Trab)	
19.	A G	Auf die Mittellinie abwenden. Halten. Grüßen.	
		Im Mittelschritt am langen Zügel die Bahn verlassen.	

Gemeinsames Richtverfahren:

Gesamturteil:

Wertnote: ____________

Abzüge
für Verreiten und Auslassungen:
das 1. Mal bei Lektion Nr. ... 0,2 Punkte ____________
das 2. Mal bei Lektion Nr. ... 0,4 Punkte ____________
das 3. Mal bei Lektion Nr. ... Ausschluss ____________

Gesamtwertnote: ____________

Getrenntes Richtverfahren:

Bei getrenntem Richtverfahren Gesamtnoten und Abzüge analog **Aufgabe M 1**, dann **gesamt: 270**

Aufgabe L 5 (Nur für L*)

(Nur einzeln)

Viereck 20 x 40 – Dauer: etwa 3½ Minuten

			Koeffizient
1.	A-X X	Einreiten im Arbeitstrab. Halten. Grüßen. Im versammelten Tempo antraben.	
2.	C C-A	Rechte Hand. Schlangenlinie durch die Bahn, 3 Bögen, rechts beenden.	
3.	K-X-M M	Im Mitteltrab durch die ganze Bahn wechseln. Versammelter Trab.	
4.		(Übergänge vom versammelten Trab zum Mitteltrab und vom Mitteltrab zum versammelten Trab)	
5.	C E (C-H-E-X)	Mittelschritt. Links um. (Der Mittelschritt)	2
6.	X	Kurzkehrt links.	
7.	E (X-E-K-A)	Linke Hand. (Der Mittelschritt)	 2
8.	A	Halten. Eine Pferdelänge rückwärtsrichten, daraus im versammelten Tempo links angaloppieren.	
9.	B (A-F-B-X)	Links um. (Der versammelte Galopp)	
10.	X	Einfacher Galoppwechsel.	
11.	E (X-E-H-C)	Rechte Hand. (Der versammelte Galopp)	
12.	C C-X-A	Auf dem Zirkel geritten. Ohne Galoppwechsel aus dem Zirkel wechseln.	
13.	A	Einfacher Galoppwechsel und ganze Bahn.	
14.	(A-F) F-M M (M-C-H)	(Der versammelte Galopp). Mittelgalopp. Versammelter Galopp. (Der versammelte Galopp)	

Druck: März 2015

			Koeffizient
15.		(Übergänge vom versammelten Galopp zum Mittelgalopp und vom Mittelgalopp zum versammelten Galopp)	
16.	H-B	Ohne Galoppwechsel durch die halbe Bahn wechseln, dabei 2 bis 3 Pferdelängen überstreichen.	
17.	(B-F) F	(Der Außengalopp) Versammelter Trab.	
18.	A G	Auf die Mittellinie abwenden. Halten. Grüßen.	
		Im Mittelschritt am langen Zügel die Bahn verlassen.	

Gemeinsames Richtverfahren:

Gesamturteil:

Wertnote: ________

Abzüge
für Verreiten und Auslassungen:
das 1. Mal bei Lektion Nr. ... 0,2 Punkte ________
das 2. Mal bei Lektion Nr. ... 0,4 Punkte ________
das 3. Mal bei Lektion Nr. ... Ausschluss ________

Gesamtwertnote: ________

Getrenntes Richtverfahren:

Bei getrenntem Richtverfahren Gesamtnoten und Abzüge analog **Aufgabe M 1**, dann **gesamt: 270**

Druck: März 2015

Aufgabe L 6 (Nur für L*)

(Nur einzeln)

Viereck 20 x 40 – Dauer: etwa 4½ Minuten

			Koeffizient
1.	A-X X	Einreiten im Arbeitstrab. Halten. Grüßen. Im versammelten Tempo antraben.	
2.	C B (B-F-A-K)	Rechte Hand. Volte (8 m), dabei eine Pferdelänge mit der inneren Hand überstreichen. (Der versammelte Trab)	
3.	K-X-M M (M-C)	Im Mitteltrab durch die ganze Bahn wechseln. Versammelter Trab. (Der versammelte Trab)	
4.		(Übergänge vom versammelten Trab zum Mitteltrab und vom Mitteltrab zum versammelten Trab)	
5.	(C-H-E) E (E-K-A-F)	(Der versammelte Trab) Volte (8 m), dabei eine Pferdelänge mit der inneren Hand überstreichen. (Der versammelte Trab)	
6.	F-X-H H (H-C-M)	Im Mitteltrab durch die ganze Bahn wechseln. Versammelter Trab. (Der versammelte Trab)	
7.		(Übergänge vom versammelten Trab zum Mitteltrab und vom Mitteltrab zum versammelten Trab)	
8.	Zwischen M und B (M-C-H)	 Kurzkehrt rechts. (Der versammelte Trab)	
9.	H	Im versammelten Tempo links angaloppieren.	
10.	Nach K	Aus der nächsten Ecke kehrt (8 m) ohne Galoppwechsel.	
11.	E-B	Halber Zirkel im Außengalopp.	
12.	B	Einfacher Galoppwechsel.	
13.	(B-F) Nach F	(Der versammelte Galopp) Aus der nächsten Ecke kehrt (8 m) ohne Galoppwechsel.	

Druck: März 2015

				Koeffizient
14.	B-E	Halber Zirkel im Außengalopp.		
15.	Zwischen E und K	Einfacher Galoppwechsel.		
16.	(K-A-F) F-M M	(Der versammelte Galopp) Mittelgalopp. Versammelter Galopp.		
17.		(Übergänge vom versammelten Galopp zum Mittelgalopp und vom Mittelgalopp zum versammelten Galopp)		
18. bis 20.	C-A	Schlangenlinie durch die Bahn, 3 Bögen, mit einfachem Galoppwechsel beim Durchreiten der Mittellinie, links beenden.	18. Erster einfacher Galoppwechsel.	
			19. Zweiter einfacher Galoppwechsel.	
			20. (C-A) (Der versammelte Galopp)	
21.	A (A-F-B)	Mittelschritt. (Der Mittelschritt)		2
22.	B	Kurzkehrt links.		
23.	(B-F) F	(Der Mittelschritt) Im versammelten Tempo antraben.		
24.	A X	Auf die Mittellinie abwenden. Halten. Grüßen.		
		Im Mittelschritt am langen Zügel die Bahn verlassen.		

Gemeinsames Richtverfahren:

Gesamturteil:

Wertnote: ________

Abzüge
für Verreiten und Auslassungen:
das 1. Mal bei Lektion Nr. ... 0,2 Punkte ________
das 2. Mal bei Lektion Nr. ... 0,4 Punkte ________
das 3. Mal bei Lektion Nr. ... Ausschluss ________

Gesamtwertnote: ________

Getrenntes Richtverfahren:

Bei getrenntem Richtverfahren Gesamtnoten und Abzüge analog **Aufgabe M 1**, dann **gesamt: 320**

Druck: März 2015

Aufgabe L 7 (Nur für L*)

(Nur einzeln)

Viereck 20 x 40 m – Dauer: 4 Minuten

			Koeffizient
1.	A-X X	Einreiten im Arbeitstrab. Halten. Grüßen. Im versammelten Tempo antraben.	
2.	C E X	Linke Hand. Links um. Volte links (10 m).	
3.	X B (B-F-A-K)	Volte rechts (10 m). Rechte Hand. (Der versammelte Trab)	
4.	K-X-M M	Im Mitteltrab durch die ganze Bahn wechseln. Versammelter Trab.	
5.		(Übergänge vom versammelten Trab zum Mitteltrab und vom Mitteltrab zum versammelten Trab)	
6.	E (M-C-H-E-X)	Links um. (Der versammelte Trab)	
7.	X	Halten. Eine Pferdelänge rückwärtsrichten, daraus im Mittelschritt anreiten.	
8.	B M (X-B-M-G)	Linke Hand. Links um. (Der Mittelschritt)	2
9.	G	Kurzkehrt links.	
10.	M (G-M-B)	Rechte Hand. (Der Mittelschritt)	2
11.	B (B-F-A)	Im versammelten Tempo rechts angaloppieren. (Der versammelte Galopp)	
12.	A-X-C (C-H)	Durch die Länge der Bahn wechseln mit einfachem Galoppwechsel im Mittelpunkt. (Der versammelte Galopp)	
13.	H-K K	Mittelgalopp. Versammelter Galopp.	
14.		(Übergänge vom versammelten Galopp zum Mittelgalopp und vom Mittelgalopp zum versammelten Galopp)	

Druck: März 2015

			Koeffizient
15.	A A-X-C	Auf dem Zirkel geritten. Ohne Galoppwechsel aus dem Zirkel wechseln.	
16.	C	Einfacher Galoppwechsel und ganze Bahn.	
17.	(C-M) M-F F (F-A-K)	(Der versammelte Galopp) Mittelgalopp. Versammelter Galopp. (Der versammelte Galopp)	
18.		(Übergänge vom versammelten Galopp zum Mittelgalopp und vom Mittelgalopp zum versammelten Galopp)	
19.	K-B	Ohne Galoppwechsel durch die halbe Bahn wechseln.	
20.	(B-M-C)	(Der Außengalopp)	
21.	C H-X-F F	Versammelter Trab. Im Mitteltrab durch die ganze Bahn wechseln. Versammelter Trab.	
22.		(Übergänge vom versammelten Galopp zum versammelten Trab, vom versammelten Trab zum Mitteltrab und vom Mitteltrab zum versammelten Trab)	
23.	A X	Auf die Mittellinie abwenden. Halten. Grüßen.	
		Im Mittelschritt am langen Zügel die Bahn verlassen.	

Gemeinsames Richtverfahren:

Gesamturteil:

Wertnote: ________

Abzüge
für Verreiten und Auslassungen:
das 1. Mal bei Lektion Nr. ... 0,2 Punkte ________
das 2. Mal bei Lektion Nr. ... 0,4 Punkte ________
das 3. Mal bei Lektion Nr. ... Ausschluss ________

Gesamtwertnote: ________

Getrenntes Richtverfahren:

Bei getrenntem Richtverfahren Gesamtnoten und Abzüge analog **Aufgabe M 1**, dann **gesamt: 320**

Aufgabe L 8 (Nur für L*)

(Nur einzeln)

Viereck 20 x 60 m – Dauer: etwa 4½ Minuten

			Koeffizient
1.	A-X X	Einreiten im Arbeitstrab. Halten. Grüßen. Im versammelten Tempo antraben.	
2.	C H-X-F F	Linke Hand. Im Mitteltrab durch die ganze Bahn wechseln. Versammelter Trab.	
3.		(Übergänge vom versammelten Trab zum Mitteltrab und vom Mitteltrab zum versammelten Trab)	
4.	A L (L-X)	Auf die Mittellinie abwenden. Volte rechts (8 m), dabei mit der inneren Hand in der zweiten Hälfte der Volte überstreichen. (Der versammelte Trab)	
5.	(X-I) I	(Der versammelte Trab) Volte links (8 m), dabei mit der inneren Hand in der zweiten Hälfte der Volte überstreichen.	
6.	C M-X-K K	Rechte Hand. Im Mitteltrab durch die ganze Bahn wechseln. Versammelter Trab.	
7.		(Übergänge vom versammelten Trab zum Mitteltrab und vom Mitteltrab zum versammelten Trab)	
8.	A	Halten. Eine Pferdelänge rückwärtsrichten, daraus im Mittelschritt anreiten.	
9.	P (A-F-P-L)	Links um. (Der Mittelschritt)	2
10.	Zwischen L und V	Kurzkehrt links.	
11.	Zwischen L und P V	Kurzkehrt rechts. Linke Hand.	
12.	(L-(V)-L-(P) -L-V-K-A)	(Der Mittelschritt)	2
13.	A (A-F)	Im versammelten Tempo links angaloppieren. (Der versammelte Galopp)	
14.	F-L-E (E-S)	Ohne Galoppwechsel durch die halbe Bahn wechseln. (Der Außengalopp)	
15.	S-R R (R-B-P)	Halber Zirkel (Außengalopp). Ganze Bahn. (Der Außengalopp)	

Druck: März 2015

			Koeffizient
16.	P	Einfacher Galoppwechsel.	
17.	(P-F-A) A (A-K)	(Der versammelte Galopp) Volte (10 m). Der versammelte Galopp.	
18.	K-H H (H-C-M)	Mittelgalopp. Versammelter Galopp. (Der versammelte Galopp)	
19.		(Übergänge vom versammelten Galopp zum Mittelgalopp und vom Mittelgalopp zum versammelten Galopp)	
20.	M-I-E (E-V)	Ohne Galoppwechsel durch die halbe Bahn wechseln. (Der Außengalopp)	
21.	V-P P (P-B-R)	Halber Zirkel (Außengalopp). Ganze Bahn. (Der Außengalopp)	
22.	R	Einfacher Galoppwechsel.	
23.	(R-M-C-H) H-K K	(Der versammelte Galopp) Mittelgalopp. Versammelter Galopp.	
24.		(Übergänge vom versammelten Galopp zum Mittelgalopp und vom Mittelgalopp zum versammelten Galopp)	
25.	A L	Auf die Mittellinie abwenden. Halten. Grüßen.	
		Im Mittelschritt am langen Zügel die Bahn verlassen.	

Gemeinsames Richtverfahren:

Gesamturteil:

Wertnote: ________

Abzüge
für Verreiten und Auslassungen:
das 1. Mal bei Lektion Nr. ... 0,2 Punkte ________
das 2. Mal bei Lektion Nr. ... 0,4 Punkte ________
das 3. Mal bei Lektion Nr. ... Ausschluss ________

Gesamtwertnote: ________

Getrenntes Richtverfahren:

Bei getrenntem Richtverfahren Gesamtnoten und Abzüge analog **Aufgabe M 1**, dann **gesamt: 340**

Druck: März 2015

Aufgabe L 9 (Nur für L*)

(Nur einzeln)

Viereck 20 x 60 m – Dauer: 5 Minuten

			Koeffizient
1.	A-I I	Einreiten im Arbeitstrab. Halten. Grüßen. Im versammelten Tempo antraben.	
2.	C M-X-K K	Rechte Hand. Im Mitteltrab durch die ganze Bahn wechseln. Versammelter Trab.	
3.		(Übergänge vom versammelten Trab zum Mitteltrab und vom Mitteltrab zum versammelten Trab)	
4.	A-C	Schlangenlinie entlang der Mittellinie, 3 Bögen jeweils 5 m von der Mittellinie entfernt, links beenden.	
5.	C H-X-F F	Linke Hand. Im Mitteltrab durch die ganze Bahn wechseln. Versammelter Trab.	
6.		(Übergänge vom versammelten Trab zum Mitteltrab und vom Mitteltrab zum versammelten Trab)	
7.	(F-A-K-V) V	(Der versammelte Trab) Volte (8 m).	
8.	E B (V-E-X-B-R)	Rechts um. Linke Hand. (Der versammelte Trab)	
9.	R (R-M-C)	Volte (8 m). (Der versammelte Trab)	
10.	C (C-H-S)	Mittelschritt. (Der Mittelschritt)	2
11.	Zwischen H und S	 Kurzkehrt links.	
12.	Zwischen M und R	 Kurzkehrt rechts.	

Druck: März 2015

			Koeffizient
13.	(H-C-M- (R)-M-C-H)	(Der Mittelschritt)	2
14.	M (M-C-H-S)	Im versammelten Tempo links angaloppieren. (Der versammelte Galopp)	
15.	S-E-B B	Mittelgalopp, halber Zirkel. Versammelter Galopp.	
16.		(Übergänge vom versammelten Galopp zum Mittelgalopp und vom Mittelgalopp zum versammelten Galopp)	
17.	R (B-R-I) I	Links um. (Der versammelte Galopp) Einfacher Galoppwechsel.	
18.	S (I-S-H-C-M-B)	Rechte Hand. (Der versammelte Galopp)	
19.	B	Kehrtvolte (8 m) ohne Galoppwechsel.	
20.	(R-M-C-H-S)	(Der Außengalopp)	
21.	S	Einfacher Galoppwechsel.	
22.	(S-E-V) V	(Der versammelte Galopp) Kehrtvolte (8 m) ohne Galoppwechsel.	
23.	(E-H-C)	(Der Außengalopp)	
24.	C	Einfacher Galoppwechsel.	
25.	(C-M) M-P P (P-F-A)	(Der versammelte Galopp) Mittelgalopp. Versammelter Galopp. (Der versammelte Galopp)	
26.		(Übergänge vom versammelten Galopp zum Mittelgalopp und vom Mittelgalopp zum versammelten Galopp)	
27.	A L	Auf die Mittellinie abwenden. Halten. Grüßen.	
		Im Mittelschritt am langen Zügel die Bahn verlassen.	

Druck: März 2015

Gemeinsames Richtverfahren:

Gesamturteil:

Wertnote: ________

Abzüge
für Verreiten und Auslassungen:
das 1. Mal bei Lektion Nr. ... 0,2 Punkte ________
das 2. Mal bei Lektion Nr. ... 0,4 Punkte ________
das 3. Mal bei Lektion Nr. ... Ausschluss ________

Gesamtwertnote: ________

Getrenntes Richtverfahren:

Bei getrenntem Richtverfahren Gesamtnoten und Abzüge analog **Aufgabe M 1**, dann **gesamt: 360**

Druck: März 2015

Aufgabe L 10 (Nur für L**)

(Nur einzeln)

Viereck 20 x 60 m – Dauer: 5 Minuten

			Koeffizient
1.	A-I I	Einreiten im versammelten Galopp. Halten. Grüßen. Im versammelten Tempo antraben.	
2.	C-M-R R-K K	Rechte Hand. Im Mitteltrab durch die Bahn wechseln. Versammelter Trab.	
3.	 (K-A-F)	(Übergänge bei R und K) (Der versammelte Trab)	
4.	F-B	Schulterherein.	
5.	B-X X-E	Halbe Volte links (10 m). Halbe Volte rechts (10 m).	
6.	E-H (H-C)	Schulterherein. (Der versammelte Trab)	
7.	C I	Auf die Mittellinie abwenden. Volte rechts (8 m).	
8.	I-V/K (V-K-A)	Nach rechts traversieren (zwischen V und K den Hufschlag erreichen). (Der versammelte Trab)	
9.	A L	Auf die Mittellinie abwenden. Volte links (8 m).	
10.	L-S/H (H-C-M-R)	Nach links traversieren (zwischen S und H den Hufschlag erreichen). (Der versammelte Trab)	
11.	R (R-M-C-H-S)	Kurzkehrt rechts. (Der versammelte Trab)	
12.	S-K K	Mitteltrab. Versammelter Trab.	
13.	 (K-A)	(Übergänge bei S und K) (Der versammelte Trab)	
14.	A F-E	Mittelschritt. Im Mittelschritt durch die halbe Bahn wechseln.	2
15.	E-M Vor M	Im starken Schritt durch die halbe Bahn wechseln. Mittelschritt.	2
16.	M (M-C-H)	Im versammelten Tempo links angaloppieren. (Der versammelte Galopp)	

Druck: März 2015

Nr.	Punkt	Lektion		Koeffizient
17.	H-B (B-P)	Ohne Galoppwechsel durch die halbe Bahn wechseln. (Der Außengalopp)		
18.	P	Einfacher Galoppwechsel.		
19. bis 21.	(P-F-A) A-C C	(Der versammelte Galopp) Schlangenlinie entlang der Mittellinie, 4 Bögen, jeweils 5 m von der Mittellinie entfernt, mit einfachem Galoppwechsel bei X. Linke Hand.	19. Rechtsgalopp. 20. Einfacher Galoppwechsel. 21. Linksgalopp.	
22.	(C-H) H-V V	(Der versammelte Galopp) Mittelgalopp. Versammelter Galopp.		
23.	 (V-K-A)	(Übergänge bei H und V) (Der versammelte Galopp)		
24.	A X	Auf die Mittellinie abwenden. Halten. Grüßen.		
		Im Mittelschritt am langen Zügel die Bahn verlassen.		

Gesamtnoten

25. Schritt (Takt, Fleiß, Raumgriff, Schreiten)	
26. Trab (Takt, Schwung, Rückentätigkeit, Engagement der Hinterhand, Raumgriff)	
27. Galopp (Takt, Durchsprung, Schwung, Rückentätigkeit, Bergauftendenz)	
28. Durchlässigkeit und Gehorsam des Pferdes (Aufmerksamkeit, Vertrauen, Harmonie, Losgelassenheit, Maultätigkeit, Anlehnung und relative Aufrichtung)	2
29. Sitz und Einwirkung des Reiters, Korrektheit bei Anwendung der Hilfen, Lektionen und Hufschlagfiguren	2

Abzüge

Strafpunkte für Verreiten/Auslassungen:

das 1. Mal bei Lektion Nr. ...... = 2 Punkte ____________

das 2. Mal bei Lektion Nr. .... = 4 Punkte ____________

das 3. Mal bei Lektion Nr. ...... = Ausschluss ____________

Gesamt: 330

Der Schwierigkeitsgrad der Aufgabe liegt zwischen den Klassen L und M.

Druck: März 2015

Aufgabe L 11 (Nur für L**)

(Nur einzeln)

Viereck 20 x 60 m – Dauer: 5 Minuten

			Koeffizient
1.	A-L L L	Einreiten im versammelten Galopp. Halten. Grüßen. Im versammelten Tempo antraben.	
2.	C S	Linke Hand. Volte (8 m).	
3.	S-V	Schulterherein.	
4.	V-L L-S/H	Halbe Volte links (10 m). Nach links traversieren (zwischen S und H den Hufschlag erreichen).	
5.	H M R	Rechts um. Rechte Hand. Volte (8 m).	
6.	R-P	Schulterherein.	
7.	P-L L-R/M (M-C-H)	Halbe Volte rechts (10 m). Nach rechts traversieren (zwischen R und M den Hufschlag erreichen). (Der versammelte Trab)	
8.	H-P P	Im Mitteltrab durch die Bahn wechseln. Versammelter Trab.	
9.	 (P-F)	(Übergänge bei H und P) (Der versammelte Trab)	
10.	F (F-A-K)	Mittelschritt. (Der Mittelschritt)	2
11.	K-B B	Im starken Schritt durch die halbe Bahn wechseln. Mittelschritt.	2
12.	Vor R	Im versammelten Tempo links angaloppieren.	
13.	R-S S-P	Halber Zirkel. Durch die Bahn wechseln ohne Galoppwechsel.	
14.	P-V V-E	Halber Zirkel im Außengalopp. Außengalopp.	
15.	E	Einfacher Galoppwechsel.	

Druck: März 2015

			Koeffizient
16.	(E-H-C-M) M-P P	(Der versammelte Galopp) Mittelgalopp. Versammelter Galopp.	
17.		(Übergänge bei M und P)	
18.	(P-F-A-K-V) V-R	(Der versammelte Galopp) Durch die Bahn wechseln ohne Galoppwechsel.	
19.	R-S (S-E)	Halber Zirkel. (Der Außengalopp)	
20.	E	Einfacher Galoppwechsel.	
21.	(E-K-A) A P (P-L)	(Der versammelte Galopp) Versammelter Trab. Links um. (Der versammelte Trab)	
22.	L (L-V)	Halten, 5 Tritte rückwärtsrichten, daraus im versammelten Tempo antraben. (Der versammelte Trab)	
23.	V A X	Linke Hand. Auf die Mittellinie abwenden. Halten. Grüßen.	
		Im Mittelschritt am langen Zügel die Bahn verlassen.	

Gesamtnoten

24. Schritt (Takt, Fleiß, Raumgriff, Schreiten)	
25. Trab (Takt, Schwung, Rückentätigkeit, Engagement der Hinterhand, Raumgriff)	
26. Galopp (Takt, Durchsprung, Schwung, Rückentätigkeit, Bergauftendenz)	
27. Durchlässigkeit und Gehorsam des Pferdes (Aufmerksamkeit, Vertrauen, Harmonie, Losgelassenheit, Maultätigkeit, Anlehnung und relative Aufrichtung)	2
28. Sitz und Einwirkung des Reiters, Korrektheit bei Anwendung der Hilfen, Lektionen und Hufschlagfiguren	2

Abzüge

Strafpunkte für Verreiten/Auslassungen:

das 1. Mal bei Lektion Nr. ...... = 2 Punkte ____________

das 2. Mal bei Lektion Nr. .... = 4 Punkte ____________

das 3. Mal bei Lektion Nr. ...... = Ausschluss ____________

Gesamt: 320

Der Schwierigkeitsgrad der Aufgabe liegt zwischen den Klassen L und M.

Druck: März 2015

Michael Putz
Reiten mit
Verstand und Gefühl
Praxisbezogene Ausbildung für Reiter und Pferd
FNbuch

Michael Putz
Richtig Reiten
– eine Herausforderung
Problembezogene Ausbildung für Pferd und Reiter
FNbuch

2.11 Leitfaden Dressurprüfung der Klasse L* – Kür

Viereck 20 x 40 m – Dauer: 3½ bis 4 Minuten

A-Note (Ausführung)	
Pflichtlektionen	Bemerkungen
Mittelschritt (mind. 40 m zusammenhängend)	
Kurzkehrt rechts und/oder links	
Versammelter Trab	
Volte im Trab rechts und/oder links	
Mitteltrab	
Versammelter Galopp	
Volte im Galopp rechts	
Volte im Galopp links	
Mittelgalopp	
Außengalopp rechte Hand	
Außengalopp linke Hand	
Einfacher Galoppwechsel von rechts nach links	
Einfacher Galoppwechsel von links nach rechts	
Das Einreiten und das Halten zu Beginn und am Ende der Vorstellung	

Ausführung	**A-Note**	
Benötigte Zeit		

Abzüge von jeweils 0,5 Punkten von der Note
– für Auslassen von Lektionen und/oder Gangarten
Abzüge von jeweils 0,2 Punkten von der Note
– für Überziehen einer Pflichtlektion

Total für Ausführung	**A-Note**	

Druck: März 2015

B-Note (künstlerische Gestaltung)	
Allgemeiner Eindruck	Bemerkungen
Rhythmus, Energie und Elastizität in Grundgangarten und Tempi (Takt und Schwungentwicklung)	
Harmonie zwischen Reiter und Pferd (Sitz und Einwirkung des Reiters, Durchlässigkeit und Vertrauen des Pferdes)	
Choreografie (Gleichmäßige Einteilung des Vierecks, klare Linienführungen, Originalität, ideenreicher Inhalt)	
Schwierigkeitsgrad (Einhalten der Anforderungen, Angemessenheit von Risiko und Leistungsvermögen, Beachten der Grundsätze der klassischen Dressur)	
Musik, Gesamteindruck (Übereinstimmung der Bewegungsabläufe und Übergänge mit der Musik, Gesamteindruck der musikalischen Darbietung und dressurmäßigen Leistung)	

Künstlerische Gestaltung **B-Note** [ ]

Abzüge von 0,5 Punkten von der Note
- für Auslassen von Lektionen und/oder Gangarten ______
- für Zeigen einer Lektion einer höheren Klasse ______
- für Überziehen einer Pflichtlektion ______

Abzüge von 0,2 Punkten von der Note
- für Über- oder Unterschreiten des jeweiligen Zeitlimits ______

Total für künstlerische Gestaltung **B-Note** [ ]

Resultat

Total für Ausführung **A-Note** ___,___

Total für künstlerische Gestaltung + **B-Note** ___,___

= ___,___

: 2 x 10 = **Endresultat:** [%]

Druck: März 2015

2.12 Notenbogen Dressurprüfung der Klasse L* – Kür

Viereck 20 x 40 m – Dauer: 3½ bis 4 Minuten

A-Note (Ausführung)			
Pflichtlektionen	Note	Koeff.	Endnote
1. **Mittelschritt** (mind. 40 m zusammenhängend)		2	
2. **Kurzkehrt** rechts und/oder links			
3. **Versammelter Trab**			
4. **Volte im Trab** rechts und/oder links			
5. **Mitteltrab**			
6. **Versammelter Galopp**			
7. **Volte im Galopp rechts**			
8. **Volte im Galopp links**			
9. **Mittelgalopp**			
10. **Außengalopp** rechte Hand			
11. **Außengalopp** linke Hand			
12. **Einfacher Galoppwechsel** von rechts nach links			
13. **Einfacher Galoppwechsel** von links nach rechts			
14. **Das Einreiten und das Halten zu Beginn und am Ende der Vorstellung**			
Total für Ausführung (max. 150)		**A-Note**	
Benötigte Zeit			

– Auslassen einer Pflichtlektion/Gangart WN 0 für die Lektion/Gangart
– Überziehen einer Pflichtlektion WN < 5 für die Lektion

Druck: März 2015

B-Note (künstlerische Gestaltung)			
Allgemeiner Eindruck	Note	Koeff.	Endnote
15. **Rhythmus, Energie und Elastizität in Grundgangarten und Tempi** (Takt und Schwungentwicklung)		3	
16. **Harmonie zwischen Reiter und Pferd** (Sitz und Einwirkung des Reiters, Durchlässigkeit und Vertrauen des Pferdes)		3	
17. **Choreografie** (Gleichmäßige Einteilung des Vierecks, klare Linienführungen, Originalität, ideenreicher Inhalt)		3	
18. **Schwierigkeitsgrad** (Einhalten der Anforderungen, Angemessenheit von Risiko und Leistungsvermögen, Beachten der Grundsätze der klassischen Dressur)		3	
19. **Musik, Gesamteindruck** (Übereinstimmung der Bewegungsabläufe und Übergänge mit der Musik, Gesamteindruck der musikalischen Darbietung und dressurmäßigen Leistung)		3	

Ziffern 15 bis 19 halbe Noten erlaubt

Künstlerische Gestaltung **B-Note** ☐

Bei Auslassen bzw. Überziehen einer Pflichtlektion oder Zeigen einer Lektion einer höheren Klasse WN < 6 für Choreografie und Schwierigkeitsgrad

Abzüge von 2 Punkten von der Note
– für Über- oder Unterschreiten des jeweiligen Zeitlimits ______

Total für künstlerische Gestaltung (max. 150) **B-Note** ☐

Resultat

Total für Ausführung	**: 15**		**A-Note**	____,____
Total für künstlerische Gestaltung	**: 15**	+	**B-Note**	____,____
		=		____,____
	: 2 x 10	=	**Endresultat:**	%

Ausführliche Informationen zur Ausführung, Gestaltung und Bewertung von Küren sind in dem FN-Turniersport-Merkblatt „Dressurküren" enthalten.

Druck: März 2015

Notenbogen Dressurprüfung der Klasse L** – Kür

Viereck 20 x 60 m – Dauer: 4½ bis 5 Minuten

A-Note (Ausführung)			
Pflichtlektionen	Note	Koeff.	Endnote
1. **Mittelschritt** (mind. 40 m zusammenhängend)		2	
2. **Kurzkehrt** rechts und/oder links			
3. **Schulterherein rechts** (mind. 12 m) **(Versammelter Trab)**			
4. **Schulterherein links** (mind. 12 m) **(Versammelter Trab)**			
5. **Traversale nach rechts** **(Versammelter Trab)**			
6. **Traversale nach links** **(Versammelter Trab)**			
7. **Mitteltrab**			
8. **Außengalopp** (rechte Hand)			
9. **Außengalopp** (linke Hand)			
10. **Einfacher Galoppwechsel** von rechts nach links			
11. **Einfacher Galoppwechsel** von links nach rechts			
12. **Volte im Galopp** (8 m nach rechts und/oder links)			
13. **Mittelgalopp**			
14. **Das Einreiten und das Halten zu Beginn und am Ende der Vorstellung**			
Total für Ausführung (max. 150)		**A-Note**	
Benötigte Zeit			

– Auslassen einer Pflichtlektion/Gangart WN 0 für die Lektion/Gangart
– Überziehen einer Pflichtlektion WN < 5 für die Lektion

Druck: März 2015

B-Note (künstlerische Gestaltung)			
Allgemeiner Eindruck	Note	Koeff.	Endnote
15. **Rhythmus, Energie und Elastizität in Grundgangarten und Tempi** (Takt und Schwungentwicklung)		3	
16. **Harmonie zwischen Reiter und Pferd** (Sitz und Einwirkung des Reiters, Durchlässigkeit und Vertrauen des Pferdes)		3	
17. **Choreografie** (Gleichmäßige Einteilung des Vierecks, klare Linienführungen, Originalität, ideenreicher Inhalt)		3	
18. **Schwierigkeitsgrad** (Einhalten der Anforderungen, Angemessenheit von Risiko und Leistungsvermögen, Beachten der Grundsätze der klassischen Dressur)		3	
19. **Musik, Gesamteindruck** (Übereinstimmung der Bewegungsabläufe und Übergänge mit der Musik, Gesamteindruck der musikalischen Darbietung und dressurmäßigen Leistung)		3	

Ziffern 15 bis 19 halbe Noten erlaubt

Künstlerische Gestaltung **B-Note** ☐

Bei Auslassen bzw. Überziehen einer Pflichtlektion oder Zeigen einer Lektion einer höheren Klasse WN < 6 für Choreografie und Schwierigkeitsgrad

Abzüge von 2 Punkten von der Note
– für Über- oder Unterschreiten des jeweiligen Zeitlimits ______

Total für künstlerische Gestaltung (max. 150) **B-Note** ☐

Resultat

Total für Ausführung	**: 15**	**A-Note**	____,____
Total für künstlerische Gestaltung	**: 15 +**	**B-Note**	____,____
	=		____,____
	: 2 x 10 =	**Endresultat:**	%

Ausführliche Informationen zur Ausführung, Gestaltung und Bewertung von Küren sind in dem FN-Turniersport-Merkblatt „Dressurküren" enthalten.

Druck: März 2015

2.13 Dressurprüfungen der Klasse M Aufgaben M 1 bis M 11

Aufgabe M 1 (Nur für M*)

Viereck 20 x 40 m – Dauer: 4 Minuten

			Koeffizient
1.	A-X X X X-C	Einreiten im versammelten Trab. Halten. Grüßen. Im versammelten Tempo antraben. Versammelter Trab.	
2.	C M-B B-F-A	Rechte Hand. Schulterherein. Versammelter Trab.	
3.	A Zwischen D und X	Auf die Mittellinie abwenden. Volte rechts (8 m).	
4.	Aus der Volte bis M M-C-H	Nach rechts traversieren. Versammelter Trab.	
5.	H-E E-K-A	Schulterherein. Versammelter Trab.	
6.	A Zwischen D und X	Auf die Mittellinie abwenden. Volte links (8 m).	
7.	Aus der Volte bis H H-C-M	Nach links traversieren. Versammelter Trab.	
8.	M-X-K K	Mitteltrab. Versammelter Trab.	
9.	(K-A)	(Übergänge bei M und K) (Der versammelte Trab)	
10.	A	Kurzkehrt links, danach Mittelschritt.	
11.	A-K-E	Mittelschritt.	2
12.	E-M	Im starken Schritt durch die halbe Bahn wechseln.	2
13.	M-C C C-H	Mittelschritt. Im versammelten Tempo angaloppieren. Versammelter Galopp.	

Druck: März 2015

			Koeffizient
14.	H-K K	Mittelgalopp. Versammelter Galopp.	
15.	 (K-A-F)	(Übergänge bei H und K) (Der versammelte Galopp)	
16.	F-X-H H H-C-M	Versammelter Galopp. Fliegender Galoppwechsel. Versammelter Galopp.	2
17.	M-F F	Starker Galopp. Versammelter Galopp.	
18.	 (F-A-K)	(Übergänge bei M und F) (Der versammelte Galopp)	
19.	K-X-M X M-C	Versammelter Galopp. Fliegender Galoppwechsel. Versammelter Galopp.	2
20.	C-H H-X-F F	Versammelter Trab. Starker Trab. Versammelter Trab.	
21.	 (F-A)	(Übergänge bei C, H und F) (Der versammelte Trab)	
22.	A G	Auf die Mittellinie abwenden. Halten. Grüßen.	
		Im Mittelschritt am langen Zügel die Bahn verlassen.	

Gesamtnoten

23. Schritt (Takt, Fleiß, Raumgriff, Schreiten)	
24. Trab (Takt, Schwung, Rückentätigkeit, Engagement der Hinterhand, Raumgriff)	
25. Galopp (Takt, Durchsprung, Schwung, Rückentätigkeit, Bergauftendenz)	
26. Durchlässigkeit und Gehorsam des Pferdes (Aufmerksamkeit, Vertrauen, Harmonie, Losgelassenheit, Maultätigkeit, Anlehnung und relative Aufrichtung)	2
27. Sitz und Einwirkung des Reiters, Korrektheit bei Anwendung der Hilfen, Lektionen und Hufschlagfiguren	2

Abzüge

Strafpunkte für Verreiten/Auslassungen:

das 1. Mal bei Lektion Nr. ...... = 2 Punkte ____________

das 2. Mal bei Lektion Nr. .... = 4 Punkte ____________

das 3. Mal bei Lektion Nr. ...... = Ausschluss ____________

Gesamt 330

Druck: März 2015

Aufgabe M 2 (Nur für M*)

Viereck 20 x 40 m – Dauer: 4 Minuten

			Koeffizient
1.	A-X X X X-C	Einreiten im versammelten Trab. Halten. Grüßen. Im versammelten Tempo antraben. Versammelter Trab.	
2.	C H-X-F F-A-K	Linke Hand. Mitteltrab. Versammelter Trab.	
3.	K-E	Schulterherein.	
4.	E E-H-C-M	Volte (8 m). Versammelter Trab.	
5.	M-X-K K	Starker Trab. Versammelter Trab.	
6.	 (K-A-F)	(Übergänge bei M und K) (Der versammelte Trab)	
7.	F-B	Schulterherein.	
8.	B B-M-G	Volte (8 m). Versammelter Trab.	
9.	G	Halten. 5 Tritte rückwärtsrichten, daraus im Mittelschritt anreiten.	
10.	G-H-E	Mittelschritt.	2
11.	E-F	Im starken Schritt durch die halbe Bahn wechseln.	2
12.	F-A A A-K	Mittelschritt. Im versammelten Tempo antraben. Versammelter Trab.	
13.	Von K bis zur Mittellinie zwischen X und G C	Nach rechts traversieren. Danach geradeaus. Linke Hand.	
14.	Von H bis zur Mittellinie zwischen X und D A	Nach links traversieren. Danach geradeaus. Linke Hand.	

Druck: März 2015

			Koeffizient
15.	F F-M	Im versammelten Tempo angaloppieren. Versammelter Galopp.	
16.	Nach M B-(F)	Kehrtvolte (8 m). Außengalopp.	
17.	Vor F F-A-K	Fliegender Galoppwechsel. Versammelter Galopp.	2
18.	K-B B-M-C-H	Versammelter Galopp mit fliegendem Galoppwechsel beim Überreiten der Mittellinie. Versammelter Galopp.	2
19.	H-K K	Mittelgalopp. Versammelter Galopp.	
20.	 (K-A)	(Übergänge bei H und K) (Der versammelte Galopp)	
21.	A-F-B B-E E-K	Arbeitstrab. Halber Zirkel, dabei Zügel aus der Hand kauen lassen. Zügel wieder verkürzen.	
22.	A X	Auf die Mittellinie abwenden. Halten. Grüßen.	
		Im Mittelschritt am langen Zügel die Bahn verlassen.	

Gesamtnoten

23. Schritt (Takt, Fleiß, Raumgriff, Schreiten)	
24. Trab (Takt, Schwung, Rückentätigkeit, Engagement der Hinterhand, Raumgriff)	
25. Galopp (Takt, Durchsprung, Schwung, Rückentätigkeit, Bergauftendenz)	
26. Durchlässigkeit und Gehorsam des Pferdes (Aufmerksamkeit, Vertrauen, Harmonie, Losgelassenheit, Maultätigkeit, Anlehnung und relative Aufrichtung)	2
27. Sitz und Einwirkung des Reiters, Korrektheit bei Anwendung der Hilfen, Lektionen und Hufschlagfiguren	2

Abzüge

Strafpunkte für Verreiten/Auslassungen:

das 1. Mal bei Lektion Nr. ...... = 2 Punkte ____________

das 2. Mal bei Lektion Nr. .... = 4 Punkte ____________

das 3. Mal bei Lektion Nr. ...... = Ausschluss ____________

Gesamt 330

Druck: März 2015

Aufgabe M 3 (Nur für M*)

Viereck 20 x 40 m – Dauer: 4 Minuten

			Koeffizient
1.	A-X X X X-C	Einreiten im versammelten Trab. Halten. Grüßen. Im versammelten Tempo antraben. Versammelter Trab.	
2.	C H-E	Linke Hand. Schulterherein.	
3.	E-X X-B	Halbe Volte links (10 m). Halbe Volte rechts (10 m).	
4.	B-F	Schulterherein.	
5.	A Zwischen D und X bis M M-C-H	Auf die Mittellinie abwenden. Nach rechts traversieren. Versammelter Trab.	
6.	H-X-F F	Mitteltrab. Versammelter Trab.	
7.	 (F-A)	(Übergänge bei H und F) (Der versammelte Trab)	
8.	A-C C	Schlangenlinie entlang der Mittellinie, 3 Bögen, jeweils 5 m von der Mittellinie entfernt, mit dem Rechtsbogen beginnen, rechts beenden. Rechte Hand.	
9.	M-X-K K	Starker Trab. Versammelter Trab.	
10.	 (K-A)	(Übergänge bei M und K) (Der versammelte Trab)	
11.	A Zwischen D und X bis H H-C	Auf die Mittellinie abwenden. Nach links traversieren. Versammelter Trab.	
12.	C-M	Mittelschritt.	
13.	M-E	Im starken Schritt durch die halbe Bahn wechseln.	2

Druck: März 2015

			Koeffizient
14.	E-K-A	Mittelschritt.	
15.	A	Halten, 5 Tritte rückwärtsrichten, daraus im versammelten Tempo angaloppieren.	
16.	A-X-A	Auf dem Zirkel geritten, an der offenen Seite 2 bis 3 Pferdelängen überstreichen.	
17.	A-F-B-H-C-M	Versammelter Galopp. Beim Durchreiten der Mittellinie fliegender Galoppwechsel.	2
18.	M-F F	Mittelgalopp. Versammelter Galopp.	
19.	 (F-A-K)	(Übergänge bei M und F) (Der versammelte Galopp)	
20.	K-X-M X M-C-H	Versammelter Galopp. Fliegender Galoppwechsel. Versammelter Galopp.	2
21.	H-K K	Starker Galopp. Versammelter Galopp.	
22.	 (K-A)	(Übergänge bei H und K) (Der versammelte Galopp)	
23.	A X	Auf die Mittellinie abwenden. Halten. Grüßen.	
		Im Mittelschritt am langen Zügel die Bahn verlassen.	

Gesamtnoten

24. Schritt (Takt, Fleiß, Raumgriff, Schreiten)	
25. Trab (Takt, Schwung, Rückentätigkeit, Engagement der Hinterhand, Raumgriff)	
26. Galopp (Takt, Durchsprung, Schwung, Rückentätigkeit, Bergauftendenz)	
27. Durchlässigkeit und Gehorsam des Pferdes (Aufmerksamkeit, Vertrauen, Harmonie, Losgelassenheit, Maultätigkeit, Anlehnung und relative Aufrichtung)	2
28. Sitz und Einwirkung des Reiters, Korrektheit bei Anwendung der Hilfen, Lektionen und Hufschlagfiguren	2

Abzüge

Strafpunkte für Verreiten/Auslassungen:

das 1. Mal bei Lektion Nr. ...... = 2 Punkte ________

das 2. Mal bei Lektion Nr. .... = 4 Punkte ________

das 3. Mal bei Lektion Nr. ...... = Ausschluss ________

Gesamt 330

Druck: März 2015

Aufgabe M 4 (Nur für M*)

Viereck 20 x 40 m – Dauer: 4 Minuten

			Koeffizient
1.	A-X X X X-C	Einreiten im versammelten Trab. Halten. Grüßen. Im versammelten Tempo antraben. Versammelter Trab.	
2.	C H-X-F F-A-K	Linke Hand. Mitteltrab. Versammelter Trab.	
3.	K-E	Schulterherein.	
4.	E-X X-B	Halbe Volte rechts (10 m). Halbe Volte links (10 m).	
5.	B-M M-C-H	Travers. Versammelter Trab.	
6.	H-E	Schulterherein.	
7.	E-X X-B	Halbe Volte links (10 m). Halbe Volte rechts (10 m).	
8.	B-F F-A-K	Travers. Versammelter Trab.	
9.	K-X-M M	Starker Trab. Versammelter Trab.	
10.	 M-C-H-E-X	(Übergänge bei K und M) Versammelter Trab.	
11.	X	Kurzkehrt links.	
12.	X-E-H	Versammelter Trab.	
13.	H H-C-M	Im versammelten Tempo angaloppieren. Versammelter Galopp.	
14.	M-F Vor F	Mittelgalopp. Versammelter Galopp.	
15.	Nach F B-(M)	Kehrtvolte (8 m). Außengalopp.	
16.	Vor M M-C-H	Fliegender Galoppwechsel. Versammelter Galopp.	2
17.	H-K K	Mittelgalopp. Versammelter Galopp.	
18.	 (K-A)	(Übergänge bei H und K) (Der versammelte Galopp)	

Druck: März 2015

			Koeffizient
19.	A-F-B	Mittelschritt.	2
20.	B-H	Im starken Schritt durch die halbe Bahn wechseln.	2
21.	H-C C	Mittelschritt. Im versammelten Tempo angaloppieren.	
22.	C-M-B B-X	Versammelter Galopp. Halbe Volte (10 m).	
23.	X-(G) Zwischen X und G	Versammelter Galopp. Einfacher Galoppwechsel.	
24.	G-H H-E	Halbe Volte (10 m). Versammelter Galopp.	
25.	E-F	Durch die halbe Bahn wechseln. Beim Überreiten der Mittellinie fliegender Galoppwechsel.	2
26.	A X	Auf die Mittellinie abwenden. Halten. Grüßen.	
		Im Mittelschritt am langen Zügel die Bahn verlassen.	

Gesamtnoten

27. Schritt (Takt, Fleiß, Raumgriff, Schreiten)	
28. Trab (Takt, Schwung, Rückentätigkeit, Engagement der Hinterhand, Raumgriff)	
29. Galopp (Takt, Durchsprung, Schwung, Rückentätigkeit, Bergauftendenz)	
30. Durchlässigkeit und Gehorsam des Pferdes (Aufmerksamkeit, Vertrauen, Harmonie, Losgelassenheit, Maultätigkeit, Anlehnung und relative Aufrichtung)	2
31. Sitz und Einwirkung des Reiters, Korrektheit bei Anwendung der Hilfen, Lektionen und Hufschlagfiguren	2

Abzüge

Strafpunkte für Verreiten/Auslassungen:

das 1. Mal bei Lektion Nr. ...... = 2 Punkte ____________

das 2. Mal bei Lektion Nr. .... = 4 Punkte ____________

das 3. Mal bei Lektion Nr. ...... = Ausschluss ____________

Gesamt 370

Druck: März 2015

Aufgabe M 5 (Nur für M*)

Viereck 20 x 60 m – Dauer: etwa 4¾ Minuten

			Koeffizient
1.	A-X	Einreiten im versammelten Galopp.	
	X	Halten. Grüßen.	
	X	Im versammelten Tempo antraben.	
	X-C	Versammelter Trab.	
2.	C	Rechte Hand.	
	M-X-K	Mitteltrab.	
	K-A-F	Versammelter Trab.	
3.	F-X	Nach links traversieren.	
4.	X	Volte links (8 m).	
5.	X-G	Schulterherein links.	
	G	Geradeaus.	
	C	Linke Hand.	
	(C-H)	(Der versammelte Trab)	
6.	H-X-F	Starker Trab.	
	F	Versammelter Trab.	
7.		(Die Übergänge bei H und F)	
	(F-A-K)	(Der versammelte Trab)	
8.	K-X	Nach rechts traversieren.	
9.	X	Volte rechts (8 m).	
10.	X-G	Schulterherein rechts.	
	G	Geradeaus.	
	C	Rechte Hand.	
	(C-M)	(Der versammelte Trab)	
11.	M	Im versammelten Tempo angaloppieren.	
	M-F	Versammelter Galopp.	
12.	Nach F	Kehrtvolte (8 m).	
13.	(P-M-C)	(Der Außengalopp)	
14.	C	Fliegender Galoppwechsel.	2
	C-H-E-X	Versammelter Galopp.	
15.	E	Links um.	
	X	Fliegender Galoppwechsel.	2
	B	Rechte Hand.	
16.	(B-F-A-K)	(Der versammelte Galopp)	
	K-X-M	Mittelgalopp, dabei überstreichen.	
	M	Versammelter Galopp.	

Druck: März 2015

			Koeffizient
17.	(M-C-H)	(Der Außengalopp)	
18.	H (H-E-H)	Versammelter Trab. (Der versammelte Trab)	
19.	E	Kurzkehrt links.	
20.	H (H-C-M)	Mittelschritt. (Der Mittelschritt)	
21.	M-X-K	Starker Schritt.	2
22.	K A (K-A-D)	Mittelschritt. Auf die Mittellinie abwenden. (Der Mittelschritt)	
23.	D G	Im versammelten Tempo antraben. Halten. Grüßen.	
		Im Mittelschritt am langen Zügel die Bahn verlassen.	

Gesamtnoten

24. Schritt (Takt, Fleiß, Raumgriff, Schreiten)	
25. Trab (Takt, Schwung, Rückentätigkeit, Engagement der Hinterhand, Raumgriff)	
26. Galopp (Takt, Durchsprung, Schwung, Rückentätigkeit, Bergauftendenz)	
27. Durchlässigkeit und Gehorsam des Pferdes (Aufmerksamkeit, Vertrauen, Harmonie, Losgelassenheit, Maultätigkeit, Anlehnung und relative Aufrichtung)	2
28. Sitz und Einwirkung des Reiters, Korrektheit bei Anwendung der Hilfen, Lektionen und Hufschlagfiguren	2

Abzüge
Strafpunkte für Verreiten/Auslassungen:

das 1. Mal bei Lektion Nr. ...... = 2 Punkte ____________
das 2. Mal bei Lektion Nr. .... = 4 Punkte ____________
das 3. Mal bei Lektion Nr. ...... = Ausschluss ____________

Gesamt 330

Druck: März 2015

Aufgabe M 6 (Nur für M*)

Viereck 20 x 60 m – Dauer: etwa 4¼ Minuten

			Koeffizient
1.	A-X X X X-C	Einreiten im versammelten Galopp. Halten. Grüßen. Im versammelten Tempo antraben. Versammelter Trab.	
2.	C M-B	Rechte Hand. Schulterherein.	
3.	B-X X-E	Halbe Volte rechts (10 m). Halbe Volte links (10 m).	
4.	E-K K-A-F	Schulterherein. Versammelter Trab.	
5.	F-P P-V V K	Arbeitstrab. Halber Zirkel, dabei Zügel aus der Hand kauen lassen. Zügel wieder verkürzen. Versammelter Trab.	
6.	Nach A Zwischen D und F	Auf die Viertellinie abwenden. Nach links traversieren bis zur Viertellinie zwischen X und E.	
7.	Von der Viertellinie zwischen X und E	Nach rechts traversieren bis zur Viertellinie zwischen G und M. Danach geradeaus. Linke Hand.	
8.	H-P P	Starker Trab. Versammelter Trab.	
9.	 (P-F-D)	(Übergänge bei H und P) (Der versammelte Trab)	
10.	D	Halten. 5 Tritte rückwärtsrichten, daraus anreiten im Mittelschritt.	
11.	D-K-L-B	Mittelschritt.	
12.	B-I-H	Starker Schritt.	2
13.	H-C	Mittelschritt.	
14.	C C-M-R	Im versammelten Tempo angaloppieren. Versammelter Galopp.	
15.	R B (R-B-X)	Volte (8 m). Rechts um. (Der versammelte Galopp)	

Druck: März 2015

			Koeffizient
16.	X E (E-V)	Fliegender Galoppwechsel. Links um. (Der versammelte Galopp)	2
17.	V (V-K-A-F)	Volte (8 m). (Der versammelte Galopp)	
18.	F-L-E	Versammelter Galopp.	
19.	L (E-H-C-M)	Fliegender Galoppwechsel. (Der versammelte Galopp)	2
20.	M-X-K	Mittelgalopp.	
21.	K	Versammelter Galopp und fliegender Galoppwechsel.	2
22.	A X	Auf die Mittellinie abwenden. Halten. Grüßen.	
		Im Mittelschritt am langen Zügel die Bahn verlassen.	

Gesamtnoten

23. Schritt (Takt, Fleiß, Raumgriff, Schreiten)	
24. Trab (Takt, Schwung, Rückentätigkeit, Engagement der Hinterhand, Raumgriff)	
25. Galopp (Takt, Durchsprung, Schwung, Rückentätigkeit, Bergauftendenz)	
26. Durchlässigkeit und Gehorsam des Pferdes (Aufmerksamkeit, Vertrauen, Harmonie, Losgelassenheit, Maultätigkeit, Anlehnung und relative Aufrichtung)	2
27. Sitz und Einwirkung des Reiters, Korrektheit bei Anwendung der Hilfen, Lektionen und Hufschlagfiguren	2

Abzüge
Strafpunkte für Verreiten/Auslassungen:
das 1. Mal bei Lektion Nr. ...... = 2 Punkte ____________
das 2. Mal bei Lektion Nr. .... = 4 Punkte ____________
das 3. Mal bei Lektion Nr. ...... = Ausschluss ____________

Gesamt 330

Druck: März 2015

Aufgabe M 7 (Nur für M**)

Viereck 20 x 40 m – Dauer: 4 Minuten

			Koeffizient
1.	A-X X X X-C	Einreiten im versammelten Galopp. Halten. Grüßen. Im versammelten Tempo antraben. Versammelter Trab.	
2.	C H-E	Linke Hand. Schulterherein.	
3.	E-X X-B	Halbe Volte links (10 m). Halbe Volte rechts (10 m).	
4.	B-F F-A	Schulterherein. Versammelter Trab.	
5.	A Zwischen D und X bis M M-C-H	Auf die Mittellinie abwenden. Nach rechts traversieren. Versammelter Trab.	
6.	H H-B	Starker Schritt. Im starken Schritt durch die halbe Bahn wechseln.	2
7.	B-K	Im versammelten Schritt durch die halbe Bahn wechseln.	2
8.	K A Zwischen D und X bis H H-C-M	Im versammelten Tempo antraben. Auf die Mittellinie abwenden. Nach links traversieren. Versammelter Trab.	
9.	M-X-K K	Starker Trab. Versammelter Trab.	
10.	 (K-A)	(Übergänge bei M und K) (Der versammelte Trab)	
11.	A A-F	Im versammelten Tempo angaloppieren. Versammelter Galopp.	
12.	F-X-H	Mittelgalopp.	
13.	H H-C-M	Versammelter Galopp und fliegender Galoppwechsel. Versammelter Galopp.	

Druck: März 2015

			Koeffizient
14.	M-E	Ohne Galoppwechsel durch die halbe Bahn wechseln.	
15.	E-B B-M	Halber Zirkel (20 m). Beim Durchreiten der Mittellinie fliegender Galoppwechsel. Versammelter Galopp.	
16.	Nach M B-F	Kehrtvolte (8 m). Außengalopp.	
17.	F (F-A-K)	Fliegender Galoppwechsel. (Der versammelte Galopp)	
18.	K-X-M	Starker Galopp.	
19.	M	Versammelter Galopp und fliegender Galoppwechsel.	
20.	C H-X-F F	Versammelter Trab. Starker Trab. Versammelter Trab.	
21.	 (F-A)	(Übergänge bei C, H und F) (Der versammelte Trab)	
22.	A X	Auf die Mittellinie abwenden. Halten. Grüßen.	
		Im Mittelschritt am langen Zügel die Bahn verlassen.	

Gesamtnoten

23. Schritt (Takt, Fleiß, Raumgriff, Schreiten)	
24. Trab (Takt, Schwung, Rückentätigkeit, Engagement der Hinterhand, Raumgriff)	
25. Galopp (Takt, Durchsprung, Schwung, Rückentätigkeit, Bergauftendenz)	
26. Durchlässigkeit und Gehorsam des Pferdes (Aufmerksamkeit, Vertrauen, Harmonie, Losgelassenheit, Maultätigkeit, Anlehnung und relative Aufrichtung)	2
27. Sitz und Einwirkung des Reiters, Korrektheit bei Anwendung der Hilfen, Lektionen und Hufschlagfiguren	2

Abzüge
Strafpunkte für Verreiten/Auslassungen:
das 1. Mal bei Lektion Nr. ...... = 2 Punkte ____________
das 2. Mal bei Lektion Nr. .... = 4 Punkte ____________
das 3. Mal bei Lektion Nr. ...... = Ausschluss ____________

Gesamt 310

Druck: März 2015

Aufgabe M 8 (Nur für M**)

Viereck 20 x 60 m – Dauer: 4 Minuten

			Koeffizient
1.	A-X X X X-C	Einreiten im versammelten Galopp. Halten. Grüßen. Im versammelten Tempo antraben. Versammelter Trab.	
2.	C S	Linke Hand. Volte (8 m).	
3.	S-V	Schulterherein.	
4.	V-L L-S H	Halbe Volte links (10 m). Nach links traversieren. Rechts um.	
5.	M R-K K-A	Rechts um. Mitteltrab. Versammelter Trab.	
6.	A (A-F-P)	Mittelschritt. (Der Mittelschritt)	
7.	P-X-S	Starker Schritt.	2
8.	S H Zwischen G und M	Versammelter Schritt. Rechts um. Halbe Pirouette rechts.	
9.	Zwischen G und H	 Halbe Pirouette links.	
10.	(S-H- G(M)- G(H)-G)	(Der versammelte Schritt)	2
11.	G M R	Im versammelten Tempo antraben. Rechts um. Volte (8 m).	
12.	R-P	Schulterherein.	
13.	P-L L-R R-M-C	Halbe Volte rechts (10 m). Nach rechts traversieren. Versammelter Trab.	
14.	C C-H	Im versammelten Tempo angaloppieren. Versammelter Galopp.	

Druck: März 2015

			Koeffizient
15.	H-X-F	Mittelgalopp.	
16.	F	Versammelter Galopp und fliegender Galoppwechsel.	
17. bis 20.	A-C	Schlangenlinie durch die Bahn 4 Bögen mit fliegendem Galoppwechsel beim Durchreiten der Mittellinie, links beenden.	
		17. Erster fliegender Galoppwechsel.	
		18. Zweiter fliegender Galoppwechsel.	
		19. Dritter fliegender Galoppwechsel.	
		20. A-C Versammelter Galopp.	
21.	C H-X-F F	Versammelter Trab. Starker Trab. Versammelter Trab.	
22.	 (F-A)	(Übergänge bei C, H und F) (Der versammelte Trab)	
23.	A I	Auf die Mittellinie abwenden. Halten. Grüßen.	
		Im Mittelschritt am langen Zügel die Bahn verlassen.	

Gesamtnoten

24. Schritt (Takt, Fleiß, Raumgriff, Schreiten)	
25. Trab (Takt, Schwung, Rückentätigkeit, Engagement der Hinterhand, Raumgriff)	
26. Galopp (Takt, Durchsprung, Schwung, Rückentätigkeit, Bergauftendenz)	
27. Durchlässigkeit und Gehorsam des Pferdes (Aufmerksamkeit, Vertrauen, Harmonie, Losgelassenheit, Maultätigkeit, Anlehnung und relative Aufrichtung)	2
28. Sitz und Einwirkung des Reiters, Korrektheit bei Anwendung der Hilfen, Lektionen und Hufschlagfiguren	2

Abzüge

Strafpunkte für Verreiten/Auslassungen:

das 1. Mal bei Lektion Nr. ...... = 2 Punkte ____________
das 2. Mal bei Lektion Nr. .... = 4 Punkte ____________
das 3. Mal bei Lektion Nr. ...... = Ausschluss ____________

Gesamt 320

Druck: März 2015

Aufgabe M 9 (Nur für M**)

Viereck 20 x 60 m – Dauer: 4 Minuten

			Koeffizient
1.	A-X X X X-C	Einreiten im versammelten Galopp. Halten. Grüßen. Im versammelten Tempo antraben. Versammelter Trab.	
2.	C M-B	Rechte Hand. Schulterherein.	
3.	B	Volte (8 m).	
4.	B-L-K K-A	Mitteltrab. Versammelter Trab.	
5.	A D-G C	Auf die Mittellinie abwenden. 3 Traversalverschiebungen nach links und rechts 5–10–5 m, links beenden. Linke Hand.	2
6.	H-E	Schulterherein.	
7.	E	Volte (8 m).	
8.	E-L-F F-A	Mitteltrab. Versammelter Trab.	
9.	A A-K	Halten. 5 Tritte rückwärtsrichten, daraus im versammelten Tempo antraben. Versammelter Trab.	
10.	K-X-M M	Starker Trab. Versammelter Trab.	
11.	 (M-C)	(Übergänge bei K und M) (Der versammelte Trab)	
12.	C C-H-S	Mittelschritt. Mittelschritt.	
13.	S-X-P	Starker Schritt.	2
14.	P-F-D	Versammelter Schritt.	
15.	D K	Im versammelten Tempo rechts angaloppieren. Rechte Hand.	
16.	E E-X X X-B	Rechts um. Versammelter Galopp. Fliegender Galoppwechsel. Versammelter Galopp.	

Druck: März 2015

			Koeffizient
17.	B B-M-C-H	Linke Hand. Versammelter Galopp.	
18.	H-X-F	Starker Galopp.	
19.	F	Versammelter Galopp und fliegender Galoppwechsel.	
20.	A L	Auf die Mittellinie abwenden. Volte rechts (8 m).	
21.	X	Fliegender Galoppwechsel.	
22.	I	Volte links (8 m).	
23.	G	Fliegender Galoppwechsel.	
24.	C M-F F	Rechte Hand. Mittelgalopp. Versammelter Galopp.	
25.	A L	Auf die Mittellinie abwenden. Halten. Grüßen.	
		Im Mittelschritt am langen Zügel die Bahn verlassen.	

Gesamtnoten	
26. Schritt (Takt, Fleiß, Raumgriff, Schreiten)	
27. Trab (Takt, Schwung, Rückentätigkeit, Engagement der Hinterhand, Raumgriff)	
28. Galopp (Takt, Durchsprung, Schwung, Rückentätigkeit, Bergauftendenz)	
29. Durchlässigkeit und Gehorsam des Pferdes (Aufmerksamkeit, Vertrauen, Harmonie, Losgelassenheit, Maultätigkeit, Anlehnung und relative Aufrichtung)	2
30. Sitz und Einwirkung des Reiters, Korrektheit bei Anwendung der Hilfen, Lektionen und Hufschlagfiguren	2

Abzüge

Strafpunkte für Verreiten/Auslassungen:

das 1. Mal bei Lektion Nr. ...... = 2 Punkte ____________
das 2. Mal bei Lektion Nr. .... = 4 Punkte ____________
das 3. Mal bei Lektion Nr. ...... = Ausschluss ____________

Gesamt 340

Druck: März 2015

Aufgabe M 10 (Nur für M**)

Viereck 20 x 60 m – Dauer: 5 Minuten

			Koeffizient
1.	A-X X X X-C	Einreiten im versammelten Galopp. Halten. Grüßen. Im versammelten Tempo antraben. Versammelter Trab.	
2.	C H-X-F F	Linke Hand. Mitteltrab. Versammelter Trab.	
3.	 (F-A-K)	(Übergänge bei H und F) (Der versammelte Trab)	
4.	K-E	Schulterherein.	
5.	E	Volte (8 m).	
6.	E-G G C	Nach rechts traversieren. Geradeaus. Rechte Hand.	
7.	M-R R-S-H Zwischen S und H H-C-M	Arbeitstrab. Halber Zirkel (20 m), dabei Zügel aus der Hand kauen lassen. Zügel wieder verkürzen. Versammelter Trab.	
8.	M-X-K K	Starker Trab. Versammelter Trab.	
9.	 (K-A-F)	(Übergänge bei M und K) (Der versammelte Trab)	
10.	F-B	Schulterherein.	
11.	B	Volte (8 m).	
12.	B-G G	Nach links traversieren. Geradeaus.	
13.	Vor C C C-H-S	Mittelschritt. Linke Hand. Mittelschritt.	
14.	S-P	Starker Schritt.	2
15.	P-F-A	Versammelter Schritt.	
16.	A	Halten. 5 Tritte rückwärtsrichten, daraus im versammelten Tempo rechts angaloppieren.	

Druck: März 2015

			Koeffizient
17.	A-K K-X X-I	Versammelter Galopp. Nach rechts traversieren. Geradeaus.	
18.	I C	Fliegender Galoppwechsel. Linke Hand.	
19.	H-P	Mittelgalopp.	
20.	P	Versammelter Galopp und fliegender Galoppwechsel.	
21.	F-D D Zwischen D und L L-V V-K-A-F	Halbe Volte rechts (10 m). Geradeaus. Einfacher Galoppwechsel. Halbe Volte links (10 m). Versammelter Galopp.	
22.	F-X X-I	Nach links traversieren. Geradeaus.	
23.	I C	Fliegender Galoppwechsel. Rechte Hand.	
24.	M-X-K	Starker Galopp.	
25.	K K-A	Versammelter Galopp und fliegender Galoppwechsel. Versammelter Galopp.	
26.	A L	Auf die Mittellinie abwenden. Halten. Grüßen.	
		Im Mittelschritt am langen Zügel die Bahn verlassen.	

Gesamtnoten

27. Schritt (Takt, Fleiß, Raumgriff, Schreiten)	
28. Trab (Takt, Schwung, Rückentätigkeit, Engagement der Hinterhand, Raumgriff)	
29. Galopp (Takt, Durchsprung, Schwung, Rückentätigkeit, Bergauftendenz)	
30. Durchlässigkeit und Gehorsam des Pferdes (Aufmerksamkeit, Vertrauen, Harmonie, Losgelassenheit, Maultätigkeit, Anlehnung und relative Aufrichtung)	2
31. Sitz und Einwirkung des Reiters, Korrektheit bei Anwendung der Hilfen, Lektionen und Hufschlagfiguren	2

Abzüge

Strafpunkte für Verreiten/Auslassungen:

das 1. Mal bei Lektion Nr. ...... = 2 Punkte ______

das 2. Mal bei Lektion Nr. .... = 4 Punkte ______

das 3. Mal bei Lektion Nr. ...... = Ausschluss ______

Gesamt 340

Druck: März 2015

Aufgabe M 11 (Nur für M**)

Viereck 20 x 60 m – Dauer: 5 Minuten

			Koeffizient
1.	A-X X X X-C	Einreiten im versammelten Galopp. Halten. Grüßen. Im versammelten Tempo antraben. Versammelter Trab.	
2.	C H-P P	Linke Hand. Mitteltrab. Versammelter Trab.	
3.	 (P-A)	(Übergänge bei H und P) (Der versammelte Trab)	
4.	A D-G C	Auf die Mittellinie abwenden. 3 Traversalverschiebungen nach rechts und links zu 5–10–5 m, rechts beenden. Rechte Hand.	2
5.	M-X-K K	Starker Trab. Versammelter Trab.	
6.	 (K-A)	(Übergänge bei M und K) (Der versammelte Trab)	
7.	A A-F-V	Mittelschritt. Mittelschritt.	
8.	V-X-R	Starker Schritt.	2
9.	R M Zwischen G und H	Versammelter Schritt. Links um. Halbe Pirouette links.	
10.	Zwischen G und M	Halbe Pirouette rechts.	
11.	(R-M-G-(H)-(M)-G)	(Der versammelte Schritt)	2
12.	G H	Im versammelten Tempo links angaloppieren. Linke Hand.	
13.	S-K K-A	Mittelgalopp. Versammelter Galopp.	
14.	A L L-S	Auf die Mittelinie abwenden. Volte links (8 m). Nach links traversieren.	
15.	H H-C-M	Fliegender Galoppwechsel. Versammelter Galopp.	

Druck: März 2015

			Koeffizient
16.	M-F F	Starker Galopp. Versammelter Galopp.	
17.	 (F-A)	(Übergänge bei M und F) (Der versammelte Galopp)	
18.	A L L-R	Auf die Mittellinie abwenden. Volte rechts (8 m). Nach rechts traversieren.	
19.	M M-C-H	Fliegender Galoppwechsel. Versammelter Galopp.	
20. bis 23.	H-X-F	Versammelter Galopp mit 3 fliegenden Galoppwechseln (Sprungzahl beliebig).	
20.	Kurz nach H	Erster fliegender Galoppwechsel.	
21.	Bei X	Zweiter fliegender Galoppwechsel.	
22.	Kurz vor F	Dritter fliegender Galoppwechsel.	
23.	(H-X-F)	(Der versammelte Galopp)	
24.	A X	Auf die Mittellinie abwenden. Halten. Grüßen.	
		Im Mittelschritt am langen Zügel die Bahn verlassen.	

Gesamtnoten

25. Schritt (Takt, Fleiß, Raumgriff, Schreiten)	
26. Trab (Takt, Schwung, Rückentätigkeit, Engagement der Hinterhand, Raumgriff)	
27. Galopp (Takt, Durchsprung, Schwung, Rückentätigkeit, Bergauftendenz)	
28. Durchlässigkeit und Gehorsam des Pferdes (Aufmerksamkeit, Vertrauen, Harmonie, Losgelassenheit, Maultätigkeit, Anlehnung und relative Aufrichtung)	2
29. Sitz und Einwirkung des Reiters, Korrektheit bei Anwendung der Hilfen, Lektionen und Hufschlagfiguren	2

Abzüge
Strafpunkte für Verreiten/Auslassungen:
das 1. Mal bei Lektion Nr. ...... = 2 Punkte ____________
das 2. Mal bei Lektion Nr. .... = 4 Punkte ____________
das 3. Mal bei Lektion Nr. ...... = Ausschluss ____________

Gesamt 340

Druck: März 2015

2.14 Leitfaden Dressurprüfung der Klasse M* – Kür

Viereck 20 x 40 m – Dauer: 3½ bis 4 Minuten
Viereck 20 x 60 m – Dauer: 4½ bis 5 Minuten

A-Note (Ausführung)	
Pflichtlektionen	Bemerkungen
Mittelschritt (mind. 40 m zusammenhängend)	
Kurzkehrt rechts und/oder links	
Versammelter Trab	
Starker Trab	
Schulterherein rechts (mind. 12 m)	
Schulterherein links (mind. 12 m)	
Traversale rechts	
Traversale links	
Versammelter Galopp	
Starker Galopp	
Fliegender Galoppwechsel von rechts nach links	
Fliegender Galoppwechsel von links nach rechts	
Das Einreiten und das Halten zu Beginn und am Ende der Vorstellung	

Ausführung	**A-Note**	
Benötigte Zeit		

Abzüge von jeweils 0,5 Punkten von der Note
– für Auslassen von Lektionen und/oder Gangarten

Abzüge von jeweils 0,2 Punkten von der Note
– für Überziehen einer Pflichtlektion

Total für Ausführung	**A-Note**	

Druck: März 2015

B-Note (künstlerische Gestaltung)	
Allgemeiner Eindruck	Bemerkungen
Rhythmus, Energie und Elastizität in Grundgangarten und Tempi (Takt und Schwungentwicklung)	
Harmonie zwischen Reiter und Pferd (Sitz und Einwirkung des Reiters, Durchlässigkeit und Vertrauen des Pferdes)	
Choreografie (Gleichmäßige Einteilung des Vierecks, klare Linienführungen, Originalität, ideenreicher Inhalt)	
Schwierigkeitsgrad (Einhalten der Anforderungen, Angemessenheit von Risiko und Leistungsvermögen, Beachten der Grundsätze der klassischen Dressur)	
Musik, Gesamteindruck (Übereinstimmung der Bewegungsabläufe und Übergänge mit der Musik, Gesamteindruck der musikalischen Darbietung und dressurmäßigen Leistung)	

Künstlerische Gestaltung **B-Note** ☐

Abzüge von 0,5 Punkten von der Note
- für Auslassen von Lektionen und/oder Gangarten ______
- für Zeigen einer Lektion einer höheren Klasse ______
- für Überziehen einer Pflichtlektion ______

Abzüge von 0,2 Punkten von der Note
- für Über- oder Unterschreiten des jeweiligen Zeitlimits ______

Total für künstlerische Gestaltung **B-Note** ☐

Resultat

Total für Ausführung **A-Note** ______,______

Total für künstlerische Gestaltung + **B-Note** ______,______

= ______,______

: 2 x 10 = **Endresultat:** ☐ %

Druck: März 2015

2.15 Notenbogen Dressurprüfung der Klasse M* – Kür

Viereck 20 x 40 m – Dauer: 3½ bis 4 Minuten
Viereck 20 x 60 m – Dauer: 4½ bis 5 Minuten

A-Note (Ausführung)			
Pflichtlektionen	Noten	Koeff.	Endnote
1. **Mittelschritt** (mind. 40 m zusammenhängend)		2	
2. **Kurzkehrt** rechts und/oder links			
3. **Schulterherein rechts** (mind. 12 m) **(Versammelter Trab)**			
4. **Schulterherein links** (mind. 12 m) **(Versammelter Trab)**			
5. **Traversale nach rechts** **(Versammelter Trab)**			
6. **Traversale nach links** **(Versammelter Trab)**			
7. **Starker Trab**			
8. **Versammelter Galopp**			
9. **Starker Galopp**			
10. **Fliegender Galoppwechsel** von rechts nach links		2	
11. **Fliegender Galoppwechsel** von links nach rechts		2	
12. **Das Einreiten und das Halten zu Beginn und am Ende der Vorstellung**			
Total für Ausführung (max. 150)		**A-Note**	
Benötigte Zeit			

– Auslassen einer Pflichtlektion/Gangart WN 0 für die Lektion/Gangart
– Überziehen einer Pflichtlektion WN < 5 für die Lektion

Druck: März 2015

B-Note (künstlerische Gestaltung)			
Allgemeiner Eindruck	Noten	Koeff.	Endnote
13. **Rhythmus, Energie und Elastizität in Grundgangarten und Tempi** (Takt und Schwungentwicklung)		3	
14. **Harmonie zwischen Reiter und Pferd** (Sitz und Einwirkung des Reiters, Durchlässigkeit und Vertrauen des Pferdes)		3	
15. **Choreografie** (Gleichmäßige Einteilung des Vierecks, klare Linienführungen, Originalität, ideenreicher Inhalt)		3	
16. **Schwierigkeitsgrad** (Einhalten der Anforderungen, Angemessenheit von Risiko und Leistungsvermögen, Beachten der Grundsätze der klassischen Dressur)		3	
17. **Musik, Gesamteindruck** (Übereinstimmung der Bewegungsabläufe und Übergänge mit der Musik, Gesamteindruck der musikalischen Darbietung und dressurmäßigen Leistung)		3	

Ziffern 13 bis 17 halbe Noten erlaubt

Künstlerische Gestaltung **B-Note** [ ]

Bei Auslassen bzw. Überziehen einer Pflichtlektion oder Zeigen einer Lektion einer höheren Klasse WN < 6 für Choreografie und Schwierigkeitsgrad

Abzüge von 2 Punkten von der Note
– für Über- oder Unterschreiten des jeweiligen Zeitlimits ______

Total für künstlerische Gestaltung (max. 150) **B-Note** [ ]

Resultat

Total für Ausführung **: 15** **A-Note** ____,____

Total für künstlerische Gestaltung **: 15** + **B-Note** ____,____

= ____,____

: 2 x 10 = **Endresultat:** [%]

Ausführliche Informationen zur Ausführung, Gestaltung und Bewertung von Küren sind in dem FN-Turniersport-Merkblatt „Dressurküren" enthalten.

Druck: März 2015

2.16 Notenbogen Dressurprüfung der Klasse M** – Kür/analog Internationale Junioren-Kür

Viereck 20 x 60 m – Dauer: 4½ bis 5 Minuten

A-Note (Ausführung)			
Pflichtlektionen	Noten	Koeff.	Endnote
1. **Versammelter Schritt** (mind. 20 m)			
2. **Halbe Schrittpirouette** nach rechts und/oder links			
3. **Starker Schritt** (mind. 20 m)			
4. **Versammelter Trab**			
5. **Schulterherein rechts** (mind. 12 m) **(Versammelter Trab)**			
6. **Schulterherein links** (mind. 12 m) **(Versammelter Trab)**			
7. **Traversale nach rechts*** **(Versammelter Trab)**		2	
8. **Traversale nach links*** **(Versammelter Trab)**		2	
9. **Starker Trab**			
10. **Versammelter Galopp**			
11. **Traversale nach rechts**** **(Versammelter Galopp)**			
12. **Traversale nach links**** **(Versammelter Galopp)**			
13. **Fliegender Galoppwechsel** von rechts nach links		2	
14. **Fliegender Galoppwechsel** von links nach rechts		2	
15. **Starker Galopp**			
16. **Das Einreiten und das Halten zu Beginn und am Ende der Vorstellung**			

Total für Ausführung (max. 200) **A-Note**

Benötigte Zeit

- Auslassen einer Pflichtlektion/Gangart WN 0 für die Lektion/Gangart
- Überziehen einer Pflichtlektion WN < 5 für die Lektion

* Trabtraversalen mit mehreren Richtungswechseln erlaubt!
** Galopptraversalen mit jeweils einem Richtungswechsel erlaubt!

Druck: März 2015

B-Note (künstlerische Gestaltung)			
Allgemeiner Eindruck	Noten	Koeff.	Endnote
17. **Rhythmus, Energie und Elastizität in Grundgangarten und Tempi** (Takt und Schwungentwicklung)		4	
18. **Harmonie zwischen Reiter und Pferd** (Sitz und Einwirkung des Reiters, Durchlässigkeit und Vertrauen des Pferdes)		4	
19. **Choreografie** (Gleichmäßige Einteilung des Vierecks, klare Linienführungen, Originalität, ideenreicher Inhalt)		4	
20. **Schwierigkeitsgrad** (Einhalten der Anforderungen, Angemessenheit von Risiko und Leistungsvermögen, Beachten der Grundsätze der klassischen Dressur)		4	
21. **Musik, Gesamteindruck** (Übereinstimmung der Bewegungsabläufe und Übergänge mit der Musik, Gesamteindruck der musikalischen Darbietung und dressurmäßigen Leistung)		4	

Ziffern 17 bis 21 halbe Noten erlaubt

Künstlerische Gestaltung **B-Note** ☐

Bei Auslassen bzw. Überziehen einer Pflichtlektion oder Zeigen einer Lektion einer höheren Klasse WN < 6 für Choreografie und Schwierigkeitsgrad

Abzüge von 2 Punkten von der Note
– für Über- oder Unterschreiten des jeweiligen Zeitlimits ______

Total für künstlerische Gestaltung (max. 200) **B-Note** ☐

Resultat

Total für Ausführung **: 20** **A-Note** ____,____

Total für künstlerische Gestaltung **: 20** + **B-Note** ____,____

= ____,____

: 2 x 10 = **Endresultat:** ☐ %

Ausführliche Informationen zur Ausführung, Gestaltung und Bewertung von Küren sind in dem FN-Turniersport-Merkblatt „Dressurküren" enthalten.

Druck: März 2015

2.17 Dressurprüfungen der Klasse S Aufgaben S 1 bis S 11

Aufgabe S 1 (Nur für S*)

Viereck 20 x 40 m – Dauer: etwa 4 Minuten, 50 Sekunden

			Koeffizient
1.	A-X X X X-C	Einreiten im versammelten Galopp. Halten. Grüßen. Im versammelten Tempo antraben. Versammelter Trab.	
2.	C H-X-F F	Linke Hand. Starker Trab. Versammelter Trab.	
3.	 F-A	Übergänge bei H und F. Versammelter Trab.	
4.	A D	Auf die Mittellinie abwenden. Volte rechts (8 m).	
5.	D bis zwischen B und M	Nach rechts traversieren.	2
6.	C H Zwischen G und M	Versammelter Schritt. Links um. Halbe Pirouette links.	
7.	Zwischen G und H	Halbe Pirouette rechts.	
8.	C-H-(M)-(H)-G-M	Versammelter Schritt.	2
9.	M-E	Im starken Schritt durch die halbe Bahn wechseln.	2
10.	E Nach E (E)-K-A	Versammelter Schritt. Im versammelten Tempo antraben. Versammelter Trab.	
11.	A D	Auf die Mittellinie abwenden. Volte links (8 m).	
12.	D bis zwischen E und H	Nach links traversieren.	2

Druck: März 2015

			Koeffizient
13.	C C-M	Im versammelten Tempo angaloppieren. Versammelter Galopp.	
14.	M-X-K K-A	3 fliegende Galoppwechsel zu 4 Sprüngen. Versammelter Galopp.	
15.	A Zwischen D und X bis H	Auf die Mittellinie abwenden. Nach links traversieren.	
16.	H H-C-M	Fliegender Galoppwechsel. Versammelter Galopp.	
17.	M-X Vor X	Versammelter Galopp. Halbe Pirouette rechts.	2
18.	M M-C-H	Fliegender Galoppwechsel. Versammelter Galopp.	
19.	H-X Vor X	Versammelter Galopp. Halbe Pirouette links.	2
20.	H H-C-M	Fliegender Galoppwechsel. Versammelter Galopp.	
21.	M-F F	Starker Galopp. Versammelter Galopp.	
22.	 F-A	Übergänge bei M und F. Versammelter Galopp.	
23.	A Zwischen D und X bis M	Auf die Mittellinie abwenden. Nach rechts traversieren.	
24.	M M-C-H	Fliegender Galoppwechsel. Versammelter Galopp.	
25.	H-X-F F-A	3 fliegende Galoppwechsel zu 3 Sprüngen. Versammelter Galopp.	
26.	A X	Auf die Mittellinie abwenden. Halten. Grüßen.	
		Im Mittelschritt am langen Zügel die Bahn verlassen.	

Druck: März 2015

	Koeffizient
Gesamtnoten	
27. Schritt (Takt, Fleiß, Raumgriff, Schreiten)	
28. Trab (Takt, Schwung, Rückentätigkeit, Engagement der Hinterhand, Raumgriff)	
29. Galopp (Takt, Durchsprung, Schwung, Rückentätigkeit, Bergauftendenz)	
30. Durchlässigkeit und Gehorsam des Pferdes (Aufmerksamkeit, Vertrauen, Harmonie, Losgelassenheit, Maultätigkeit, Anlehnung und relative Aufrichtung)	2
31. Sitz und Einwirkung des Reiters, Korrektheit bei Anwendung der Hilfen, Lektionen und Hufschlagfiguren	2

Abzüge

Strafpunkte für Verreiten/Auslassungen:

das 1. Mal bei Lektion Nr. ...... = 2 Punkte ____________

das 2. Mal bei Lektion Nr. .... = 4 Punkte ____________

das 3. Mal bei Lektion Nr. ...... = Ausschluss ____________

Gesamt 390

Druck: März 2015

Aufgabe S 2 (Nur für S*)

(Für 7- bis 8-jährige Pferde)

Viereck 20 x 60 m – Dauer: 5 Minuten

			Koeffizient
1.	A-X X X X-C	Einreiten im versammelten Galopp. Halten. Grüßen. Im versammelten Tempo antraben. Versammelter Trab.	
2.	C R-K K	Rechte Hand. Mitteltrab. Versammelter Trab.	
3.	 K-A-F	Übergänge bei R und K. Versammelter Trab.	
4.	F-B	Schulterherein.	
5.	B	Volte (8 m).	
6.	B-G	Nach links traversieren.	
7.	Vor C C-H-S	Mittelschritt, linke Hand. Mittelschritt.	
8.	S-X-P	Starker Schritt.	2
9.	P-F-A	Versammelter Schritt.	2
10.	A A-K K-E	Im versammelten Tempo antraben. Versammelter Trab. Schulterherein.	
11.	E	Volte (8 m).	
12.	E-G C	Nach rechts traversieren. Linke Hand.	
13.	H-X-F F	Starker Trab. Versammelter Trab.	
14.	 F-A	Übergänge bei H und F. Versammelter Trab.	
15.	A A-K	Im versammelten Tempo angaloppieren. Versammelter Galopp.	
16.	K-S S	Mittelgalopp. Versammelter Galopp.	
17.	S-G G G-R	Versammelter Galopp. Viertel-Pirouette rechts. Versammelter Galopp.	2
18.	R-X-V X	Versammelter Galopp. Fliegender Galoppwechsel.	

Druck: März 2015

			Koeffizient
19.	V-D D D-P	Versammelter Galopp. Viertel-Pirouette links. Versammelter Galopp.	2
20.	P-M M	Mittelgalopp. Versammelter Galopp.	
21.	 M-C-H	Übergänge bei P und M. Versammelter Galopp.	
22.	H-P P-F-A	3 fliegende Galoppwechsel zu 4 Sprüngen. Versammelter Galopp.	
23.	Nach A Zwischen D und K Zwischen X und B	Auf die Viertellinie abwenden. Nach rechts traversieren bis zur Viertellinie zwischen X und B. Fliegender Galoppwechsel.	
24.	Danach Zwischen G und H	Nach links traversieren bis zur Viertellinie zwischen G und H. Fliegender Galoppwechsel und rechte Hand. Versammelter Galopp bis M.	
25.	M-V V-K-A	3 fliegende Galoppwechsel zu 3 Sprüngen. Versammelter Galopp.	
26.	A X	Auf die Mittellinie abwenden. Halten. Grüßen.	
		Im Mittelschritt am langen Zügel die Bahn verlassen.	

Gesamtnoten

27. Schritt (Takt, Fleiß, Raumgriff, Schreiten)	
28. Trab (Takt, Schwung, Rückentätigkeit, Engagement der Hinterhand, Raumgriff)	
29. Galopp (Takt, Durchsprung, Schwung, Rückentätigkeit, Bergauftendenz)	
30. Durchlässigkeit und Gehorsam des Pferdes (Aufmerksamkeit, Vertrauen, Harmonie, Losgelassenheit, Maultätigkeit, Anlehnung und relative Aufrichtung)	2
31. Sitz und Einwirkung des Reiters, Korrektheit bei Anwendung der Hilfen, Lektionen und Hufschlagfiguren	2

Abzüge

Strafpunkte für Verreiten/Auslassungen:

das 1. Mal bei Lektion Nr. ...... = 2 Punkte ________

das 2. Mal bei Lektion Nr. .... = 4 Punkte ________

das 3. Mal bei Lektion Nr. ...... = Ausschluss ________

Gesamt 370

Druck: März 2015

Aufgabe S 3 (St-Georg-Niveau) (Nur für S*)

Viereck 20 x 60 m – Dauer: 5 Minuten

			Koeffizient
1.	A-X X X X-C	Einreiten im versammelten Galopp. Halten. Grüßen. Im versammelten Tempo antraben. Versammelter Trab.	
2.	C H-X-F F	Linke Hand. Mitteltrab. Versammelter Trab.	
3.	 F-A-K	Übergänge bei H und F. Versammelter Trab.	
4.	K-E	Schulterherein.	
5.	E	Volte (8 m).	
6.	E-G G C	Nach rechts traversieren. Geradeaus. Rechte Hand.	2
7.	M-X-K K	Starker Trab. Versammelter Trab.	
8.	 K-A-F	Übergänge bei M und K. Versammelter Trab.	
9.	F-B	Schulterherein.	
10.	B	Volte (8 m).	
11.	B-G G	Nach links traversieren. Geradeaus.	2
12.	Vor C C C-H	Mittelschritt. Linke Hand. Mittelschritt.	
13.	H-B	Starker Schritt.	2
14.	B P Zwischen L und V	Versammelter Schritt. Rechts um. Halbe Pirouette rechts.	
15.	Zwischen L und P	 Halbe Pirouette links.	
16.	B-P-(V)- L-(P)-L	 Versammelter Schritt.	2

			Koeffizient
17.	L L-V-K-A	Im versammelten Tempo links angaloppieren. Versammelter Galopp.	
18.	A D-E E	Auf die Mittellinie abwenden. Nach links traversieren. Fliegender Galoppwechsel.	
19.	E-G G C	Nach rechts traversieren. Geradeaus. Rechte Hand.	
20.	M-X-K	Starker Galopp.	
21.	K K-A-F	Versammelter Galopp und fliegender Galoppwechsel. Versammelter Galopp.	
22.	F-X Zwischen F und X	Versammelter Galopp. Halbe Pirouette links.	2
23.	F F-A-K	Fliegender Galoppwechsel. Versammelter Galopp.	
24.	K-X Zwischen K und X	Versammelter Galopp. Halbe Pirouette rechts.	2
25.	K K-A-F	Fliegender Galoppwechsel. Versammelter Galopp.	
26.	F-S	3 fliegende Galoppwechsel zu 4 Sprüngen.	
27.	S-R	Halber Zirkel, zwischen S und R 2 bis 3 Pferdelängen überstreichen.	
28.	R-K K-A	3 fliegende Galoppwechsel zu 3 Sprüngen. Versammelter Galopp.	
29.	A X	Auf die Mittellinie abwenden. Halten. Grüßen.	
		Im Mittelschritt am langen Zügel die Bahn verlassen.	

Druck: März 2015

	Koeffizient
Gesamtnoten	
30. Schritt (Takt, Fleiß, Raumgriff, Schreiten)	
31. Trab (Takt, Schwung, Rückentätigkeit, Engagement der Hinterhand, Raumgriff)	
32. Galopp (Takt, Durchsprung, Schwung, Rückentätigkeit, Bergauftendenz)	
33. Durchlässigkeit und Gehorsam des Pferdes (Aufmerksamkeit, Vertrauen, Harmonie, Losgelassenheit, Maultätigkeit, Anlehnung und relative Aufrichtung)	2
34. Sitz und Einwirkung des Reiters, Korrektheit bei Anwendung der Hilfen, Lektionen und Hufschlagfiguren	2

Abzüge

Strafpunkte für Verreiten/Auslassungen:

das 1. Mal bei Lektion Nr. ...... = 2 Punkte ________

das 2. Mal bei Lektion Nr. .... = 4 Punkte ________

das 3. Mal bei Lektion Nr. ...... = Ausschluss ________

Gesamt 420

Druck: März 2015

Aufgabe S 4 (Nur für S*)

Viereck 20 x 60 m – Dauer: 5 Minuten

			Koeffizient
1.	A-X X X X-C	Einreiten im versammelten Galopp. Halten. Grüßen. Im versammelten Tempo antraben. Versammelter Trab.	
2.	C S	Linke Hand. Volte (8 m).	
3.	S-V	Schulterherein.	
4.	V-L L-S H	Halbe Volte links (10 m). Nach links traversieren. Rechts um.	2
5.	G M	Halten. 5 Tritte rückwärtsrichten, daraus im versammelten Tempo antraben. Rechte Hand.	
6.	R-K K	Mitteltrab. Versammelter Trab.	
7.	 K-A-F	Übergänge bei R und K. Versammelter Trab.	
8.	F-P-S	Starker Schritt.	2
9.	S-H-G	Versammelter Schritt.	2
10.	G M R	Im versammelten Tempo antraben. Rechte Hand. Volte (8 m).	
11.	R-P	Schulterherein.	
12.	P-L L-R R-M-C-H	Halbe Volte rechts (10 m). Nach rechts traversieren. Versammelter Trab.	2
13.	H-X-F F	Starker Trab. Versammelter Trab.	
14.	 F-A	Übergänge bei H und F. Versammelter Trab.	
15.	A A-K	Im versammelten Tempo angaloppieren. Versammelter Galopp.	
16.	K-R	3 fliegende Galoppwechsel zu 4 Sprüngen.	

Druck: März 2015

			Koeffizient
17.	R-S	Halber Zirkel, dabei 2 bis 3 Pferdelängen überstreichen.	
18.	S-K K	Starker Galopp. Versammelter Galopp.	
19.	 K-A	Übergänge bei S und K. Versammelter Galopp.	
20.	Nach A Zwischen F und D Zwischen E und X	Auf die Viertellinie abwenden. Nach links traversieren bis zur Viertellinie zwischen E und X. Fliegender Galoppwechsel.	
21.	Danach Zwischen G und M	Nach rechts traversieren bis zur Viertellinie zwischen G und M. Fliegender Galoppwechsel und linke Hand. Versammelter Galopp bis H.	
22.	H-I I	Versammelter Galopp. Halbe Pirouette links.	 2
23.	H H-C-M	Fliegender Galoppwechsel. Versammelter Galopp.	
24.	M-I I	Versammelter Galopp. Halbe Pirouette rechts.	 2
25.	M M-C-H	Fliegender Galoppwechsel. Versammelter Galopp.	
26.	H-X-F F-A	5 fliegende Galoppwechsel zu 3 Sprüngen. Versammelter Galopp.	
27.	A L	Auf die Mittellinie abwenden. Halten. Grüßen.	
		Im Mittelschritt am langen Zügel die Bahn verlassen.	

Druck: März 2015

	Koeffizient
Gesamtnoten	
28. Schritt (Takt, Fleiß, Raumgriff, Schreiten)	
29. Trab (Takt, Schwung, Rückentätigkeit, Engagement der Hinterhand, Raumgriff)	
30. Galopp (Takt, Durchsprung, Schwung, Rückentätigkeit, Bergauftendenz)	
31. Durchlässigkeit und Gehorsam des Pferdes (Aufmerksamkeit, Vertrauen, Harmonie, Losgelassenheit, Maultätigkeit, Anlehnung und relative Aufrichtung)	2
32. Sitz und Einwirkung des Reiters, Korrektheit bei Anwendung der Hilfen, Lektionen und Hufschlagfiguren	2

Abzüge

Strafpunkte für Verreiten/Auslassungen:

das 1. Mal bei Lektion Nr. ...... = 2 Punkte ____________

das 2. Mal bei Lektion Nr. .... = 4 Punkte ____________

das 3. Mal bei Lektion Nr. ...... = Ausschluss ____________

Gesamt 400

Druck: März 2015

Aufgabe S 5 (St-Georg-Special) (Nur für S*)

Viereck 20 x 60 m – Dauer: etwa 5 Minuten, 20 Sekunden

			Koeffizient
1.	A-X X X X-C	Einreiten im versammelten Galopp. Halten. Grüßen. Im versammelten Tempo antraben. Versammelter Trab.	
2.	C M-X-K K	Rechte Hand. Starker Trab. Versammelter Trab.	
3.	 K-A	Übergänge bei M und K. Versammelter Trab.	
4.	A D-E	Auf die Mittellinie abwenden. Nach links traversieren.	2
5.	E-G C	Nach rechts traversieren. Linke Hand.	2
6.	H-X-F F	Starker Trab. Versammelter Trab.	
7.	 F-A	Übergänge bei H und F. Versammelter Trab.	
8.	A-K-R	Starker Schritt.	2
9.	R M Zwischen G und H	Versammelter Schritt. Links um. Halbe Pirouette links.	
10.	Zwischen G und M	 Halbe Pirouette rechts.	
11.	R-M-G-(H)- (M)-G	 Versammelter Schritt.	2
12.	G H H-C-M	Im versammelten Tempo rechts angaloppieren. Rechte Hand. Versammelter Galopp.	
13.	M-X Zwischen M und X	Versammelter Galopp. Halbe Pirouette rechts.	2
14.	M-C C	Außengalopp. Fliegender Galoppwechsel.	

Druck: März 2015

			Koeffizient
15.	H-X Zwischen H und X	Versammelter Galopp. Halbe Pirouette links.	2
16.	H-C C	Außengalopp. Fliegender Galoppwechsel.	
17.	M-F F	Mittelgalopp. Versammelter Galopp.	
18.	A D-B B	Auf die Mittellinie abwenden. Nach rechts traversieren. Fliegender Galoppwechsel.	
19.	B-G C	Nach links traversieren. Linke Hand.	
20.	H-X-F F-A-K	5 fliegende Galoppwechsel zu 4 Sprüngen. Versammelter Galopp.	
21.	K-X-M M-C-H	5 fliegende Galoppwechsel zu 3 Sprüngen. Versammelter Galopp.	
22.	H-X-F	Starker Galopp.	
23.	F	Versammelter Galopp und fliegender Galoppwechsel.	
24.	A L	Auf die Mittellinie abwenden. Halten. 4 Tritte rückwärtsrichten, daraus antraben im Mitteltrab.	2
25.		Die Übergänge vom versammelten Galopp zum Halten und vom Rückwärtsrichten zum Mitteltrab.	
26.	L-G	Mitteltrab.	
27.	G	Halten. Grüßen.	
		Im Mittelschritt am langen Zügel die Bahn verlassen.	

Druck: März 2015

	Koeffizient
Gesamtnoten	
28. Schritt (Takt, Fleiß, Raumgriff, Schreiten)	
29. Trab (Takt, Schwung, Rückentätigkeit, Engagement der Hinterhand, Raumgriff)	
30. Galopp (Takt, Durchsprung, Schwung, Rückentätigkeit, Bergauftendenz)	
31. Durchlässigkeit und Gehorsam des Pferdes (Aufmerksamkeit, Vertrauen, Harmonie, Losgelassenheit, Maultätigkeit, Anlehnung und relative Aufrichtung)	2
32. Sitz und Einwirkung des Reiters, Korrektheit bei Anwendung der Hilfen, Lektionen und Hufschlagfiguren	2

Abzüge
Strafpunkte für Verreiten/Auslassungen:
das 1. Mal bei Lektion Nr. ...... = 2 Punkte ____________
das 2. Mal bei Lektion Nr. .... = 4 Punkte ____________
das 3. Mal bei Lektion Nr. ...... = Ausschluss ____________

Gesamt 410

Druck: März 2015

Aufgabe S 6 (Nur für S**)

Viereck 20 x 60 m – Dauer: 5 Minuten

			Koeffizient
1.	A-X X X X-C	Einreiten im versammelten Galopp. Halten. Grüßen. Im versammelten Tempo antraben. Versammelter Trab.	
2.	C M-B	Rechte Hand. Schulterherein.	
3.	B	Volte (8 m).	
4.	B-K K-A	Mitteltrab. Versammelter Trab.	
5.	A Zwischen D und G	Auf die Mittellinie abwenden. 3 Traversalverschiebungen nach links und rechts zu 5–10–5 m, links beenden.	2
6.	C H-E	Linke Hand. Schulterherein.	
7.	E	Volte (8 m).	
8.	E-F F-A	Mitteltrab. Versammelter Trab.	
9.	A	Halten. Schaukel 4–4–4, daraus im versammelten Trab anreiten.	
10.	K-X-M M	Starker Trab. Versammelter Trab.	
11.	 M-C	Übergänge bei K und M. Versammelter Trab.	
12.	C-H-S	Versammelter Schritt.	2
13.	S-B-P	Starker Schritt.	2
14.	P P-F-A	Versammelter Schritt und im versammelten Tempo angaloppieren. Versammelter Galopp.	
15.	A D-B B	Auf die Mittellinie abwenden. Nach rechts traversieren. Fliegender Galoppwechsel.	
16.	B-G C	Nach links traversieren. Linke Hand.	

Druck: März 2015

			Koeffizient
17.	C-H-S-E-V V-P	Versammelter Galopp. Halber Zirkel. Beim Durchreiten der Mittellinie ganze Pirouette links.	2
18.	P-X-S X	Versammelter Galopp. Fliegender Galoppwechsel.	
19.	S-R	Halber Zirkel. Beim Durchreiten der Mittellinie ganze Pirouette rechts.	2
20.	R-K	Starker Galopp.	
21.	K K-A-F	Versammelter Galopp und fliegender Galoppwechsel. Versammelter Galopp.	
22.	F-X-H H-C-M	5 fliegende Galoppwechsel zu 3 Sprüngen. Versammelter Galopp.	
23.	M-X-K	7 fliegende Galoppwechsel zu 2 Sprüngen.	
24.	A D-I I	Auf die Mittellinie abwenden. Mittelgalopp. Versammelter Galopp.	
25.	G	Halten. Grüßen.	
		Im Mittelschritt am langen Zügel die Bahn verlassen.	

Gesamtnoten

26. Schritt (Takt, Fleiß, Raumgriff, Schreiten)	
27. Trab (Takt, Schwung, Rückentätigkeit, Engagement der Hinterhand, Raumgriff)	
28. Galopp (Takt, Durchsprung, Schwung, Rückentätigkeit, Bergauftendenz)	
29. Durchlässigkeit und Gehorsam des Pferdes (Aufmerksamkeit, Vertrauen, Harmonie, Losgelassenheit, Maultätigkeit, Anlehnung und relative Aufrichtung)	2
30. Sitz und Einwirkung des Reiters, Korrektheit bei Anwendung der Hilfen, Lektionen und Hufschlagfiguren	2

Abzüge
Strafpunkte für Verreiten/Auslassungen:
das 1. Mal bei Lektion Nr. ...... = 2 Punkte ____________
das 2. Mal bei Lektion Nr. .... = 4 Punkte ____________
das 3. Mal bei Lektion Nr. ...... = Ausschluss ____________

Gesamt 370

Druck: März 2015

Aufgabe S 7 (Nur für S**)

Viereck 20 x 60 m – Dauer: 5 Minuten

			Koeffizient
1.	A-D D D	Einreiten im versammelten Trab. Halten. Grüßen. Im versammelten Tempo rechts angaloppieren.	
2.	X X-M M M-C-H	Volte rechts (8 m). Nach rechts traversieren. Fliegender Galoppwechsel. Versammelter Galopp.	
3.	H-K K	Mittelgalopp. Versammelter Galopp.	
4.	A X X-H H H-C	Auf die Mittellinie abwenden. Volte links (8 m). Nach links traversieren. Fliegender Galoppwechsel. Versammelter Galopp.	
5.	C M-V V	Versammelter Trab. Starker Trab. Versammelter Trab.	
6.		Übergänge bei C, M und V.	
7.	V-L L-S	Halbe Volte links (10 m). Nach links traversieren.	2
8.	H G G-H H	Rechts um. Kurzkehrt rechts. Versammelter Trab. Linke Hand.	
9.	S-P P	Mitteltrab. Versammelter Trab.	
10.		Übergänge bei S und P.	
11.	P-L L-R R-M-C-H	Halbe Volte rechts (10 m). Nach rechts traversieren. Versammelter Trab.	2
12.	H-R	Versammelter Schritt.	2
13.	R-E-(V)	Starker Schritt.	2
14.	Vor V V V-P	Versammelter Schritt. Im versammelten Tempo angaloppieren. Halber Zirkel, dabei zwischen V und P 2 bis 3 Pferdelängen überstreichen.	

Druck: März 2015

			Koeffizient
15.	P-H H-C-M	5 fliegende Galoppwechsel zu 3 Sprüngen. Versammelter Galopp.	
16.	M-X-K	Starker Galopp.	
17.	K K-A-F	Versammelter Galopp und fliegender Galoppwechsel. Versammelter Galopp.	
18.	F-X Zwischen F und X	Versammelter Galopp. Pirouette links.	2
19.	X	Fliegender Galoppwechsel.	
20.	X-H Zwischen X und H H-C-M	Versammelter Galopp. Pirouette rechts. Versammelter Galopp.	2
21.	M-X-K K-A	7 fliegende Galoppwechsel zu 2 Sprüngen. Versammelter Galopp.	
22.	A X	Auf die Mittellinie abwenden. Halten. Grüßen.	
		Im Mittelschritt am langen Zügel die Bahn verlassen.	

Gesamtnoten

23. Schritt (Takt, Fleiß, Raumgriff, Schreiten)	
24. Trab (Takt, Schwung, Rückentätigkeit, Engagement der Hinterhand, Raumgriff)	
25. Galopp (Takt, Durchsprung, Schwung, Rückentätigkeit, Bergauftendenz)	
26. Durchlässigkeit und Gehorsam des Pferdes (Aufmerksamkeit, Vertrauen, Harmonie, Losgelassenheit, Maultätigkeit, Anlehnung und relative Aufrichtung)	2
27. Sitz und Einwirkung des Reiters, Korrektheit bei Anwendung der Hilfen, Lektionen und Hufschlagfiguren	2

Abzüge

Strafpunkte für Verreiten/Auslassungen:

das 1. Mal bei Lektion Nr. ...... = 2 Punkte ____________

das 2. Mal bei Lektion Nr. .... = 4 Punkte ____________

das 3. Mal bei Lektion Nr. ...... = Ausschluss ____________

Gesamt 350

Druck: März 2015

Aufgabe S 8 (Intermediaire I-Niveau) (Nur für S**)

Viereck 20 x 60 m – Dauer: 5 Minuten

			Koeffizient
1.	A-X X X X-C	Einreiten im versammelten Galopp. Halten. Grüßen. Im versammelten Tempo antraben. Versammelter Trab.	
2.	C H-X-F F	Linke Hand. Mitteltrab. Versammelter Trab.	
3.	 F-A-K	Übergänge bei H und F. Versammelter Trab.	
4.	K-X	Nach rechts traversieren.	2
5.	X	Volte rechts (8 m).	
6.	X-G	Schulterherein rechts.	
7.	C M-X-K K	Rechte Hand. Starker Trab. Versammelter Trab.	
8.	 K-A-F	Übergänge bei M und K. Versammelter Trab.	
9.	F-X	Nach links traversieren.	2
10.	X	Volte links (8 m).	
11.	X-G	Schulterherein links.	
12.	C H G	Linke Hand. Links um. Halten. 5 Tritte rückwärtsrichten, daraus anreiten im starken Schritt.	
13.	G-M-R-E	Starker Schritt.	2
14.	E-P-F	Versammelter Schritt.	2
15.	F F-A-K	Im versammelten Tempo angaloppieren. Versammelter Galopp.	
16.	K-X-M M-C-H	5 fliegende Galoppwechsel zu 3 Sprüngen. Versammelter Galopp.	
17.	H-X-F X F	Mittelgalopp. Fliegender Galoppwechsel. Versammelter Galopp.	

Druck: März 2015

			Koeffizient
18.	A Zwischen D und G C	Auf die Mittellinie abwenden. 3 Traversalverschiebungen beiderseits der Mittellinie zu 5–10–5 m mit fliegendem Galoppwechsel bei jedem Richtungswechsel, rechts beginnen und beenden. Rechte Hand.	2
19.	M-X Zwischen M und X	Versammelter Galopp. Ganze Pirouette rechts.	2
20.	X	Fliegender Galoppwechsel.	
21.	X-K Zwischen X und K K-A-F	Versammelter Galopp. Ganze Pirouette links. Versammelter Galopp.	2
22.	F-X-H H-C-M	7 fliegende Galoppwechsel zu 2 Sprüngen. Versammelter Galopp.	
23.	M-X-K	Starker Galopp.	
24.	K K-A	Versammelter Galopp und fliegender Galoppwechsel. Versammelter Galopp.	
25.	A L	Auf die Mittellinie abwenden. Halten. Grüßen.	
		Im Mittelschritt am langen Zügel die Bahn verlassen.	

Gesamtnoten

26. Schritt (Takt, Fleiß, Raumgriff, Schreiten)	
27. Trab (Takt, Schwung, Rückentätigkeit, Engagement der Hinterhand, Raumgriff)	
28. Galopp (Takt, Durchsprung, Schwung, Rückentätigkeit, Bergauftendenz)	
29. Durchlässigkeit und Gehorsam des Pferdes (Aufmerksamkeit, Vertrauen, Harmonie, Losgelassenheit, Maultätigkeit, Anlehnung und relative Aufrichtung)	2
30. Sitz und Einwirkung des Reiters, Korrektheit bei Anwendung der Hilfen, Lektionen und Hufschlagfiguren	2

Abzüge

Strafpunkte für Verreiten/Auslassungen:

das 1. Mal bei Lektion Nr. ...... = 2 Punkte ____________

das 2. Mal bei Lektion Nr. .... = 4 Punkte ____________

das 3. Mal bei Lektion Nr. ...... = Ausschluss ____________

Gesamt 390

Druck: März 2015

Aufgabe S 9 (auch Piaff-Förderpreis) (Nur für S***)

Viereck 20 x 60 m – Dauer: etwa 5½ Minuten

			Koeffizient
1.	A-X X X X-C	Einreiten im versammelten Galopp. Halten. Grüßen. Im versammelten Tempo antraben. Versammelter Trab.	
2.	C H-X-F F	Linke Hand. Starker Trab. Versammelter Trab.	
3.	 F-A	Übergänge bei H und F. Versammelter Trab.	
4.	A A-C C	Auf die Mittellinie abwenden. 4 Traversalverschiebungen nach rechts und links zu 4–8–8–4 m, rechts beginnen, links beenden. Linke Hand.	2
5.	H-S-I	Passage.	
6.	I	Piaffe 7 bis 10 Tritte (1 m vorwärts erlaubt).	
7.		Übergänge Passage – Piaffe – Passage.	
8.	I-R-B	Passage.	
9.	B-V	Starker Schritt.	2
10.	V-K-A	Versammelter Schritt.	2
11.	A	Halten. Schaukel 4–4–4, daraus im versammelten Tempo links angaloppieren.	
12.	F-X X-I	Nach links traversieren. Geradeaus.	
13.	I	Ganze Pirouette links.	2
14.	C H-X-F	Linke Hand. Starker Galopp.	
15.	F F-A-K	Versammelter Galopp und fliegender Galoppwechsel. Versammelter Galopp.	
16.	K-X X-I	Nach rechts traversieren. Geradeaus.	
17.	I	Ganze Pirouette rechts.	2

Druck: März 2015

			Koeffizient
18.	C M-X-K K-A-F	Rechte Hand. 9 fliegende Galoppwechsel zu 2 Sprüngen. Versammelter Galopp.	
19.	F-X-H	9 fliegende Galoppwechsel von Sprung zu Sprung.	
20.	C M-X-K K	Versammelter Trab. Starker Trab. Versammelter Trab.	
21.	 K-A	Übergänge bei C, M und K. Versammelter Trab.	
22.	A Zwischen D und L bis X	Auf die Mittellinie abwenden. Passage.	
23.	X	Piaffe 7 bis 10 Tritte (1 m vorwärts erlaubt).	
24.		Übergänge Passage – Piaffe – Passage.	
25.	X-G	Passage.	
26.	G	Halten. Grüßen.	
		Im Mittelschritt am langen Zügel die Bahn verlassen.	

Gesamtnoten

27. Schritt (Takt, Fleiß, Raumgriff, Schreiten)	
28. Trab (Takt, Schwung, Rückentätigkeit, Engagement der Hinterhand, Raumgriff)	
29. Galopp (Takt, Durchsprung, Schwung, Rückentätigkeit, Bergauftendenz)	
30. Durchlässigkeit und Gehorsam des Pferdes (Aufmerksamkeit, Vertrauen, Harmonie, Losgelassenheit, Maultätigkeit, Anlehnung und relative Aufrichtung)	2
31. Sitz und Einwirkung des Reiters, Korrektheit bei Anwendung der Hilfen, Lektionen und Hufschlagfiguren	2

Abzüge
Strafpunkte für Verreiten/Auslassungen:
das 1. Mal bei Lektion Nr. ...... = 2 Punkte ____________
das 2. Mal bei Lektion Nr. .... = 4 Punkte ____________
das 3. Mal bei Lektion Nr. ...... = Ausschluss ____________

Gesamt 380

Druck: März 2015

Aufgabe S 10 (Kurz-Grand Prix) (Nur für S***)

Viereck 20 x 60 m – Dauer: 6 Minuten

			Koeffizient
1.	A X X X-C	Einreiten im versammelten Galopp. Halten. Grüßen. Im versammelten Tempo antraben. Versammelter Trab.	
2.	C M-X-K K	Rechte Hand. Starker Trab. Versammelter Trab.	
3.	 K-A	Übergänge bei M und K. Versammelter Trab.	
4.	A D-G C	Auf die Mittellinie abwenden. 4 Traversalverschiebungen nach links und rechts zu 5–10–10–5 m, links beginnen, rechts beenden. Rechte Hand.	2
5.	C-M-R R	Versammelter Trab. Übergang zur Passage.	
6.	R-I	Halbe Volte rechts (10 m).	
7.	I	Piaffe, 12 bis 15 Tritte.	
8.	I	Übergänge Passage – Piaffe – Passage.	
9.	I-S	Passage. Halbe Volte links (10 m).	
10.	S-P	Mitteltrab.	
11.	P-F-D	Passage.	
12.	D	Piaffe, 12 bis 15 Tritte.	
13.	D	Übergänge Passage – Piaffe – Passage.	
14.	D-K-V	Passage.	
15.	V-X-R	Starker Schritt.	2
16.	R-H-C	Versammelter Schritt.	2
17.	C C-M	Im versammelten Tempo angaloppieren. Versammelter Galopp.	
18.	M-X-K	Starker Galopp.	
19.	K K-A-F-P	Versammelter Galopp und fliegender Galoppwechsel. Versammelter Galopp.	
20.	P-X X-I	Nach links traversieren. Geradeaus.	

Druck: März 2015

			Koeffizient
21.	I C	Ganze Pirouette links. Linke Hand.	2
22.	H-X-F F-A-K-V	9 fliegende Galoppwechsel zu 2 Sprüngen. Versammelter Galopp.	
23.	V-X X-I	Nach rechts traversieren. Geradeaus.	
24.	I C	Ganze Pirouette rechts. Rechte Hand.	2
25.	M-X-K	15 fliegende Galoppwechsel von Sprung zu Sprung.	
26.	A D-L	Auf die Mittellinie abwenden. Versammelter Trab.	
27.	L-X	Passage.	
28.	X	Piaffe 12 bis 15 Tritte.	
29.	X	Übergänge Passage – Piaffe – Passage.	
30.	X-G	Passage.	
31.	G	Halten. Grüßen.	
		Im Mittelschritt am langen Zügel die Bahn verlassen.	

Gesamtnoten

32.	Schritt (Takt, Fleiß, Raumgriff, Schreiten)	
33.	Trab (Takt, Schwung, Rückentätigkeit, Engagement der Hinterhand, Raumgriff)	
34.	Galopp (Takt, Durchsprung, Schwung, Rückentätigkeit, Bergauftendenz)	
35.	Durchlässigkeit und Gehorsam des Pferdes (Aufmerksamkeit, Vertrauen, Harmonie, Losgelassenheit, Maultätigkeit, Anlehnung und relative Aufrichtung)	2
36.	Sitz und Einwirkung des Reiters, Korrektheit bei Anwendung der Hilfen, Lektionen und Hufschlagfiguren	2

Abzüge
Strafpunkte für Verreiten/Auslassungen:
das 1. Mal bei Lektion Nr. ...... = 2 Punkte ____________
das 2. Mal bei Lektion Nr. .... = 4 Punkte ____________
das 3. Mal bei Lektion Nr. ...... = Ausschluss ____________

Gesamt 430

Druck: März 2015

S 11 (Nachwuchs-Grand Prix) (Nur für S***)

(Für 8- bis 10-jährige Pferde)

Viereck 20 x 60 m – Dauer: 6 Minuten

			Koeffizient
1.	A-X X X X-C	Einreiten im versammelten Galopp. Halten. Grüßen. Im versammelten Tempo antraben. Versammelter Trab.	
2.	C H-X-F F	Linke Hand. Starker Trab. Versammelter Trab.	
3.	 F-A	Übergänge bei H und F. Versammelter Trab.	
4.	Nach A Zwischen D und K	Auf die Viertellinie abwenden. Nach rechts traversieren bis zur Viertellinie zwischen X und B.	
5.	Von der Viertel-linie zwischen X und B An der kurzen Seite	Nach links traversieren bis zur Viertellinie zwischen G und H. Rechte Hand.	
6.	Zwischen M und R	Entwicklung der Passage.	
7.	R-X	Passage.	
8.	X	Piaffe 7 bis 10 Tritte (1 m vorwärts erlaubt).	
9.		Übergänge Passage – Piaffe – Passage.	
10.	X-V	Passage.	
11.	V-K-F F-S S H	Versammelter Trab. Mitteltrab. Versammelter Trab. Rechts um.	
12.	G	Halten. Schaukel 4–4–6, daraus im Mittelschritt anreiten.	

Druck: März 2015

			Koeffizient
13.	G-M-R	Mittelschritt.	
14.	R-X-V	Starker Schritt.	2
15.	V-K-D	Versammelter Schritt.	2
16.	D	Piaffe 7 bis 10 Tritte (1 m vorwärts erlaubt).	
17.		Übergänge versammelter Schritt – Piaffe und Piaffe – Passage.	
18.	D-F-P	Passage.	
19.	P P-B	Im versammelten Tempo links angaloppieren. Versammelter Galopp.	
20.	B-R-S-E-V V	Mittelgalopp und halber Zirkel zwischen R und S. Versammelter Galopp.	
21.	K-D Zwischen D und G C	Halbe Volte (10 m). 3 Traversalverschiebungen nach links und rechts zu 5–10–5 m mit fliegendem Galoppwechsel bei jedem Richtungswechsel, Sprungzahl beliebig, links beenden. Linke Hand.	
22.	H-X Zwischen H und X	Versammelter Galopp. Ganze Pirouette links.	
23.	X	Fliegender Galoppwechsel.	
24.	X-F Zwischen X und F	Versammelter Galopp. Ganze Pirouette rechts.	
25.	F-A-K K-H H-C-M	Versammelter Galopp. Starker Galopp. Versammelter Galopp.	
26.	M-X-K K-A-F	7 fliegende Galoppwechsel zu 2 Sprüngen. Versammelter Galopp.	
27.	F-X-H	11 fliegende Galoppwechsel von Sprung zu Sprung.	

Druck: März 2015

			Koeffizient
28.	H-C C M-X-K K	Versammelter Galopp. Versammelter Trab. Starker Trab. Versammelter Trab.	
29.	A Zwischen D und L L-I	Auf die Mittellinie abwenden. Übergang zur Passage. Passage.	
30.	I	Halten. Grüßen.	
		Im Mittelschritt am langen Zügel die Bahn verlassen.	

Gesamtnoten

	Koeffizient
31. Schritt (Takt, Fleiß, Raumgriff, Schreiten)	
32. Trab (Takt, Schwung, Rückentätigkeit, Engagement der Hinterhand, Raumgriff)	
33. Galopp (Takt, Durchsprung, Schwung, Rückentätigkeit, Bergauftendenz)	
34. Durchlässigkeit und Gehorsam des Pferdes (Aufmerksamkeit, Vertrauen, Harmonie, Losgelassenheit, Maultätigkeit, Anlehnung und relative Aufrichtung)	2
35. Sitz und Einwirkung des Reiters, Korrektheit bei Anwendung der Hilfen, Lektionen und Hufschlagfiguren	2

Abzüge

Strafpunkte für Verreiten/Auslassungen:

das 1. Mal bei Lektion Nr. ...... = 2 Punkte ______

das 2. Mal bei Lektion Nr. .... = 4 Punkte ______

das 3. Mal bei Lektion Nr. ...... = Ausschluss ______

Gesamt 390

Druck: März 2015

2.18 Notenbogen Dressurprüfung Prix St-Georges – Kür (Nur für S*)

Viereck 20 x 60 m – Dauer: 4½ bis 5 Minuten

A-Note (Ausführung)			
Pflichtlektionen	Noten	Koeff.	Endnote
1. **Versammelter Schritt** (mind. 20 m)			
2. **Starker Schritt** (mind. 20 m)		2	
3. **Schulterherein rechts** (mind. 12 m) **(Versammelter Trab)**			
4. **Schulterherein links** (mind. 12 m) **(Versammelter Trab)**			
5. **Traversale nach rechts (Versammelter Trab)**		2	
6. **Traversale nach links (Versammelter Trab)**		2	
7. **Starker Trab**			
8. **Traversale nach rechts* (Versammelter Galopp)**			
9. **Traversale nach links* (Versammelter Galopp)**			
10. **Starker Galopp**			
11. **Fliegende Galoppwechsel 4 Tempi** (mind. 5 Folgen)			
12. **Fliegende Galoppwechsel 3 Tempi** (mind. 5 Folgen)			
13. **Halbe Galopp-Pirouette rechts**		2	
14. **Halbe Galopp-Pirouette links**		2	
15. **Das Einreiten und das Halten zu Beginn und am Ende der Vorstellung**			
Total für Ausführung (max. 200)		**A-Note**	
Benötigte Zeit			

– Auslassen einer Pflichtlektion/Gangart WN 0 für die Lektion/Gangart
– Überziehen einer Pflichtlektion WN < 5 für die Lektion

* Galopp-Traversalen mit mehreren Richtungswechseln erlaubt!

Druck: März 2015

B-Note (künstlerische Gestaltung)			
Allgemeiner Eindruck	Noten	Koeff.	Endnote
16. **Rhythmus, Energie und Elastizität in Grundgangarten und Tempi** (Takt und Schwungentwicklung)		4	
17. **Harmonie zwischen Reiter und Pferd** (Sitz und Einwirkung des Reiters, Durchlässigkeit und Vertrauen des Pferdes)		4	
18. **Choreografie** (Gleichmäßige Einteilung des Vierecks, klare Linienführungen, Originalität, ideenreicher Inhalt)		4	
19. **Schwierigkeitsgrad** (Einhalten der Anforderungen, Angemessenheit von Risiko und Leistungsvermögen, Beachten der Grundsätze der klassischen Dressur)		4	
20. **Musik, Gesamteindruck** (Übereinstimmung der Bewegungsabläufe und Übergänge mit der Musik, Gesamteindruck der musikalischen Darbietung und dressurmäßigen Leistung)		4	

Ziffern 16 bis 20 halbe Noten erlaubt

Künstlerische Gestaltung **B-Note** [ ]

Bei Auslassen bzw. Überziehen einer Pflichtlektion oder Zeigen einer Lektion einer höheren Klasse WN < 6 für Choreografie und Schwierigkeitsgrad

Abzüge von 2 Punkten von der Note
– für Über- oder Unterschreiten des jeweiligen Zeitlimits ______

Total für künstlerische Gestaltung (max. 200) **B-Note** [ ]

Resultat

Total für Ausführung : 20 **A-Note** ____,____

Total für künstlerische Gestaltung : 20 + **B-Note** ____,____

= ____,____

: 2 x 10 = **Endresultat:** [%]

Ausführliche Informationen zur Ausführung, Gestaltung und Bewertung von Küren sind in dem FN-Turniersport-Merkblatt „Dressurküren" enthalten.

Druck: März 2015

2.19 Notenbogen Dressurprüfung Klasse S – Kür (Intermediaire I-Kür) (Nur für S**)

Viereck 20 x 40 m oder 20 x 60 m – Dauer: jeweils 4½ bis 5 Minuten

A-Note (Ausführung)			
Pflichtlektionen	Noten	Koeff.	Endnote
1. **Versammelter Schritt** (mind. 20 m)			
2. **Starker Schritt** (mind. 20 m)		2	
3. **Schulterherein rechts** (mind. 12 m) **(Versammelter Trab)**			
4. **Schulterherein links** (mind. 12 m) **(Versammelter Trab)**			
5. **Traversale nach rechts (Versammelter Trab)**		2	
6. **Traversale nach links (Versammelter Trab)**		2	
7. **Starker Trab**			
8. **Traversale nach rechts (Versammelter Galopp)**			
9. **Traversale nach links (Versammelter Galopp)**			
10. **Starker Galopp**			
11. **Fliegende Galoppwechsel 3 Tempi** (mind. 5 Folgen)			
12. **Fliegende Galoppwechsel 2 Tempi** (mind. 5 Folgen)			
13. **Einfache Galopp-Pirouette rechts**		2	
14. **Einfache Galopp-Pirouette links**		2	
15. **Das Einreiten und das Halten zu Beginn und am Ende der Vorstellung**			
Total für Ausführung (max. 200)	**A-Note**		
Benötigte Zeit			

– Auslassen einer Pflichtlektion/Gangart WN 0 für die Lektion/Gangart
– Überziehen einer Pflichtlektion WN < 5 für die Lektion

Druck: März 2015

B-Note (künstlerische Gestaltung)			
Allgemeiner Eindruck	Noten	Koeff.	Endnote
16. **Rhythmus, Energie und Elastizität in Grundgangarten und Tempi** (Takt und Schwungentwicklung)		4	
17. **Harmonie zwischen Reiter und Pferd** (Sitz und Einwirkung des Reiters, Durchlässigkeit und Vertrauen des Pferdes)		4	
18. **Choreografie** (Gleichmäßige Einteilung des Vierecks, klare Linienführungen, Originalität, ideenreicher Inhalt)		4	
19. **Schwierigkeitsgrad** (Einhalten der Anforderungen, Angemessenheit von Risiko und Leistungsvermögen, Beachten der Grundsätze der klassischen Dressur)		4	
20. **Musik, Gesamteindruck** (Übereinstimmung der Bewegungsabläufe und Übergänge mit der Musik, Gesamteindruck der musikalischen Darbietung und dressurmäßigen Leistung)		4	

Ziffern 16 bis 20 halbe Noten erlaubt

Künstlerische Gestaltung **B-Note** ☐

Bei Auslassen bzw. Überziehen einer Pflichtlektion oder Zeigen einer Lektion einer höheren Klasse WN < 6 für Choreografie und Schwierigkeitsgrad

Abzüge von 2 Punkten von der Note
– für Über- oder Unterschreiten des jeweiligen Zeitlimits ______

Total für künstlerische Gestaltung (max. 200) **B-Note** ☐

Resultat

Total für Ausführung : 20 **A-Note** ____,____

Total für künstlerische Gestaltung : 20 + **B-Note** ____,____

= ____,____

: 2 x 10 = **Endresultat:** ☐ %

Ausführliche Informationen zur Ausführung, Gestaltung und Bewertung von Küren sind in dem FN-Turniersport-Merkblatt „Dressurküren" enthalten.

Druck: März 2015

2.20 Notenbogen Dressurprüfung Grand Prix – Kür (Nur für S*** oder S****)

Viereck 20 x 60 m – Dauer: 5½ bis 6 Minuten

A-Note (Ausführung)			
Pflichtlektionen	Noten	Koeff.	Endnote
1. **Versammelter Schritt** (mind. 20 m)			
2. **Starker Schritt** (mind. 20 m)			
3. **Traversale nach rechts (Versammelter Trab)**			
4. **Traversale nach links (Versammelter Trab)**			
5. **Starker Trab**			
6. **Traversale nach rechts (Versammelter Galopp)**			
7. **Traversale nach links (Versammelter Galopp)**			
8. **Starker Galopp**			
9. **Fliegende Galoppwechsel 2 Tempi** (mind. 5 Folgen)			
10. **Fliegende Galoppwechsel 1 Tempo** (mind. 9 Folgen)			
11. **Galopp-Pirouette rechts** (max. 2-fach)		2	
12. **Galopp-Pirouette links** (max. 2-fach)		2	
13. **Passage** (mind. 20 m auf einem Hufschlag)		2	
14. **Piaffe** (Minim. 10 Tritte geradeaus)		2	
15. **Übergänge von der Passage zur Piaffe und umgekehrt**			
16. **Das Einreiten und das Halten zu Beginn und am Ende der Vorstellung**			
Total für Ausführung (max. 200)	**A-Note**		
Benötigte Zeit			

– Auslassen einer Pflichtlektion/Gangart WN 0 für die Lektion/Gangart
– Überziehen einer Pflichtlektion WN < 5 für die Lektion

Druck: März 2015

B-Note (künstlerische Gestaltung)			
Allgemeiner Eindruck	Noten	Koeff.	Endnote
17. **Rhythmus, Energie und Elastizität in Grundgangarten und Tempi** (Takt und Schwungentwicklung)		4	
18. **Harmonie zwischen Reiter und Pferd** (Sitz und Einwirkung des Reiters, Durchlässigkeit und Vertrauen des Pferdes)		4	
19. **Choreografie** (Gleichmäßige Einteilung des Vierecks, klare Linienführungen, Originalität, ideenreicher Inhalt)		4	
20. **Schwierigkeitsgrad** (Einhalten der Anforderungen, Angemessenheit von Risiko und Leistungsvermögen, Beachten der Grundsätze der klassischen Dressur)		4	
21. **Musik, Gesamteindruck** (Übereinstimmung der Bewegungsabläufe und Übergänge mit der Musik, Gesamteindruck der musikalischen Darbietung und dressurmäßigen Leistung)		4	

Ziffern 17 bis 21 halbe Noten erlaubt

Künstlerische Gestaltung **B-Note** [ ]

Bei Auslassen bzw. Überziehen einer Pflichtlektion oder Zeigen einer nicht erlaubten Lektion WN < 6 für Choreografie und Schwierigkeitsgrad

Abzüge von 2 Punkten von der Note
– für Über- oder Unterschreiten des jeweiligen Zeitlimits ______

Total für künstlerische Gestaltung (max. 200) **B-Note** [ ]

Resultat

Total für Ausführung	**: 20**		**A-Note**	____,____
Total für künstlerische Gestaltung	**: 20**	+	**B-Note**	____,____
		=		____,____
	: 2 x 10	=	**Endresultat:**	%

Ausführliche Informationen zur Ausführung, Gestaltung und Bewertung von Küren sind in dem FN-Turniersport-Merkblatt „Dressurküren" enthalten.

Druck: März 2015

2.21 Umrechnungstabellen für nationale Dressurprüfungen der Klassen M und S

		L 4, L 5			L 3			L 2			M 7		
WN	%	Punkte	3 Richter	5 Richter	Punkte	3 Richter	5 Richter	Punkte	3 Richter	5 Richter	Punkte	3 Richter	5 Richter
10,0	100,00	270	810	1350	280	840	1400	290	870	1450	310	930	1550
9,9	99,00	267	801	1335	277	831	1385	287	861	1435	307	921	1535
9,8	98,00	265	795	1325	274	822	1370	284	852	1420	304	912	1520
9,7	97,00	262	786	1310	271	813	1355	281	843	1405	301	903	1505
9,6	96,00	259	777	1295	269	807	1345	278	834	1390	298	894	1490
9,5	95,00	257	771	1285	266	798	1330	276	828	1380	295	885	1475
9,4	94,00	254	762	1270	263	789	1315	273	819	1365	291	873	1455
9,3	93,00	251	753	1255	260	780	1300	270	810	1350	288	864	1440
9,2	92,00	248	744	1240	258	774	1290	267	801	1335	285	855	1425
9,1	91,00	246	738	1230	255	765	1275	264	792	1320	282	846	1410
9,0	90,00	243	729	1215	252	756	1260	261	783	1305	279	837	1395
8,9	89,00	240	720	1200	249	747	1245	258	774	1290	276	828	1380
8,8	88,00	238	714	1190	246	738	1230	255	765	1275	273	819	1365
8,7	87,00	235	705	1175	244	732	1220	252	756	1260	270	810	1350
8,6	86,00	232	696	1160	241	723	1205	249	747	1245	267	801	1335
8,5	85,00	230	690	1150	238	714	1190	247	741	1235	264	792	1320
8,4	84,00	227	681	1135	235	705	1175	244	732	1220	260	780	1300
8,3	83,00	224	672	1120	232	696	1160	241	723	1205	257	771	1285
8,2	82,00	221	663	1105	230	690	1150	238	714	1190	254	762	1270
8,1	81,00	219	657	1095	227	681	1135	235	705	1175	251	753	1255
8,0	80,00	216	648	1080	224	672	1120	232	696	1160	248	744	1240
7,9	79,00	213	639	1065	221	663	1105	229	687	1145	245	735	1225
7,8	78,00	211	633	1055	218	654	1090	226	678	1130	242	726	1210
7,7	77,00	208	624	1040	216	648	1080	223	669	1115	239	717	1195
7,6	76,00	205	615	1025	213	639	1065	220	660	1100	236	708	1180
7,5	75,00	203	609	1015	210	630	1050	218	654	1090	233	699	1165
7,4	74,00	200	600	1000	207	621	1035	215	645	1075	229	687	1145
7,3	73,00	197	591	985	204	612	1020	212	636	1060	226	678	1130
7,2	72,00	194	582	970	202	606	1010	209	627	1045	223	669	1115
7,1	71,00	192	576	960	199	597	995	206	618	1030	220	660	1100

Druck: März 2015

		L 4, L 5			L 3			L 2			M 7		
WN	%	Punkte	3 Richter	5 Richter	Punkte	3 Richter	5 Richter	Punkte	3 Richter	5 Richter	Punkte	3 Richter	5 Richter
7,0	70,00	189	567	945	196	588	980	203	609	1015	217	651	1085
6,9	69,00	186	558	930	193	579	865	200	600	1000	214	642	1070
6,8	68,00	184	552	920	190	570	950	197	591	985	211	633	1055
6,7	67,00	181	543	905	188	564	940	194	582	970	208	624	1040
6,6	66,00	178	534	890	185	555	925	191	573	955	205	615	1025
6,5	65,00	176	528	880	182	546	910	189	567	945	202	606	1010
6,4	64,00	173	519	865	179	537	895	186	558	930	198	594	990
6,3	63,00	170	510	850	176	528	880	183	549	915	195	585	975
6,2	62,00	167	501	835	174	522	870	180	540	900	192	576	960
6,1	61,00	165	495	825	171	513	855	177	531	885	189	567	945
6,0	60,00	162	486	810	168	504	840	174	522	870	186	558	930
5,9	59,00	159	477	795	165	495	825	171	513	855	183	549	915
5,8	58,00	157	471	785	162	486	810	168	504	840	180	540	900
5,7	57,00	154	462	770	160	480	800	165	495	825	177	531	885
5,6	56,00	151	453	755	157	471	785	162	486	810	174	522	870
5,5	55,00	149	447	745	154	462	770	160	480	800	171	513	855
5,4	54,00	146	438	730	151	453	755	157	471	785	167	501	835
5,3	53,00	143	429	715	148	444	740	154	462	770	164	492	820
5,2	52,00	140	420	700	146	438	730	151	453	755	161	483	805
5,1	51,00	138	414	690	143	429	715	148	444	740	158	474	790
5,0	50,00	135	405	675	140	420	700	145	435	725	155	465	775
4,9	49,00	132	396	660	137	411	685	142	426	710	152	456	760
4,8	48,00	130	390	650	134	402	670	139	417	695	149	447	745
4,7	47,00	127	381	635	132	396	660	136	408	680	146	438	730
4,6	46,00	124	372	620	129	387	645	133	399	665	143	429	715
4,5	45,00	122	366	610	126	378	630	131	393	655	140	420	700
4,4	44,00	119	357	595	123	369	615	128	384	640	136	408	680
4,3	43,00	116	348	580	120	360	600	125	375	625	133	399	665
4,2	42,00	113	339	565	118	354	590	122	366	610	130	390	650
4,1	41,00	111	333	555	115	345	575	119	357	595	127	381	635
4,0	40,00	108	324	540	112	336	560	116	348	580	124	372	620

Druck: März 2015

Umrechnungstabellen für nationale Dressurprüfungen der Klassen M und S

		L 6, L 7, L 11, M 8			L 10, M 1, M 2, M 3, M 5, M 6			L 8, M 9, M 10, M 11			S 7		
WN	%	Punkte	3 Richter	5 Richter	Punkte	3 Richter	5 Richter	Punkte	3 Richter	5 Richter	Punkte	3 Richter	5 Richter
10,0	100,00	320	960	1600	330	990	1650	340	1020	1700	350	1050	1750
9,9	99,00	317	951	1585	327	981	1635	337	1011	1685	347	1041	1735
9,8	98,00	314	942	1570	323	969	1615	333	999	1665	343	1029	1715
9,7	97,00	310	930	1550	320	960	1600	330	990	1650	340	1020	1700
9,6	96,00	307	921	1535	317	951	1585	326	978	1630	336	1008	1680
9,5	95,00	304	912	1520	314	942	1570	323	969	1615	333	999	1665
9,4	94,00	301	903	1505	310	930	1550	320	960	1600	329	987	1645
9,3	93,00	298	894	1490	307	921	1535	316	948	1580	326	978	1630
9,2	92,00	294	882	1470	304	912	1520	313	939	1565	322	966	1610
9,1	91,00	291	873	1455	300	900	1500	309	927	1545	319	957	1595
9,0	90,00	288	864	1440	297	891	1485	306	918	1530	315	945	1575
8,9	89,00	285	855	1425	294	882	1470	303	909	1515	312	936	1560
8,8	88,00	282	846	1410	290	870	1450	299	897	1495	308	924	1540
8,7	87,00	278	834	1390	287	861	1435	296	888	1480	305	915	1525
8,6	86,00	275	825	1375	284	852	1420	292	876	1460	301	903	1505
8,5	85,00	272	816	1360	281	843	1405	289	867	1445	298	894	1490
8,4	84,00	269	807	1345	277	831	1385	286	858	1430	294	882	1470
8,3	83,00	266	798	1330	274	822	1370	282	846	1410	291	873	1455
8,2	82,00	262	786	1310	271	813	1355	279	837	1395	287	861	1435
8,1	81,00	259	777	1295	267	801	1335	275	825	1375	284	852	1420
8,0	80,00	256	768	1280	264	792	1320	272	816	1360	280	840	1400
7,9	79,00	253	759	1265	261	783	1305	269	807	1345	277	831	1385
7,8	78,00	250	750	1250	257	771	1285	265	795	1325	273	819	1365
7,7	77,00	246	738	1230	254	762	1270	262	786	1310	270	810	1350
7,6	76,00	243	729	1215	251	753	1255	258	774	1290	266	798	1330
7,5	75,00	240	720	1200	248	744	1240	255	765	1275	263	789	1315
7,4	74,00	237	711	1185	244	732	1220	252	756	1260	259	777	1295
7,3	73,00	234	702	1170	241	723	1205	248	744	1240	256	768	1280
7,2	72,00	230	690	1150	238	714	1190	245	735	1225	252	756	1260
7,1	71,00	227	681	1135	234	702	1170	241	723	1205	249	747	1245

Druck: März 2015

		L 6, L 7, L 11, M 8			L 10, M 1, M 2, M 3, M 5, M 6			L 8, M 9, M 10, M 11			S 7		
WN	%	Punkte	3 Richter	5 Richter	Punkte	3 Richter	5 Richter	Punkte	3 Richter	5 Richter	Punkte	3 Richter	5 Richter
7,0	70,00	224	672	1120	231	693	1155	238	714	1190	245	735	1225
6,9	69,00	221	663	1105	228	684	1140	235	705	1175	242	726	1210
6,8	68,00	218	654	1090	224	672	1120	231	693	1155	238	714	1190
6,7	67,00	214	642	1070	221	663	1105	228	684	1140	235	705	1175
6,6	66,00	211	633	1055	218	654	1090	224	672	1120	231	693	1155
6,5	65,00	208	624	1040	215	645	1075	221	663	1105	228	684	1140
6,4	64,00	205	615	1025	211	633	1055	218	654	1090	224	672	1120
6,3	63,00	202	606	1010	208	624	1040	214	642	1070	221	663	1105
6,2	62,00	198	594	990	205	615	1025	211	633	1055	217	651	1085
6,1	61,00	195	585	975	201	603	1005	207	621	1035	214	642	1070
6,0	60,00	192	576	960	198	594	990	204	612	1020	210	630	1050
5,9	59,00	189	567	945	195	585	975	201	603	1005	207	621	1035
5,8	58,00	186	558	930	191	573	955	197	591	985	203	609	1015
5,7	57,00	182	546	910	188	564	940	194	582	970	200	600	1000
5,6	56,00	179	537	895	185	555	925	190	570	950	196	588	980
5,5	55,00	176	528	880	182	546	910	187	561	935	193	579	965
5,4	54,00	173	519	865	178	534	890	184	552	920	189	567	945
5,3	53,00	170	510	850	175	525	875	180	540	900	186	558	930
5,2	52,00	166	498	830	172	516	860	177	531	885	182	546	910
5,1	51,00	163	489	815	168	504	840	173	519	865	179	537	895
5,0	50,00	160	480	800	165	495	825	170	510	850	175	525	875
4,9	49,00	157	471	785	162	486	810	167	501	835	172	516	860
4,8	48,00	154	462	770	158	474	790	163	489	815	168	504	840
4,7	47,00	150	450	750	155	465	775	160	480	800	165	495	825
4,6	46,00	147	441	735	152	456	760	156	468	780	161	483	805
4,5	45,00	144	432	720	149	447	745	153	459	765	158	474	790
4,4	44,00	141	423	705	145	435	725	150	450	750	154	462	770
4,3	43,00	138	414	690	142	426	710	146	438	730	151	453	755
4,2	42,00	134	402	670	139	417	695	143	429	715	147	441	735
4,1	41,00	131	393	655	135	405	675	139	417	695	144	432	720
4,0	40,00	128	384	640	132	396	660	136	408	680	140	420	700

Druck: März 2015

Umrechnungstabellen für nationale Dressurprüfungen der Klassen M und S

		L 9			M 4, S 2, S 6			S 9			S 1, S 8, S 11		
WN	%	Punkte	3 Richter	5 Richter	Punkte	3 Richter	5 Richter	Punkte	3 Richter	5 Richter	Punkte	3 Richter	5 Richter
10,0	100,00	360	1080	1800	370	1110	1850	380	1140	1900	390	1170	1950
9,9	99,00	356	1068	1780	366	1098	1830	376	1128	1880	386	1158	1930
9,8	98,00	353	1059	1765	363	1089	1815	372	1116	1860	382	1146	1910
9,7	97,00	349	1047	1745	359	1077	1795	369	1107	1845	378	1134	1890
9,6	96,00	346	1038	1730	355	1065	1775	365	1095	1825	374	1122	1870
9,5	95,00	342	1026	1710	352	1056	1760	361	1083	1805	371	1113	1855
9,4	94,00	338	1014	1690	348	1044	1740	357	1071	1785	367	1101	1835
9,3	93,00	335	1005	1675	344	1032	1720	353	1059	1765	363	1089	1815
9,2	92,00	331	993	1655	340	1020	1700	350	1050	1750	359	1077	1795
9,1	91,00	328	984	1640	337	1011	1685	346	1038	1730	355	1065	1775
9,0	90,00	324	972	1620	333	999	1665	342	1026	1710	351	1053	1755
8,9	89,00	320	960	1600	329	987	1645	338	1014	1690	347	1041	1735
8,8	88,00	317	951	1585	326	978	1630	334	1002	1670	343	1029	1715
8,7	87,00	313	939	1565	322	966	1610	331	993	1655	339	1017	1695
8,6	86,00	310	930	1550	318	954	1590	327	981	1635	335	1005	1675
8,5	85,00	306	918	1530	315	945	1575	323	969	1615	332	996	1660
8,4	84,00	302	906	1510	311	933	1555	319	957	1595	328	984	1640
8,3	83,00	299	897	1495	307	921	1535	315	945	1575	324	972	1620
8,2	82,00	295	885	1475	303	909	1515	312	936	1560	320	960	1600
8,1	81,00	292	876	1460	300	900	1500	308	924	1540	316	948	1580
8,0	80,00	288	864	1440	296	888	1480	304	912	1520	312	936	1560
7,9	79,00	284	852	1420	292	876	1460	300	900	1500	308	924	1540
7,8	78,00	281	843	1405	289	867	1445	296	888	1480	304	912	1520
7,7	77,00	277	831	1385	285	855	1425	293	879	1465	300	900	1500
7,6	76,00	274	822	1370	281	843	1405	289	867	1445	296	888	1480
7,5	75,00	270	810	1350	278	834	1390	285	855	1425	293	879	1465
7,4	74,00	266	798	1330	274	822	1370	281	843	1405	289	867	1445
7,3	73,00	263	789	1315	270	810	1350	277	831	1385	285	855	1425
7,2	72,00	259	777	1295	266	798	1330	274	822	1370	281	843	1405
7,1	71,00	256	768	1280	263	789	1315	270	810	1350	277	831	1385

Druck: März 2015

		L 9			M 4, S 2, S 6			S 9			S 1, S 8, S 11		
WN	%	Punkte	3 Richter	5 Richter	Punkte	3 Richter	5 Richter	Punkte	3 Richter	5 Richter	Punkte	3 Richter	5 Richter
7,0	70,00	252	756	1260	259	777	1295	266	798	1330	273	819	1365
6,9	69,00	248	744	1240	255	765	1275	262	786	1310	269	807	1345
6,8	68,00	245	735	1225	252	756	1260	258	774	1290	265	795	1325
6,7	67,00	241	723	1205	248	744	1240	255	765	1275	261	783	1305
6,6	66,00	238	714	1190	244	732	1220	251	753	1255	257	771	1285
6,5	65,00	234	702	1170	241	723	1205	247	741	1235	254	762	1270
6,4	64,00	230	690	1150	237	711	1185	243	729	1215	250	750	1250
6,3	63,00	227	681	1135	233	699	1165	239	717	1195	246	738	1230
6,2	62,00	223	669	1115	229	687	1145	236	708	1180	242	726	1210
6,1	61,00	220	660	1100	226	678	1130	232	696	1160	238	714	1190
6,0	60,00	216	648	1080	222	666	1110	228	684	1140	234	702	1170
5,9	59,00	212	636	1060	218	654	1090	224	672	1120	230	690	1150
5,8	58,00	209	627	1045	215	645	1075	220	660	1100	226	678	1130
5,7	57,00	205	615	1025	211	633	1055	217	651	1085	222	666	1110
5,6	56,00	202	606	1010	207	621	1035	213	639	1065	218	654	1090
5,5	55,00	198	594	990	204	612	1020	209	627	1045	215	645	1075
5,4	54,00	194	582	970	200	600	1000	205	615	1025	211	633	1055
5,3	53,00	191	573	955	196	588	980	201	603	1005	207	621	1035
5,2	52,00	187	561	935	192	576	960	198	594	990	203	609	1015
5,1	51,00	184	552	920	189	567	945	194	582	970	199	597	995
5,0	50,00	180	540	900	185	555	925	190	570	950	195	585	975
4,9	49,00	176	528	880	181	543	905	186	558	930	191	573	955
4,8	48,00	173	519	865	178	534	890	182	546	910	187	561	935
4,7	47,00	169	507	845	174	522	870	179	537	895	183	549	915
4,6	46,00	166	498	830	170	510	850	175	525	875	179	537	895
4,5	45,00	162	486	810	167	501	835	171	513	855	176	528	880
4,4	44,00	158	474	790	163	489	815	167	501	835	172	516	860
4,3	43,00	155	465	775	159	477	795	163	489	815	168	504	840
4,2	42,00	151	453	755	155	465	775	160	480	800	164	492	820
4,1	41,00	148	444	740	152	456	760	156	468	780	160	480	800
4,0	40,00	144	432	720	148	444	740	152	456	760	156	468	780

Druck: März 2015

Umrechnungstabellen für nationale Dressurprüfungen der Klassen M und S													
		S 4			S 5			S 3			S 10		
WN	%	Punkte	3 Richter	5 Richter	Punkte	3 Richter	5 Richter	Punkte	3 Richter	5 Richter	Punkte	3 Richter	5 Richter
10,0	100,00	400	1200	2000	410	1230	2050	420	1260	2100	430	1290	2150
9,9	99,00	396	1188	1980	406	1218	2030	416	1248	2080	426	1278	2130
9,8	98,00	392	1176	1960	402	1206	2010	412	1236	2060	421	1263	2105
9,7	97,00	388	1164	1940	398	1194	1990	407	1221	2035	417	1251	2085
9,6	96,00	384	1152	1920	394	1182	1970	403	1209	2015	413	1239	2065
9,5	95,00	380	1140	1900	390	1170	1950	399	1197	1995	409	1227	2045
9,4	94,00	376	1128	1880	385	1155	1925	395	1185	1975	404	1212	2020
9,3	93,00	372	1116	1860	381	1143	1905	391	1173	1955	400	1200	2000
9,2	92,00	368	1104	1840	377	1131	1885	386	1158	1930	396	1188	1980
9,1	91,00	364	1092	1820	373	1119	1865	382	1146	1910	391	1173	1955
9,0	90,00	360	1080	1800	369	1107	1845	378	1134	1890	387	1161	1935
8,9	89,00	356	1068	1780	365	1095	1825	374	1122	1870	383	1149	1915
8,8	88,00	352	1056	1760	361	1083	1805	370	1110	1850	378	1134	1890
8,7	87,00	348	1044	1740	357	1071	1785	365	1095	1825	374	1122	1870
8,6	86,00	344	1032	1720	353	1059	1765	361	1083	1805	370	1110	1850
8,5	85,00	340	1020	1700	349	1047	1745	357	1071	1785	366	1098	1830
8,4	84,00	336	1008	1680	344	1032	1720	353	1059	1765	361	1083	1805
8,3	83,00	332	996	1660	340	1020	1700	349	1047	1745	357	1071	1785
8,2	82,00	328	984	1640	336	1008	1680	344	1032	1720	353	1059	1765
8,1	81,00	324	972	1620	332	996	1660	340	1020	1700	348	1044	1740
8,0	80,00	320	960	1600	328	984	1640	336	1008	1680	344	1032	1720
7,9	79,00	316	948	1580	324	972	1620	332	996	1660	340	1020	1700
7,8	78,00	312	936	1560	320	960	1600	328	984	1640	335	1005	1675
7,7	77,00	308	924	1540	316	948	1580	323	969	1615	331	993	1655
7,6	76,00	304	912	1520	312	936	1560	319	957	1595	327	981	1635
7,5	75,00	300	900	1500	308	924	1540	315	945	1575	323	969	1615
7,4	74,00	296	888	1480	303	909	1515	311	933	1555	318	954	1590
7,3	73,00	292	876	1460	299	897	1495	307	921	1535	314	942	1570
7,2	72,00	288	864	1440	295	885	1475	302	906	1510	310	930	1550
7,1	71,00	284	852	1420	291	873	1455	298	894	1490	305	915	1525

Druck: März 2015

		S 4			S 5			S 3			S 10		
WN	%	Punkte	3 Richter	5 Richter	Punkte	3 Richter	5 Richter	Punkte	3 Richter	5 Richter	Punkte	3 Richter	5 Richter
7,0	70,00	280	840	1400	287	861	1435	294	882	1470	301	903	1505
6,9	69,00	276	828	1380	283	849	1415	290	870	1450	297	891	1485
6,8	68,00	272	816	1360	279	837	1395	286	858	1430	292	876	1460
6,7	67,00	268	804	1340	275	825	1375	281	843	1405	288	864	1440
6,6	66,00	264	792	1320	271	813	1355	277	831	1385	284	852	1420
6,5	65,00	260	780	1300	267	801	1335	273	819	1365	280	840	1400
6,4	64,00	256	768	1280	262	786	1310	269	807	1345	275	825	1375
6,3	63,00	252	756	1260	258	774	1290	265	795	1325	271	813	1355
6,2	62,00	248	744	1240	254	762	1270	260	780	1300	267	801	1335
6,1	61,00	244	732	1220	250	750	1250	256	768	1280	262	786	1310
6,0	60,00	240	720	1200	246	738	1230	252	756	1260	258	774	1290
5,9	59,00	236	708	1180	242	726	1210	248	744	1240	254	762	1270
5,8	58,00	232	696	1160	238	714	1190	244	732	1220	249	747	1245
5,7	57,00	228	684	1140	234	702	1170	239	717	1195	245	735	1225
5,6	56,00	224	672	1120	230	690	1150	235	705	1175	241	723	1205
5,5	55,00	220	660	1100	226	678	1130	231	693	1155	237	711	1185
5,4	54,00	216	648	1080	221	663	1105	227	681	1135	232	696	1160
5,3	53,00	212	636	1060	217	651	1085	223	669	1115	228	684	1140
5,2	52,00	208	624	1040	213	639	1065	218	654	1090	224	672	1120
5,1	51,00	204	612	1020	209	627	1045	214	642	1070	219	657	1095
5,0	50,00	200	600	1000	205	615	1025	210	630	1050	215	645	1075
4,9	49,00	196	588	980	201	603	1005	206	618	1030	211	633	1055
4,8	48,00	192	576	960	197	591	985	202	606	1010	206	618	1030
4,7	47,00	188	564	940	193	579	965	197	591	985	202	606	1010
4,6	46,00	184	552	920	189	567	945	193	579	965	198	594	990
4,5	45,00	180	540	900	185	555	925	189	567	945	194	582	970
4,4	44,00	176	528	880	180	540	900	185	555	925	189	567	945
4,3	43,00	172	516	860	176	528	880	181	543	905	185	555	925
4,2	42,00	168	504	840	172	516	860	176	528	880	181	543	905
4,1	41,00	164	492	820	168	504	840	172	516	860	176	528	880
4,0	40,00	160	480	800	164	492	820	168	504	840	172	516	860

2.22 Umrechnungstabellen für nationale Kür-Notenbögen der Kl. L, M, S, Prix St-Georges, und Grand Prix

		Kl. L, M*			Kl. M**, Prix St-G., Kl. S, Gr. Prix								
WN	%	Punkte	3 Richter	5 Richter	Punkte	3 Richter	5 Richter						
10,0	100,00	150	450	750	200	600	1000						
9,9	99,00	149	447	745	198	594	990						
9,8	98,00	147	441	735	196	588	980						
9,7	97,00	146	438	730	194	582	970						
9,6	96,00	144	432	720	192	576	960						
9,5	95,00	143	429	715	190	570	950						
9,4	94,00	141	423	705	188	564	940						
9,3	93,00	140	420	700	186	558	930						
9,2	92,00	138	414	690	184	552	920						
9,1	91,00	137	411	685	182	546	910						
9,0	90,00	135	405	675	180	540	900						
8,9	89,00	134	402	670	178	534	890						
8,8	88,00	132	396	660	176	528	880						
8,7	87,00	131	393	655	174	522	870						
8,6	86,00	129	387	645	172	516	860						
8,5	85,00	128	384	640	170	510	850						
8,4	84,00	126	378	630	168	504	840						
8,3	83,00	125	375	625	166	498	830						
8,2	82,00	123	369	615	164	492	820						
8,1	81,00	122	366	610	162	486	810						
8,0	80,00	120	360	600	160	480	800						
7,9	79,00	119	357	595	158	474	790						
7,8	78,00	117	351	585	156	468	780						
7,7	77,00	116	348	580	154	462	770						
7,6	76,00	114	342	570	152	456	760						
7,5	75,00	113	339	565	150	450	750						
7,4	74,00	111	333	555	148	444	740						
7,3	73,00	110	330	550	146	438	730						
7,2	72,00	108	324	540	144	432	720						
7,1	71,00	107	321	535	142	426	710						

Druck: März 2015

		Kl. L, M*			Kl. M**, Prix St-G., Kl. S, Gr. Prix								
WN	%	Punkte	3 Richter	5 Richter	Punkte	3 Richter	5 Richter						
7,0	70,00	105	315	525	140	420	700						
6,9	69,00	104	312	520	138	414	690						
6,8	68,00	102	306	510	136	408	680						
6,7	67,00	101	303	505	134	402	670						
6,6	66,00	99	297	495	132	396	660						
6,5	65,00	98	294	490	130	390	650						
6,4	64,00	96	288	480	128	384	640						
6,3	63,00	95	285	475	126	378	630						
6,2	62,00	93	279	465	124	372	620						
6,1	61,00	92	276	460	122	366	610						
6,0	60,00	90	270	450	120	360	600						
5,9	59,00	89	267	445	118	354	590						
5,8	58,00	87	261	435	116	348	580						
5,7	57,00	86	258	430	114	342	570						
5,6	56,00	84	252	420	112	336	560						
5,5	55,00	83	249	415	110	330	550						
5,4	54,00	81	243	405	108	324	540						
5,3	53,00	80	240	400	106	318	530						
5,2	52,00	78	234	390	104	312	520						
5,1	51,00	77	231	385	102	306	510						
5,0	50,00	75	225	375	100	300	500						
4,9	49,00	74	222	370	98	294	490						
4,8	48,00	72	216	360	96	288	480						
4,7	47,00	71	213	355	94	282	470						
4,6	46,00	69	207	345	92	276	460						
4,5	45,00	68	204	340	90	270	450						
4,4	44,00	66	198	330	88	264	440						
4,3	43,00	65	195	325	86	258	430						
4,2	42,00	63	189	315	84	252	420						
4,1	41,00	62	186	310	82	246	410						
4,0	40,00	60	180	300	80	240	400						

Hinweis

Die **internationalen Aufgaben Reiten – Dressur**
für Ponys, Junioren, Junge Reiter und Senioren
sowie die internationalen Aufgaben Vielseitigkeit
sind als Loseblattsammlung (nur Inhalt)
beim **FN***verlag* zu beziehen.
Diese Loseblattsammlung kann in das
„Aufgabenheft Reiten – national" mit eingeheftet werden.

Wichtiger Hinweis:
Da die internationalen Aufgaben von der FEI ohne
besondere längere Vorankündigung und in
unregelmäßigen Zeitabständen geändert werden, gibt der
FN*verlag* – nach Bekanntgabe neuer internationaler
Aufgaben durch die FEI – entsprechende Ergänzungssätze
mit Datumskennzeichnung heraus. Durch den
Bezug dieser Ergänzungssätze beim **FN***verlag* bleibt
Ihr internationales Aufgabenheft immer auf dem
aktuellsten Stand.
Sie können die Erneuerung von internationalen Aufgaben
aber auch direkt bei der FEI unter der Internetadresse
www.fei.org abfragen.

Das **Aufgabenheft Fahren (national und international)**
ist ebenfalls separat beim **FN***verlag*
als Loseblattsammlung (nur Inhalt) oder
komplett als Ringbuchausgabe erhältlich.

Ebenfalls ist im **FN***verlag* das **Aufgabenheft
Voltigieren (national)** als Loseblattsammlung (nur Inhalt)
oder komplett als Ringbuchausgabe erhältlich.

Mit reiterlichen Grüßen
Ihr **FN***verlag*
www.fnverlag.de

Druck: März 2015

V. Stilspringprüfungen mit Standardanforderungen gem. § 520 ff. LPO, FN-Hunterklasse Springen gem. § 540 LPO

1. Aufbauempfehlungen für Stilspringprüfungen mit Standardanforderungen

1.1 Anforderungen der Aufgabenstellungen

Vorgaben grundsätzlicher Art

- Aufgabenheft I. 4., insbesondere 4.6
- LPO
- Merkblatt zu den Stilspringprüfungen, Aufgabenheft Abschnitt V
- Aufgaben im Standardparcours sind zur Notenzuordnung zu nummerieren bzw. zu kennzeichnen
- für Hallen und Außenplätze

Vorgaben zur Aufgabenstellung

- In den Standardparcours E 1 bis M 2 nach Durchreiten der Ziellinie harmonischer Übergang über Trab zum Schritt. Ergänzend kann diese Aufgabenstellung mit dem Reiten eines Zirkels erweitert werden.
- Distanzen für Pony-Prüfungen müssen angepasst werden.
- Halten und Gruß ist eine zu bewertende Aufgabe und muss mit bewertet werden.
- Das zu reitende Tempo ist Grundlage der Aufgabenstellung und muss gemessen werden.
- Das zu reitende Tempo sollte für außen mit 350 m/Min. und in der Halle 325 m/Min. bemessen sein.
- Sind Trabaufgaben mit eingebunden, ist die Zeit zu verändern. Besteht die Aufgabenergänzung aus einem Zirkel, ist die Zeit um 5 Sekunden, bei einer Volte ist die Zeit um 3 Sekunden zu erhöhen.
- Die verlangten Standardanforderungen sind in die Parcoursskizzen einzutragen. Die Parcoursskizze soll während der Veranstaltung früh genug Teilnehmern und Richtern zugänglich gemacht bzw. ausgehängt werden.
- Es ist der Kreativität des verantwortlichen Parcourschef überlassen, aus dem Rahmen der Anforderungsprofile einen Parcours zu entwickeln, der den harmonischen, rhythmischen und ausbildungsgerechten Grundsätzen entspricht.

1.2 Hinweise zum Aufbau

Parcoursgestaltung

- Auf den Grundlagen und Vorgaben der LPO hat der Parcoursbau zu erfolgen.
- Unter Berücksichtigung der Einflussfaktoren im Parcoursbau.
- Distanzen für Pony-Prüfungen müssen angepasst werden.
- Die zu reitenden Zirkel müssen so geplant werden, dass diese auf unterschiedlicher Hand (im Wechsel) geritten werden müssen.
- Aufgaben im Standardparcours sind zur Notenzuordnung durchzunummerieren.
- Wendemarken müssen mit größerer Bedeutung eingesetzt werden.
  - Unterstützung der Linienführung
  - Hilfestellung zur Bestimmung der Aufgabenpositionen
  - damit in der Parcoursskizze beschrieben werden kann, wo eine Aufgabe absolviert werden muss. Es kann auch ein Hindernis dazu herangezogen werden.
    Zum Beispiel um das Hindernis Nr. … angelegt. Das ist dann in der Skizze darzustellen.
- Das Hindenismaterial ist den Veranstaltungsplätzen anzupassen und entsprechend der Klasse im Schwierigkeitsgrad einzusetzen.
- In Hallen mit der Reitflächengröße von 20 x 40 m und 20 x 60 m sind Stangen mit 3 m einzusetzen.
- Die in den Beispiel-Parcours vorgegebenen Distanzen sind Richtmaße, die im Einzelfall durch den verantwortlichen Parcourschef den örtlichen Gegebenheiten harmonisch und rhythmisch anzupassen sind.

1.3 Aufgabenstellung und Beispielparcours für die entsprechende Klasse

- Bei den dargestellten Standardparcours E 1 bis M 2 handelt es sich um Beispielparcours.
- Die Beispielparcours sind angelegt und geplant mit festgelegten Aufgabenstellungen für Stil-Springprüfungen mit Standardanforderungen.
- Unterteilt in Klassen sollen die Aufgaben leistungsgerecht abgefragt und geprüft werden können.

Druck: März 2015

1.4 Leitfaden Stilspringprüfung

Weg:		
Tempo:		
Stil (Sitz und Einwirkung):		
Grundnote:	**Abzüge gem. § 520 LPO:**	**Gesamtnote:**

2. Standardparcours für Pferde und Ponys Parcours E 1–E 2, A 1–A 2, L 1–L 3, M 1–M 2, Championatsparcours (Ch 1–Ch 4) und Trainingsparcours (T 1–T 3)

2.1 Standardparcours E, A, L und M

Parcours E 1
Stilspringprüfung mit Standardanforderungen

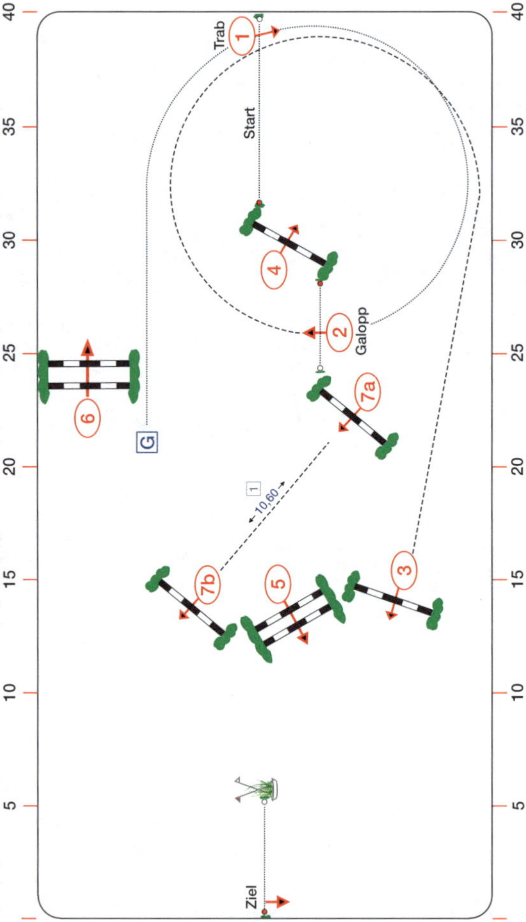

Druck: März 2015

Halle 20 x 40 m (Mindestmaß)

Dauer: ca. 70 Sekunden (ohne Ein- und Ausreiten)

Standardanforderungen
Der Parcours ist auf der vorgegebenen Linie zu reiten. Einreiten und an der vorgegebenen Stelle **G** halten und grüßen. An vorgegebener Stelle bei Nummer **1** Trab, bei Nummer **2** Übergang in Galopp, Parcours über Hindernis **3** fortsetzen.

Maße für reine Pony-WB/-LP
1 Für G-Ponys ca. 10,10 m

Anforderungsprofile bei individueller Parcoursgestaltung:
1. Einreiten und an vorgegebener Stelle halten und grüßen.
2. Anreiten im Trab (leichttraben).
3. An vorgegebener Stelle auf dem Zirkel geritten und dabei aussitzen. Nach einer ½ Runde angaloppieren. Ausgehend von der Grundposition des „Springsitzes"* reitet der Reiter die Hindernisse in entsprechender Reihenfolge an. Der Sitz des Reiters variiert vor, über, nach und zwischen den Sprüngen, um sich den ständig verändernden Situationen anzupassen.
   Danach geradeaus zum Hindernis.
4. Springen von Hindernissen, davon 1 Kombination (Steil – Steil, 2 Galoppsprünge)

* In der Grundposition des „Springsitzes" hat der Reiter mit seinem Gesäß Kontakt zum Sattel. Die Steigbügel sind so verschnallt, dass er mit elastisch nach unten federnden Absätzen Halt findet und einen Teil des Gewichts darin abfedern kann. Das ermöglicht dem Reiter, einerseits nah am Pferd zu bleiben und andererseits beweglich und anpassungsfähig zu sein. Die Unterschenkel liegen sicher am Gurt. Der Reiter geht mit leicht nach vorn geneigtem Oberkörper angemessen in die Vorwärtsbewegung des Pferdes ein. Er hat das Pferd jedoch immer vor sich und bleibt stets im Gleichgewicht.

Druck: März 2015

Parcours E 1
Stilspringprüfung mit Standardanforderungen

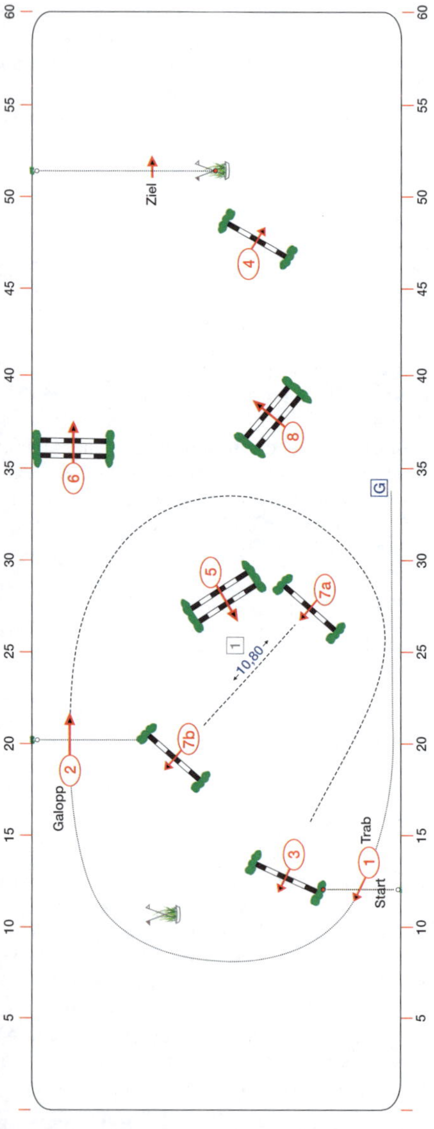

Druck: März 2015

Halle 20 x 60 m (Mindestmaß)

Dauer: ca. 90 Sekunden (ohne Ein- und Ausreiten)

Standardanforderungen
Der Parcours ist auf der vorgegebenen Linie zu reiten. Einreiten und an der vorgegebenen Stelle **G** halten und grüßen. An vorgegebener Stelle bei Nummer **1** Trab, bei Nummer **2** Übergang in Galopp, Parcours über Hindernis **3** fortsetzen.

Maße für reine Pony-WB/-LP
1 Für G-Ponys ca. 10,20 m

Anforderungsprofile bei individueller Parcoursgestaltung:
1. Einreiten und an vorgegebener Stelle halten und grüßen.
2. Anreiten im Trab (leichttraben).
3. An vorgegebener Stelle auf dem Zirkel geritten und dabei aussitzen. Nach einer ½ Runde angaloppieren. Ausgehend von der Grundposition des „Springsitzes" (s. Fußnote Seite 263) reitet der Reiter die Hindernisse in entsprechender Reihenfolge an. Der Sitz des Reiters variiert vor, über, nach und zwischen den Sprüngen, um sich den ständig verändernden Situationen anzupassen.
   Danach geradeaus zum Hindernis.
4. Springen von Hindernissen, davon 1 Kombination (Steil – Steil, 2 Galoppsprünge)
   mind. 2 Hochweitsprünge
   2 Handwechsel

Druck: März 2015

Parcours E 2
Stilspringprüfung mit Standardanforderungen

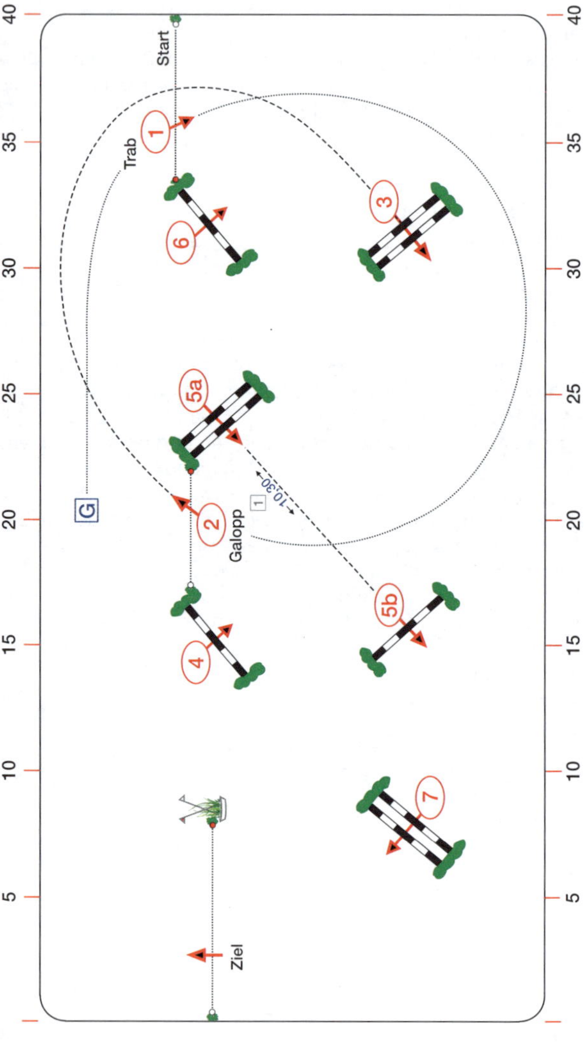

Druck: März 2015

Halle 20 x 40 m (Mindestmaß)

Dauer: ca. 70 Sekunden (ohne Ein- und Ausreiten)

Standardanforderungen
Der Parcours ist auf der vorgegebenen Linie zu reiten. Einreiten und an der vorgegebenen Stelle **G** halten, grüßen, danach antraben (leichttraben). An vorgegebener Stelle bei Nummer **1** aussitzen, bei Nummer **2** Übergang in Galopp, Parcours über Hindernis **3** fortsetzen.

Hindernis 5a, 3
Doppelrick 70 cm

Maße für reine Pony-WB/-LP
1 Für G-Ponys ca. 9,90 m

Anforderungsprofile bei individueller Parcoursgestaltung:
1. Einreiten und an vorgegebener Stelle halten und grüßen.
2. Anreiten im Trab (leichttraben).
3. An vorgegebener Stelle auf dem Zirkel geritten und dabei aussitzen. Nach einer ½ Runde angaloppieren. Ausgehend von der Grundposition des „Springsitzes" (s. Fußnote Seite 263) reitet der Reiter die Hindernisse in entsprechender Reihenfolge an. Der Sitz des Reiters variiert vor, über, nach und zwischen den Sprüngen, um sich den ständig verändernden Situationen anzupassen.
4. Springen von Hindernissen, davon 1 Kombination (2 Galoppsprünge)

Parcours E 2
Stilspringprüfung mit Standardanforderungen

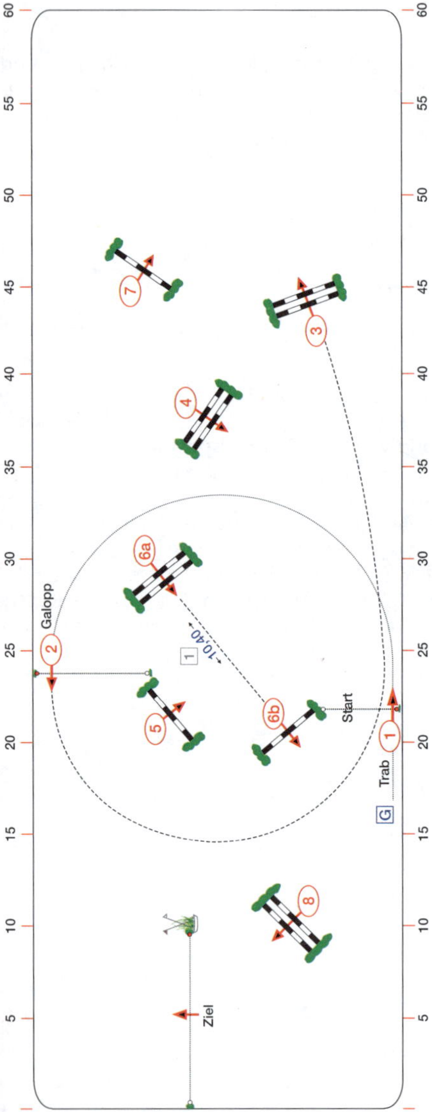

Druck: März 2015

Halle 20 x 60 m (Mindestmaß)

Dauer: ca. 85 Sekunden (ohne Ein- und Ausreiten)

Standardanforderungen
Der Parcours ist auf der vorgegebenen Linie zu reiten. Einreiten und an der vorgegebenen Stelle **G** halten, grüßen, danach antraben (leichttraben). An vorgegebener Stelle bei Nummer **1** aussitzen, bei Nummer **2** Übergang in Galopp, Parcours über Hindernis **3** fortsetzen.

Hindernis 6a
Doppelrick 70 cm

Maße für reine Pony-WB/-LP
1 Für G-Ponys ca. 10,00 m

Anforderungsprofile bei individueller Parcoursgestaltung:
1. Einreiten und an vorgegebener Stelle halten und grüßen.
2. Anreiten im Trab (leichttraben).
3. An vorgegebener Stelle auf dem Zirkel geritten und dabei aussitzen. Nach einer ½ Runde angaloppieren. Ausgehend von der Grundposition des „Springsitzes" (s. Fußnote Seite 263) reitet der Reiter die Hindernisse in entsprechender Reihenfolge an. Der Sitz des Reiters variiert vor, über, nach und zwischen den Sprüngen, um sich den ständig verändernden Situationen anzupassen.
4. Springen von Hindernissen, davon 1 Kombination (2 Galoppsprünge)
   mind. 2 Hochweitsprünge
   2 Handwechsel

Druck: März 2015

Parcours A 1
Stilspringprüfung mit Standardanforderungen

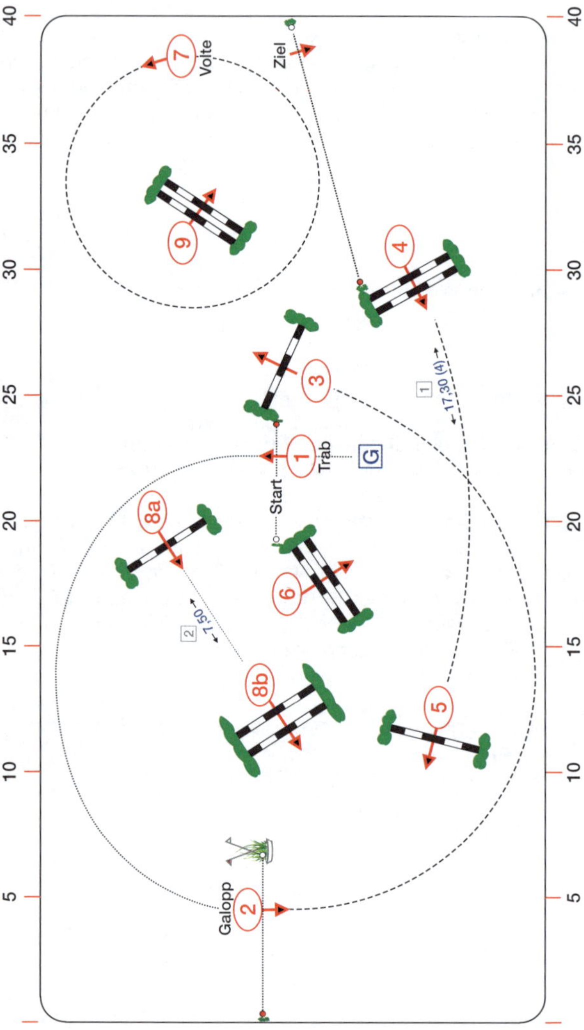

Druck: März 2015

Halle 20 x 40 m (Mindestmaß)

Dauer: ca. 75 Sekunden (ohne Ein- und Ausreiten)

Standardanforderungen
Der Parcours ist auf der vorgegebenen Linie zu reiten. Einreiten und an der Stelle **G** halten, grüßen, danach antraben (leichttraben). An vorgegebener Stelle bei Nummer **1** aussitzen, bei Nummer **2** Übergang in Galopp, Parcours über Hindernis **3** fortsetzen. Nach Hindernis **6** bei Nummer **7** eine Volte um Hindernis **9** reiten (10–12 m). Danach über Hindernis **8a** den Parcours fortsetzen.

Hindernis 4
Doppelrick 80 cm

Maße für reine Pony-WB/-LP
1 Für G-Ponys ca. 16,50 m
2 Für G-Ponys ca. 7,00 m

Anforderungsprofile bei individueller Parcoursgestaltung:
1. Einreiten und an vorgegebener Stelle halten und grüßen.
2. Anreiten im Trab (leichttraben).
3. An vorgegebener Stelle auf dem Zirkel geritten und dabei aussitzen. Nach einer ½ Runde angaloppieren. Ausgehend von der Grundposition des „Springsitzes" (s. Fußnote Seite 263) reitet der Reiter die Hindernisse in entsprechender Reihenfolge an. Der Sitz des Reiters variiert vor, über, nach und zwischen den Sprüngen, um sich den ständig verändernden Situationen anzupassen.
   Danach geradeaus zum Hindernis.
4. Springen von Hindernissen, davon 1 Kombination (1 Galoppsprung) und 1 Hindernisfolge
5. An vorgegebener Stelle nach dem Springen von 3–4 Hindernissen auf dem Zirkel oder Volte (10–12 m) geritten, dabei Grundposition des „Springsitzes", danach geradeaus zum Hindernis.

Druck: März 2015

Parcours A 1
Stilspringprüfung mit Standardanforderungen

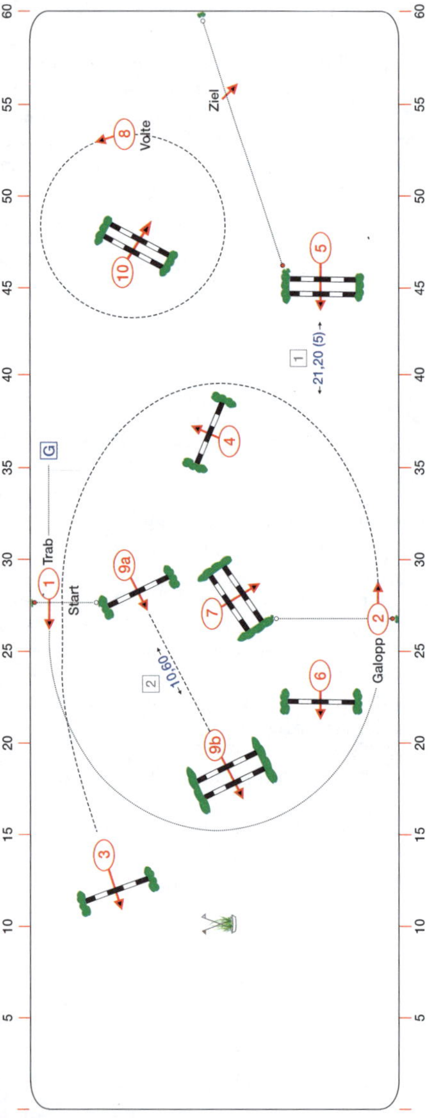

Druck: März 2015

Halle 20 x 60 m (Mindestmaß)

Dauer: ca. 80 Sekunden (ohne Ein- und Ausreiten)

Standardanforderungen
Der Parcours ist auf der vorgegebenen Linie zu reiten. Einreiten und an der Stelle **G** halten, grüßen, danach antraben (leichttraben). An vorgegebener Stelle bei Nummer **1** aussitzen, bei Nummer **2** Übergang in Galopp, Parcours über Hindernis **3** fortsetzen. Nach Hindernis **7** bei Nummer **8** eine Volte um Hindernis **10** reiten (10–12 m). Danach über Hindernis **9a** den Parcours fortsetzen.

Maße für reine Pony-WB/-LP
1 Für G-Ponys ca. 20,50 m
2 Für G-Ponys ca. 10,10 m

Anforderungsprofile bei individueller Parcoursgestaltung:
1. Einreiten und an vorgegebener Stelle halten und grüßen.
2. Anreiten im Trab (leichttraben).
3. An vorgegebener Stelle auf dem Zirkel geritten und dabei aussitzen. Nach einer ½ Runde angaloppieren. Ausgehend von der Grundposition des „Springsitzes“ (s. Fußnote Seite 263) reitet der Reiter die Hindernisse in entsprechender Reihenfolge an. Der Sitz des Reiters variiert vor, über, nach und zwischen den Sprüngen, um sich den ständig verändernden Situationen anzupassen.
   Danach geradeaus zum Hindernis.
4. Springen von Hindernissen, davon 1 Kombination (1 Galoppsprung) und 1 Hindernisfolge
   mind. 2 Hochweitsprünge
   2 Handwechsel
5. An vorgegebener Stelle nach dem Springen von 3–4 Hindernissen auf dem Zirkel oder Volte (10–12 m) geritten, dabei Grundposition des „Springsitzes“, danach geradeaus zum Hindernis.

Druck: März 2015

Parcours A 2
Stilspringprüfung mit Standardanforderungen

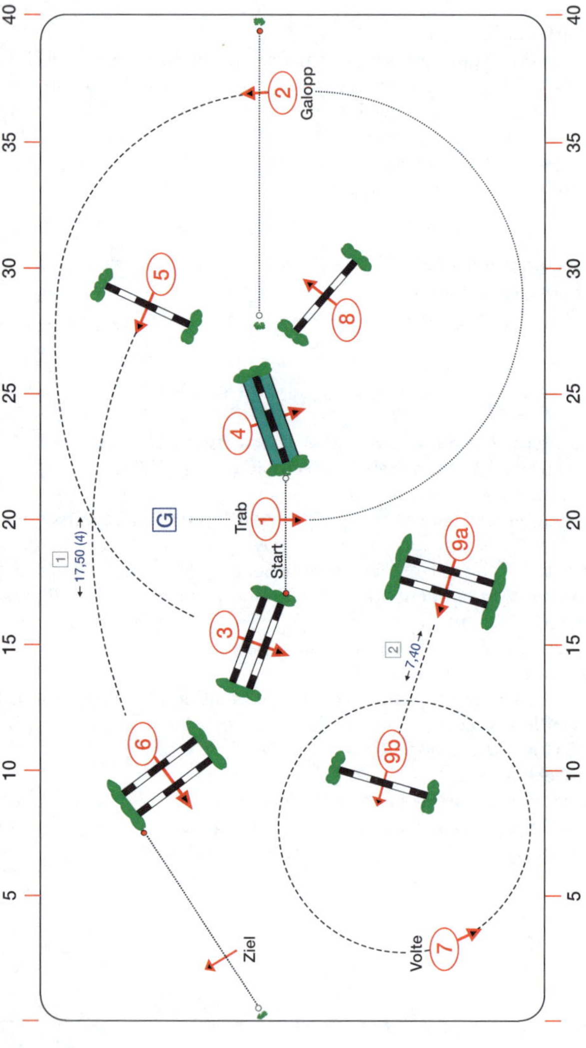

Druck: März 2015

Halle 20 x 40 m (Mindestmaß)

Dauer ca. 80 Sekunden (ohne Ein- und Ausreiten)

Standardanforderungen
Der Parcours ist auf der vorgegebenen Linie zu reiten. Einreiten und an der vorgegebenen Stelle **G** halten, grüßen, danach antraben (leichttraben). An vorgegebener Stelle bei Nummer **1** aussitzen, bei Nummer **2** Übergang in Galopp, Parcours über Hindernis **3** fortsetzen. Nach Hindernis **6** bei Nummer **7** eine Volte um Hindernis **9b** reiten (10–12 m). Danach über Hindernis **8** den Parcours fortsetzen.

Hindernis 3
Doppelrick 80 cm

Maße für reine Pony-WB/-LP
1 Für G-Ponys ca. 16,70 m
2 Für G-Ponys ca. 6,90 m

Anforderungsprofile bei individueller Parcoursgestaltung:
1. Einreiten und an vorgegebener Stelle halten und grüßen.
2. Anreiten im Trab (leichttraben).
3. An vorgegebener Stelle aussitzen, an vorgegebener Stelle angaloppieren. Ausgehend von der Grundposition des „Springsitzes" (s. Fußnote Seite 263) reitet der Reiter die Hindernisse in entsprechender Reihenfolge an. Der Sitz des Reiters variiert vor, über, nach und zwischen den Sprüngen, um sich den ständig verändernden Situationen anzupassen.
4. Springen von Hindernissen, davon 1 Kombination (1 Galoppsprung) und 1 Hindernisfolge
5. An vorgegebener Stelle nach dem Springen von 3–4 Hindernissen auf dem Zirkel oder Volte (10–12 m) geritten, dabei Grundposition des „Springsitzes", danach geradeaus zum Hindernis.

Parcours A 2
Stilspringprüfung mit Standardanforderungen

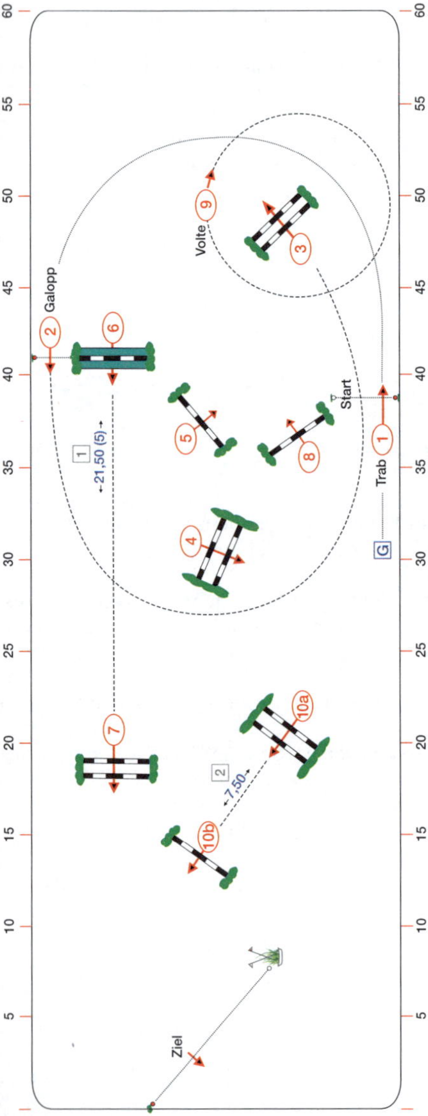

Druck: März 2015

Halle 20 x 60 m (Mindestmaß)

Dauer: ca. 80 Sekunden (ohne Ein- und Ausreiten)

Standardanforderungen
Der Parcours ist auf der vorgegebenen Linie zu reiten. Einreiten und an der vorgegebenen Stelle **G** halten, grüßen, danach antraben (leichttraben). An vorgegebener Stelle bei Nummer **1** aussitzen, bei Nummer **2** Übergang in Galopp, Parcours über Hindernis **3** fortsetzen. Nach Hindernis **8** bei Nummer **9** eine Volte um Hindernis **3** reiten (10–12 m). Danach über Hindernis **10a** den Parcours fortsetzen.

Hindernis 3
Doppelrick 80 cm

Maße für reine Pony-WB/-LP
1 Für G-Ponys ca. 20,30 m
2 Für G-Ponys ca. 7,00 m

Anforderungsprofile bei individueller Parcoursgestaltung:
1. Einreiten und an vorgegebener Stelle halten und grüßen.
2. Anreiten im Trab (leichttraben).
3. An vorgegebener Stelle aussitzen, an vorgegebener Stelle angaloppieren. Ausgehend von der Grundposition des „Springsitzes" (s. Fußnote Seite 263) reitet der Reiter die Hindernisse in entsprechender Reihenfolge an. Der Sitz des Reiters variiert vor, über, nach und zwischen den Sprüngen, um sich den ständig verändernden Situationen anzupassen.
4. Springen von Hindernissen, davon 1 Kombination (1 Galoppsprung) und 1 Hindernisfolge
   mind. 2 Hochweitsprünge
   Wasserfolie
   2 Handwechsel
5. An vorgegebener Stelle nach dem Springen von mehreren Hindernissen auf dem Zirkel oder Volte (10–12 m) geritten, dabei Grundposition des „Springsitzes", danach geradeaus zum Hindernis.

Parcours L 1
Stilspringprüfung mit Standardanforderungen

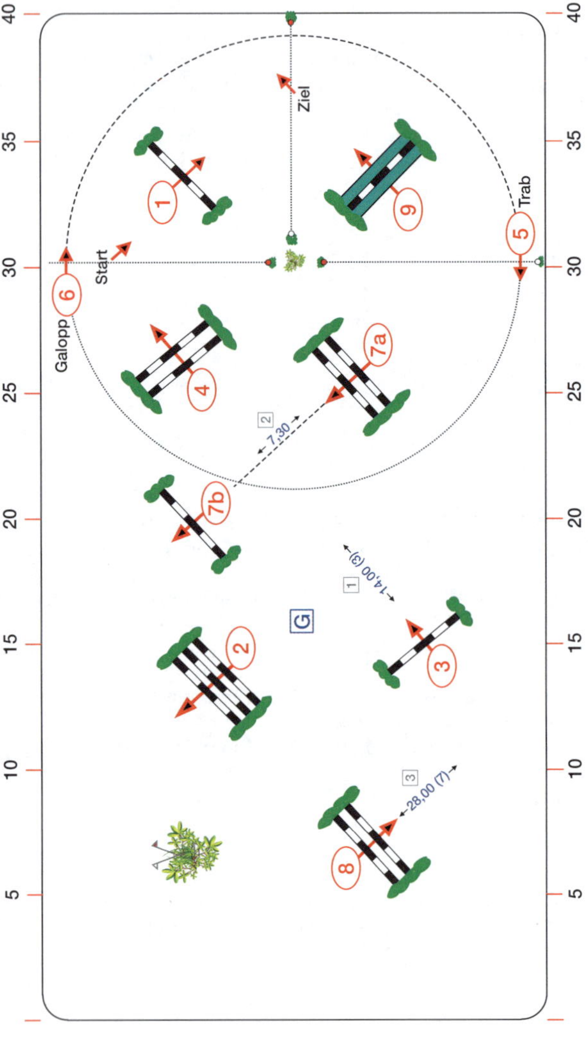

Druck: März 2015

Halle 20 x 40 m (Mindestmaß)

Dauer: ca. 75 Sekunden (ohne Ein- und Ausreiten)

Standardanforderungen
Der Parcours ist auf der vorgegebenen Linie zu reiten. Einreiten und an der vorgegebenen Stelle **G** halten und grüßen. Danach angaloppieren über Trab und den Parcours beginnen. Nach Hindernis **4** auf den Zirkel geritten, bei Nummer **5** durchparieren zum Trab, bei Nummer **6** Übergang in Galopp und Parcours über Hindernis **7a** fortsetzen.

Hindernis 8
Doppelrick 90 cm

Maße für reine Pony-WB/-LP
1 Für G-Ponys ca. 13,20 m
2 Für G-Ponys ca. 7,00 m
3 Für G-Ponys ca. 26,50 m

Anforderungsprofile bei individueller Parcoursgestaltung:
1. Einreiten und an vorgegebener Stelle halten und grüßen.
2. Anreiten im Trab (leichttraben).
3. Aussitzen, angaloppieren und den Parcours beginnen. Ausgehend von der Grundposition des „Springsitzes“ (s. Fußnote Seite 263) reitet der Reiter die Hindernisse in entsprechender Reihenfolge an. Der Sitz des Reiters variiert vor, über, nach und zwischen den Sprüngen, um sich den ständig verändernden Situationen anzupassen.
4. Springen von Hindernissen, davon 1 Kombination
   und 1 Hindernisfolge
   mindestens 3 Hoch-Weit-Sprünge davon 1 Triplebarre und Wasserfolie, 2 Handwechsel
5. An vorgegebener Stelle nach dem Springen von 3–4 Hindernissen auf dem Zirkel oder Volte (10–12 m) geritten dabei Grundposition des „Springsitzes“, danach
   – an vorgegebener Stelle durchparieren zum Trab
   – an vorgegebener Stelle angaloppieren und den Parcours fortführen

Druck: März 2015

Parcours L 1
Stilspringprüfung mit Standardanforderungen

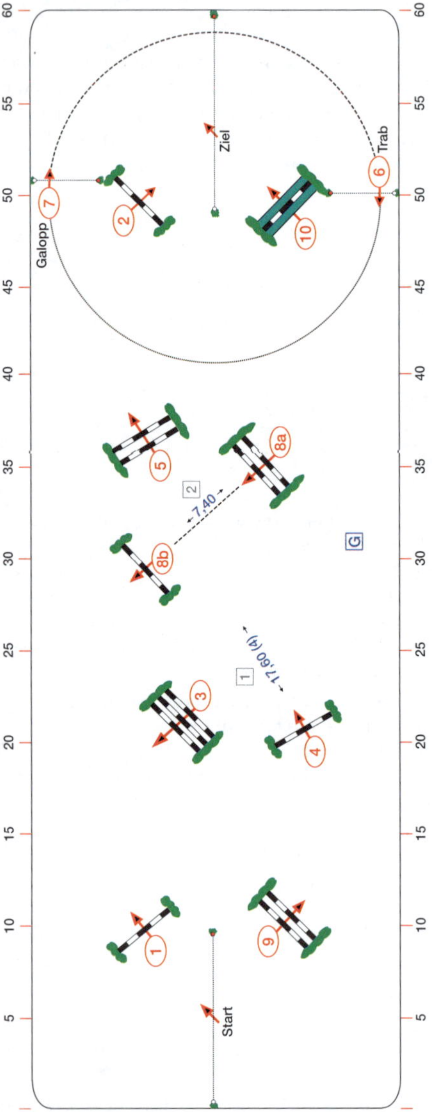

Druck: März 2015

Halle 20 x 60 m (Mindestmaß)

Dauer: ca. 80 Sekunden (ohne Ein- und Ausreiten)

Standardanforderungen
Der Parcours ist auf der vorgegebenen Linie zu reiten. Einreiten und an der vorgegebenen Stelle **G** halten und grüßen. Danach angaloppieren über Trab und den Parcours beginnen. Nach Hindernis **5** auf dem Zirkel geritten, bei Nummer **6** durchparieren zum Trab, bei Nummer **7** Übergang in Galopp und Parcours über Hindernis **8a** fortsetzen.

Hindernis 9
Doppelrick 90 cm

Maße für reine Pony-WB/-LP
1 Für G-Ponys ca. 17,00 m
2 Für G-Ponys ca. 7,00 m

Anforderungsprofile bei individueller Parcoursgestaltung:
1. Einreiten und an vorgegebener Stelle halten und grüßen.
2. Anreiten im Trab (leichttraben).
3. Aussitzen, angaloppieren und den Parcours beginnen. Ausgehend von der Grundposition des „Springsitzes“ (s. Fußnote Seite 263) reitet der Reiter die Hindernisse in entsprechender Reihenfolge an. Der Sitz des Reiters variiert vor, über, nach und zwischen den Sprüngen, um sich den ständig verändernden Situationen anzupassen.
4. Springen von Hindernissen, davon 1 Kombination
   und 1 Hindernisfolge (4 bis 5 Galoppsprünge)
   mind. 3 Hochweitsprünge, davon 1 Triplebarre
   Wasserfolie
   2 Handwechsel
5. An vorgegebener Stelle nach dem Springen von 4–5 Hindernissen auf dem Zirkel oder Volte (10–12 m) geritten dabei Grundposition des „Springsitzes“, danach
   – an vorgegebener Stelle durchparieren zum Trab
   – an vorgegebener Stelle angaloppieren und den Parcours fortführen

Parcours L 2
Stilspringprüfung mit Standardanforderungen

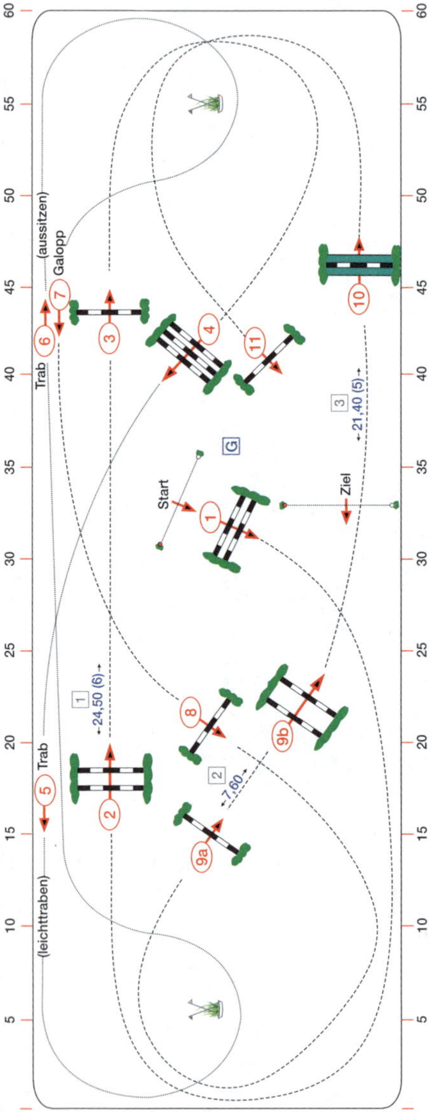

Druck: März 2015

Halle 20 x 60 m (Mindestmaß)

Dauer: ca. 85 Sekunden (ohne Ein- und Ausreiten)

Standardanforderungen
Der Parcours ist auf der vorgegebenen Linie zu reiten. Einreiten und an der vorgegebenen Stelle **G** halten und grüßen. Danach angaloppieren über Trab und den Parcours beginnen. An vorgegebener Stelle bei Nummer **5** durchparieren zum Trab (leichttraben), bei Nummer **6** aussitzen und bei Nummer **7** Galopp entwickeln und den Parcours fortsetzen.

Maße für reine Pony-WB/-LP

1 Für G-Ponys ca. 23,40 m
2 Für G-Ponys ca. 7,00 m
3 Für G-Ponys ca. 20,50 m

Anforderungsprofile bei individueller Parcoursgestaltung:

1. Einreiten und an vorgegebener Stelle halten und grüßen.
2. Anreiten im Trab (leichttraben).
3. Aussitzen, angaloppieren und den Parcours beginnen. Ausgehend von der Grundposition des „Springsitzes" (s. Fußnote Seite 263) reitet der Reiter die Hindernisse in entsprechender Reihenfolge an. Der Sitz des Reiters variiert vor, über, nach und zwischen den Sprüngen, um sich den ständig verändernden Situationen anzupassen.
4. Springen von Hindernissen, davon 1 Kombination (1 Galoppsprung) und 2 Hindernisfolgen (je 3 bis 6 Galoppsprünge)
   mit einer geraden und einer gebogenen Linie
   mind. 3 Hochweitsprünge, davon 1 Triplebarre
   Wasserfolie
   2 Handwechsel
   Hindernis **1** als Einzelhindernis
   mit **2** und **3** als Hindernisfolge
5. An vorgegebener Stelle nach dem Springen von 3–4 Hindernissen durchparieren, an vorgegebener Stelle Aus-der-Ecke-Kehrt, (10–12 m) an der Längsseite geradeaus und in der nächsten Ecke Aus-der-Ecke-Kehrt wiederholen.
   Erste Aus-der-Ecke-Kehrt leichttraben; zweite Aus-der-Ecke-Kehrt aussitzen.
   Danach an vorgebener Stelle angaloppieren, dabei Grundposition des „Springsitzes" und danach geradeaus zum nächsten Hindernis und den Parcours fortsetzen.

Druck: März 2015

Parcours L 3
Stilspringprüfung mit Standardanforderungen

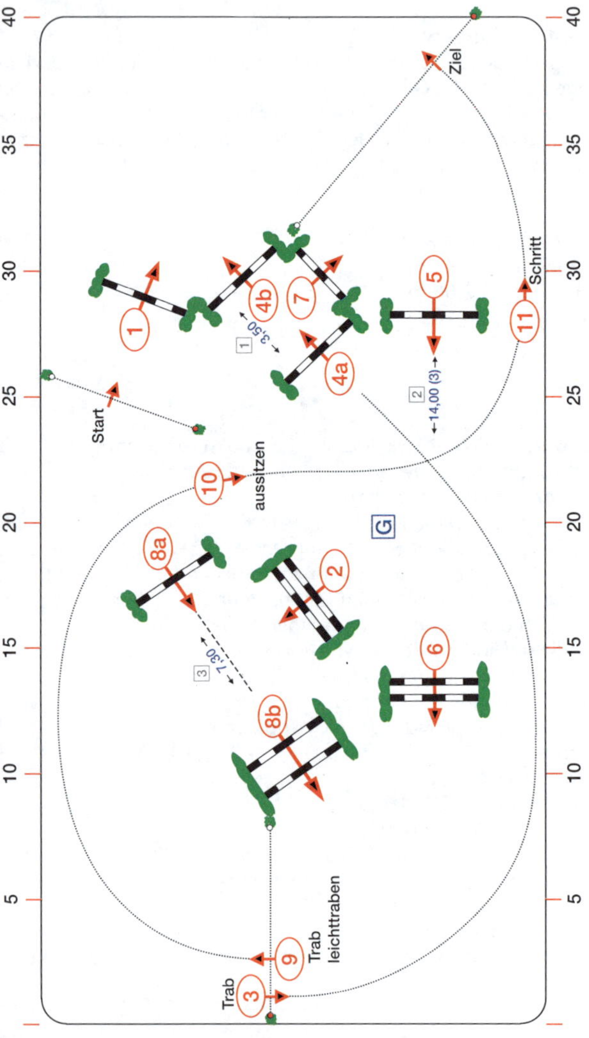

Druck: März 2015

Halle 20 x 40 (Mindestmaß)

Dauer: ca. 75 Sekunden (ohne Ein- und Ausreiten)

Standardanforderungen
Der Parcours ist auf der vorgegebenen Linie zu reiten. Einreiten und an der vorgegebenen Stelle **G** halten und grüßen. Danach angaloppieren über Trab und den Parcours beginnen. Nach Hindernis **2** an vorgegebener Stelle **3** Übergang zum Trab (leichttraben, Anreitephase zu **4a** aussitzen, leichter Sitz). Nach Sprung **4b** im Rechtsgalopp weiter über Hindernis **5** und danach Parcours fortsetzen. Beim Durchreiten der Linie **9** Übergang zum Trab (leichttraben) und auf vorgegebenem Weg (gestrichelte Linie) die Hand wechseln, bei Nummer **10** aussitzen, bei Nummer **11** Übergang zum Schritt und Zügel aus der Hand kauen lassen.

Maße für reine Pony-WB/-LP
1 Für G-Ponys ca. 2,90 m
2 Für G-Ponys ca. 16,40 m bzw. 13,30 m
3 Für G-Ponys ca. 7,00 m

Druck: März 2015

Parcours L 3
Stilspringprüfung mit Standardanforderungen

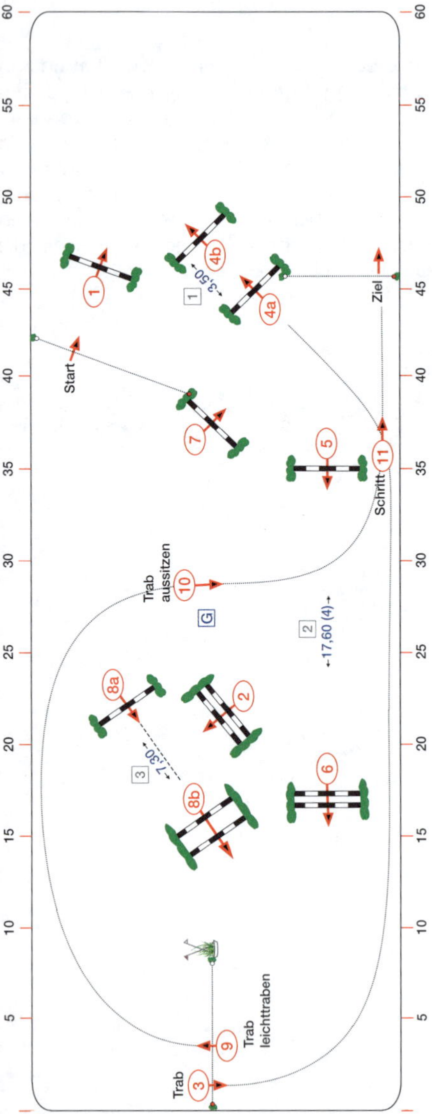

Druck: März 2015

Halle 20 x 60 m (Mindestmaß)

Dauer: ca. 75 Sekunden (ohne Ein- und Ausreiten)

Standardanforderungen

Der Parcours ist auf der vorgegebenen Linie zu reiten. Einreiten und an der vorgegebenen Stelle **G** halten und grüßen. Danach angaloppieren über Trab und den Parcours beginnen. Nach Hindernis **2** an vorgegebener Stelle **3** Übergang zum Trab (leichttraben, Anreitephase zu **4a** aussitzen, leichter Sitz). Nach Sprung **4b** im Rechtsgalopp weiter über Hindernis **5** und danach Parcours fortsetzen. Beim Durchreiten der Linie **9** Übergang zum Trab (leichttraben) und auf vorgegebenem Weg (gestrichelte Linie) die Hand wechseln, bei Nummer **10** aussitzen, bei Nummer **11** Übergang zum Schritt und Zügel aus der Hand kauen lassen.

Maße für reine Pony-WB/-LP

1 Für G-Ponys ca. 2,90 m
2 Für G-Ponys ca. 16,90 m bzw. 13,60 m
3 Für G-Ponys ca. 7,10 m

Druck: März 2015

Parcours M 1
Stilspringprüfung mit Standardanforderungen

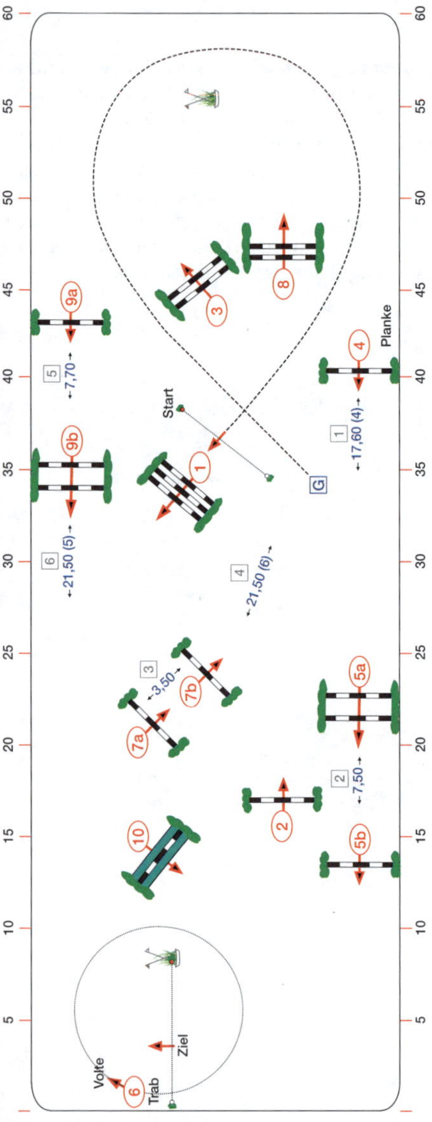

Druck: März 2015

Halle 20 x 60 m (Mindestmaß)

Dauer: ca. 80 Sekunden (ohne Ein- und Ausreiten)

Empfohlen für:
Sichtungsprüfungen

Standardanforderungen
Der Parcours ist auf der vorgegebenen Linie zu reiten. Einreiten und an der vorgegebenen Stelle **G** halten und grüßen. Den Parcours auf der vorgegebenen Linie im Galopp beginnen. Der Parcours hat zwei Wendemarken, die Bestandteil des Parcours sind. Nach Sprung **5b** an vorgegebener Stelle **6** eine Volte reiten, dabei durchparieren zum Trab (aussitzen), danach über **7a, 7b** (In-and-Out) und im Galopp über Hindernis **8** den Parcours fortsetzen.

Hindernis 1
Max. 120 cm breit

Hindernis 8
Doppelrick 90 cm

Maße für reine Pony-WB/-LP
1 Für G-Ponys ca. 16,80 m
2 Für G-Ponys ca. 7,00 m
3 Für G-Ponys ca. 2,80 m
4 Für G-Ponys ca. 20,50 m (5 Galoppsprünge)
5 Für G-Ponys ca. 7,10 m
6 Für G-Ponys ca. 23,40 m (6 Galoppsprünge)

Anforderungsprofile bei individueller Parcoursgestaltung:
1. Einreiten und an vorgegebener Stelle halten und grüßen. Der Parcours ist auf der vorgegebenen Linie im Galopp zu beginnen.
2. Anforderungen gemäß Parcours M 1 mit den in der Skizze und den Standardanforderungen festgehaltenen Aufgaben.

Druck: März 2015

Parcours M 2
Stilspringprüfung mit Standardanforderungen

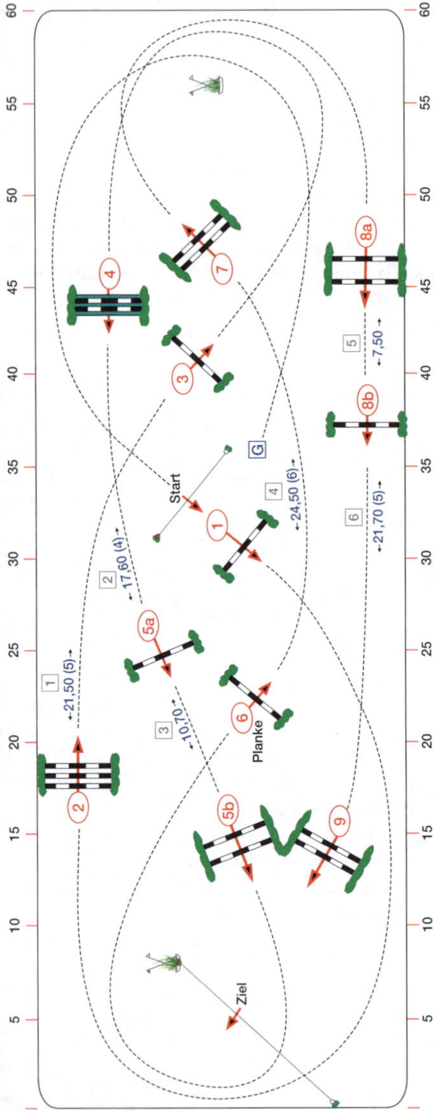

Druck: März 2015

Halle 20 x 60 m (Mindestmaß)

Dauer: ca. 75 Sekunden (ohne Ein- und Ausreiten)

Empfohlen für:
Sichtungsprüfungen

Standardanforderungen
Der Parcours ist auf der vorgegebenen Linie zu reiten. Einreiten und an der vorgegebenen Stelle **G** halten und grüßen. Den Parcours auf der vorgegebenen Linie im Galopp beginnen. Der Parcours hat zwei Wendemarken, die Bestandteil des Parcours sind.

Hindernis 4
Doppelrick 90 cm

Maße für reine Pony-WB/-LP
1 Für G-Ponys ca. 20,50 m
2 Für G-Ponys ca. 16,80 m
3 Für G-Ponys ca. 10,10 m
4 Für G-Ponys ca. 23,70 m
5 Für G-Ponys ca. 7,00 m
6 Für G-Ponys ca. 20,50 m

Anforderungsprofile bei individueller Parcoursgestaltung:
1. Einreiten und an vorgegebener Stelle halten und grüßen. Der Parcours ist auf der vorgegebenen Linie im Galopp zu beginnen.
2. Anforderungen gemäß Parcours M 2 mit den in der Skizze und den Standardanforderungen festgehaltenen Aufgaben.

2.2 Championatsparcours (Ch 1 bis Ch 4)

Championatsparcours Ch 1
Stilspringprüfung mit Standardanforderungen

Die Folgeparcours Ch 1 bis Ch 4 sind Championatsparcours, die im Anforderungsprofil stetig gewachsen sind und zu entsprechendem Anlass eingesetzt werden können.

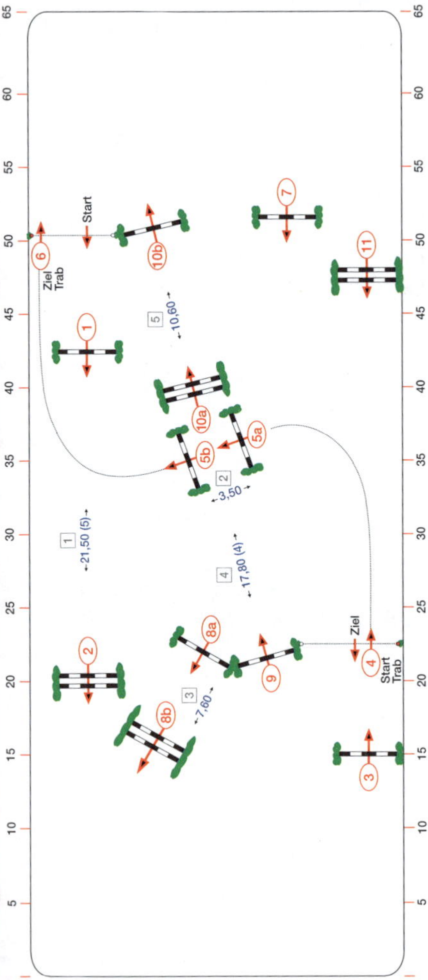

Druck: März 2015

Halle 25 x 65 m (Mindestmaß)

Dauer: ca. 120 Sekunden (ohne Ein- und Ausreiten)

Empfohlen für:
Championatsparcours

Standardanforderungen
Der Parcours ist auf der vorgegebenen Linie zu reiten. Einreiten und an geeigneter Stelle halten und grüßen. Danach angaloppieren über Trab und den Parcours beginnen. Nach Hindernis **3** an vorgegebener Stelle **4** Übergang zum Trab, über Hindernis **5a, 5b** (In-and-Out), danach weiter Trab bis zur vorgegebenen Stelle **6**, von da an Parcours im Galopp fortsetzen.

Maße für reine Pony-WB/-LP
1 Für G-Ponys ca. 20,50 m
2 Für G-Ponys ca. 2,90 m
3 Für G-Ponys ca. 7,10 m
4 Für G-Ponys ca. 17,00 m
5 Für G-Ponys ca. 10,00 m

Championatsparcours Ch 2
Stilspringprüfung mit Standardanforderungen

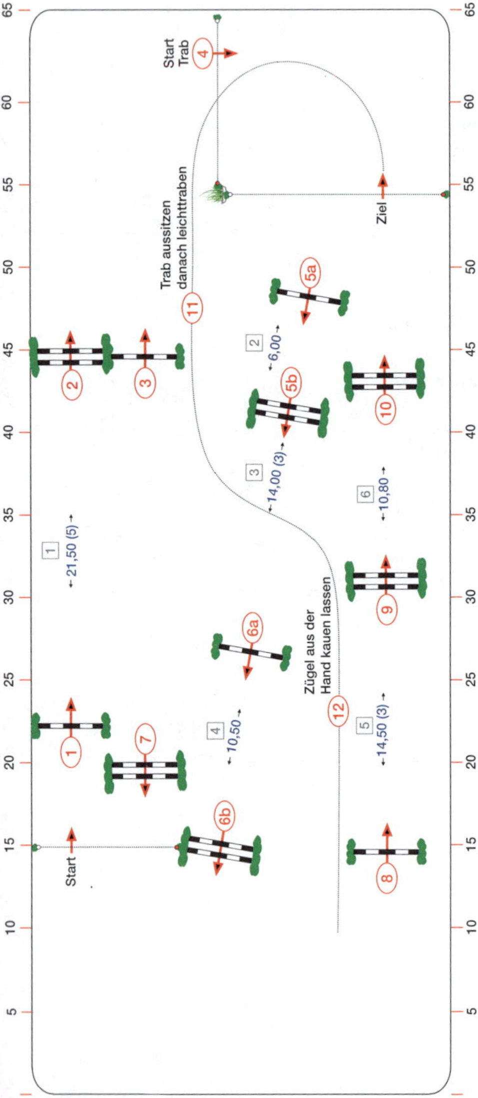

Druck: März 2015

Halle 25 x 65 m (Mindestmaß)

Dauer: ca. 90 Sekunden (ohne Ein- und Ausreiten)

Empfohlen für:
Championatsparcours

Standardanforderungen
Der Parcours ist auf der vorgegebenen Linie zu reiten. Einreiten und an geeigneter Stelle halten und grüßen. Danach angaloppieren über Trab und den Parcours beginnen. Nach Hindernis **2** über eine große Rechtsvolte zu Hindernis **3**. Nach Hindernis **3** an vorgegebener Stelle **4** Übergang zum Trab. Nach **6b** über eine große Linksvolte zu Hindernis **7**. Nach Durchreiten der Ziellinie auf vorgegebenem Weg (gestrichelte Linie) Übergang zum Trab, aussitzen, danach leichttraben **(11)**, etwa in Höhe von Sprung **6a** Zügel aus der Hand kauen lassen **(12)**, anschließend Übergang zum Schritt und die Bahn verlassen.

Maße für reine Pony-WB/-LP
1 Für G-Ponys ca. 20,50 m
2 Für G-Ponys ca. 5,60 m
3 Für G-Ponys ca. 13,20 m
4 Für G-Ponys ca. 10,10 m
5 Für G-Ponys ca. 13,60 m
6 Für G-Ponys ca. 10,00 m

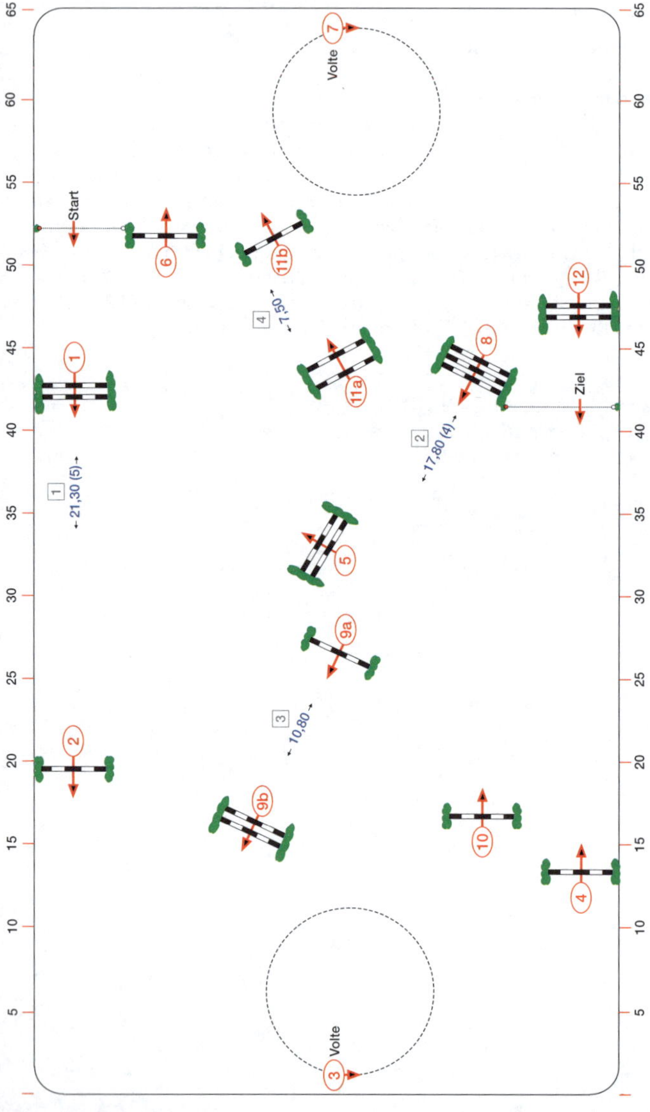

Druck: März 2015

Halle 35 x 65 m (Mindestmaß)

Dauer: ca. 80 Sekunden (ohne Ein- und Ausreiten)

Empfohlen für:
Championatsparcours

Standardanforderungen
Der Parcours ist auf der vorgegebenen Linie zu reiten. Einreiten und an geeigneter Stelle halten und grüßen. Danach angaloppieren über Trab und den Parcours beginnen. Nach Hindernis **2** Tempo verkürzen, Mitte der kurzen Seite **3** eine Volte links (ca. 10 m Durchmesser), danach Tempo erhöhen. Nach Hindernis **6** Tempo verkürzen, Mitte der kurzen Seite **7** eine Volte rechts (ca. 10 m Durchmesser), danach Tempo erhöhen.

Maße für reine Pony-WB/-LP
1 Für G-Ponys ca. 20,40 m
2 Für G-Ponys ca. 17,20 m
3 Für G-Ponys ca. 10,10 m
4 Für G-Ponys ca. 7,20 m

Championatsparcours Ch 4
Stilspringprüfung mit Standardanforderungen

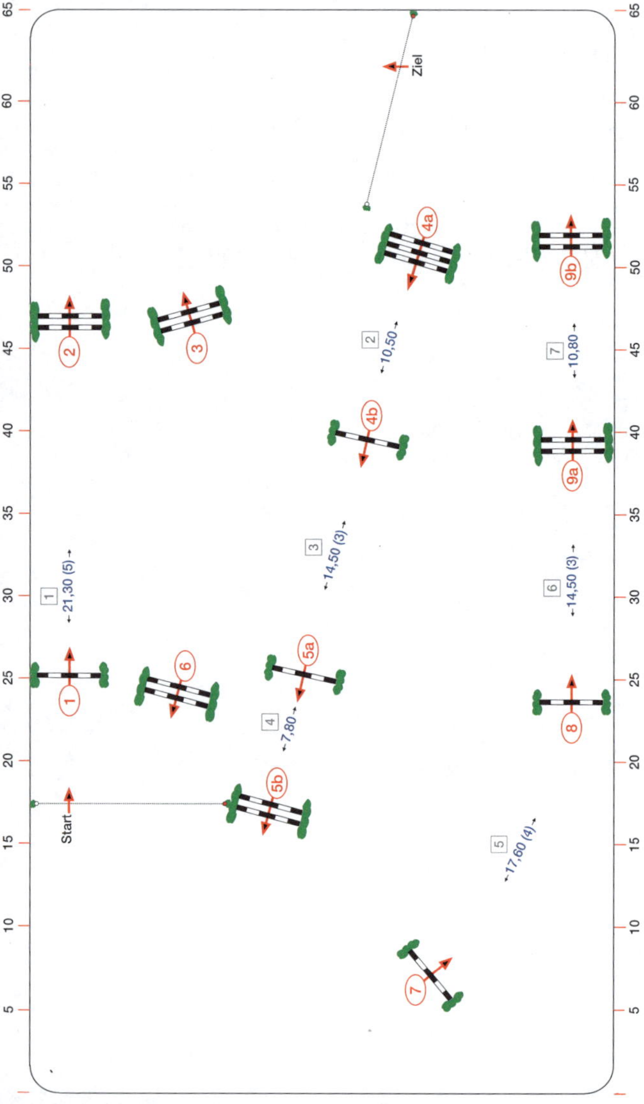

Druck: März 2015

Halle 35 x 65 m (Mindestmaß)

Dauer: ca. 85 Sekunden (ohne Ein- und Ausreiten)

Empfohlen für:
Championatsparcours

Standardanforderungen
Der Parcours ist auf der vorgegebenen Linie zu reiten. Einreiten und an geeigneter Stelle halten und grüßen. Danach angaloppieren über Trab und den Parcours beginnen. Nach Hindernis **2** über eine große Rechtsvolte zu Hindernis **3**. Nach **5b** über eine große Linksvolte zu Hindernis **6**.

Maße für reine Pony-WB/-LP
1 Für G-Ponys ca. 20,50 m
2 Für G-Ponys ca. 10,20 m
3 Für G-Ponys ca. 13,60 m
4 Für G-Ponys ca. 7,10 m
5 Für G-Ponys ca. 17,10 m
6 Für G-Ponys ca. 13,50 m
7 Für G-Ponys ca. 10,00 m

Druck: März 2015

2.3 Trainingsparcours (T 1 bis T 3)

Trainingsparcours T 1
Stilspringprüfung mit Standardanforderungen

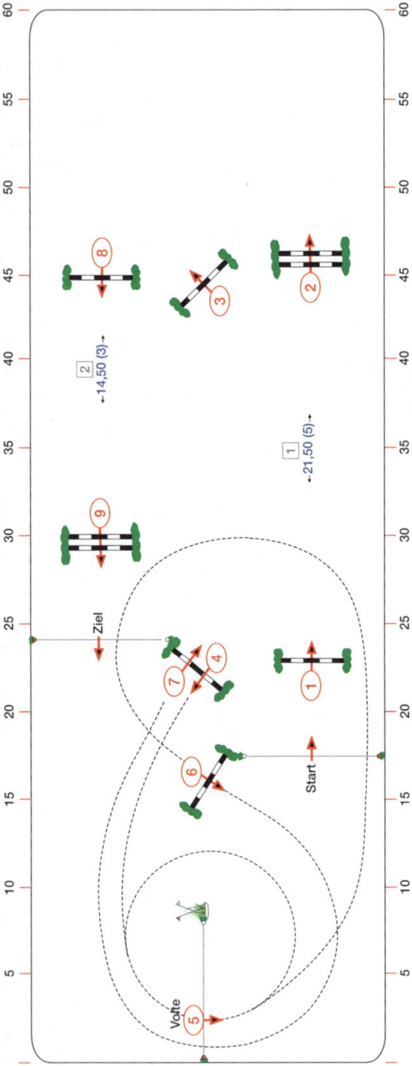

Halle 20 x 60 m (Mindestmaß)

Empfohlen als:
Trainingsparcours

Standardanforderungen
Nach Hindernis **2** über Hindernis **3** durch den Zirkel wechseln, danach Galoppsprünge verlängern und über Hindernis **4** durch die ganze Bahn wechseln.
Vor Erreichen der ersten Ecke der kurzen Seite Galoppsprünge wieder verkürzen, Mitte der kurzen Seite **5** eine Volte (ca. 10 m).
Über Hindernis **6** durch den Zirkel wechseln, danach Galoppsprünge verlängern bis zum starken Galopp und über Hindernis **7** durch die ganze Bahn wechseln. Vor Erreichen der ersten Ecke der kurzen Seite Galoppsprünge wieder verkürzen und über Hindernis **8** Parcours fortsetzen.

Für Hindernis 3 und 6
Höchstmaß in der entsprechenden Klasse

Mitte der kurzen Seite Trab, danach Schritt und Zügel aus der Hand kauen lassen.

Maße für reine Pony-WB/-LP
1 Für G-Ponys ca. 20,70 m
2 Für G-Ponys ca. 13,60 m
Hindernishöhe für G-Ponys Höchstmaß 0,80 m

Hinweis:
Das Grüßen und der Beginn der Prüfung ist zu üben.

Druck: März 2015

Trainingsparcours T 2
Stilspringprüfung mit Standardanforderungen

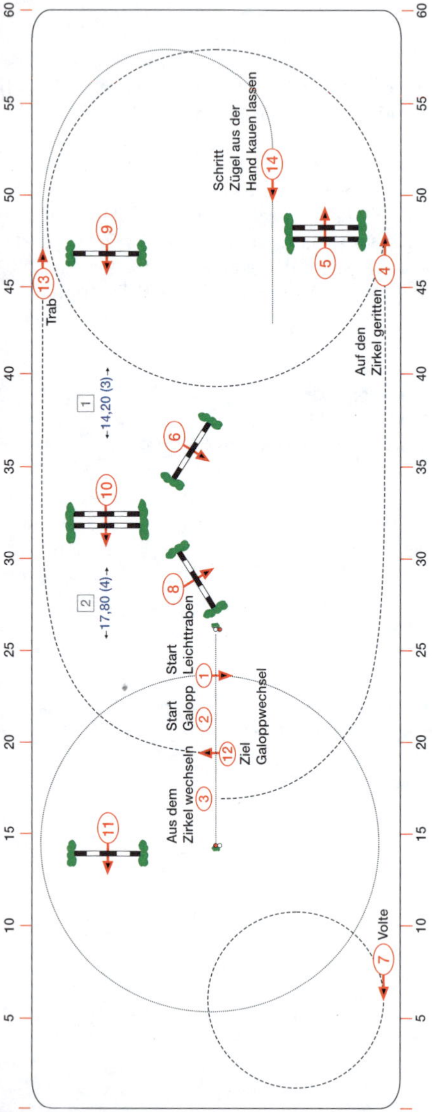

Druck: März 2015

Halle 20 x 60 m (Mindestmaß)

Empfohlen als:
Trainingsparcours

Standardanforderungen
Einreiten, vor den Richtern halten, rückwärtsrichten, Grußaufstellung. Durch die Startlinie im Leichttraben **1**, großen Zirkel um Hindernis **11** anlegen (rechte Hand, 1-mal herum). Beim Durchreiten der Startlinie **2** rechts angaloppieren (1-mal herum).
Bei Nummer **3** durch die Startlinie aus dem Zirkel wechseln, über Trab zum Linksgalopp (1-mal herum) **4**, danach über Hindernis **5**.
Nach Hindernis **5** Galoppsprünge verlängern, über Hindernis **6**, danach wieder Galoppsprünge verkürzen und in der ersten Ecke der kurzen Seite bei Nummer **7** eine Volte (ca. 10 m).
Aus der Volte Galoppsprünge wieder verlängern bis zum starken Galopp, über Hindernis **8**, danach wieder Galoppsprünge verkürzen und Parcours über Hindernis **9** fortsetzen.
Nach Hindernis **11** im Linksgalopp durch die Ziellinie **12** mit fliegendem Galoppwechsel, rechte Hand. Vor der Ecke der nächsten kurzen Seite bei Nummer **13** Trab, danach Schritt und bei Nummer **14** Zügel aus der Hand kauen lassen.

Maße für reine Pony-WB/-LP
1 Für G-Ponys ca. 13,50 m
2 Für G-Ponys ca. 17,00 m

Hinweis:
Das Grüßen und der Beginn der Prüfung ist zu üben.

Druck: März 2015

Trainingsparcours T 3
Stilspringprüfung mit Standardanforderungen

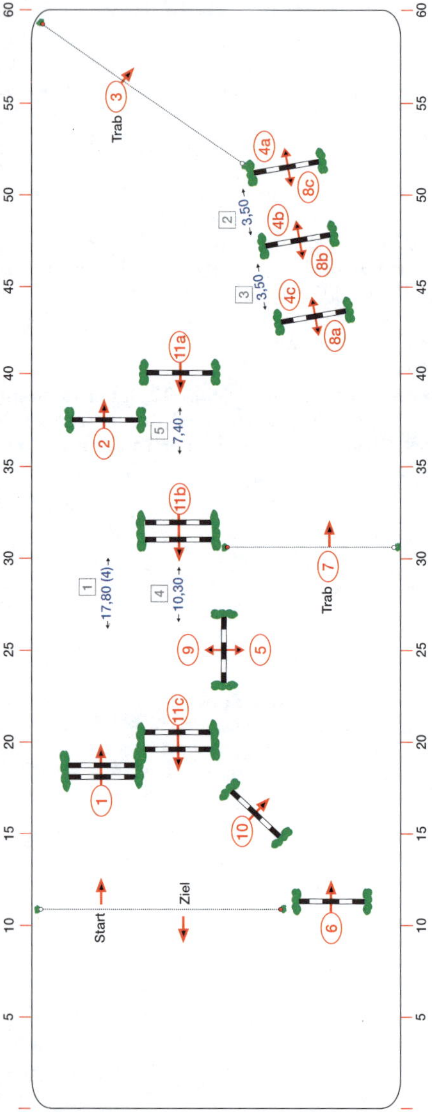

Druck: März 2015

Halle 20 x 60 m (Mindestmaß)

Empfohlen als:
Trainingsparcours

Standardanforderungen
Nach Hindernis **2** bei Nummer **3** Übergang zum Trab, über Hindernis **4a, b, c,** danach im Rechtsgalopp über Hindernis **5** und im Linksgalopp Parcours fortsetzen. Nach Hindernis **6** bei Nummer **7** Übergang zum Trab, über Hindernis **8a, b, c,** danach im Linksgalopp über Hindernis **9** und im Rechtsgalopp über Hindernis **10** Parcours fortsetzen.

Maße für reine Pony-WB/-LP

1	Für G-Ponys ca.	16,90 m
2	Für G-Ponys ca.	2,90 m
3	Für G-Ponys ca.	2,90 m
4	Für G-Ponys ca.	7,10 m
5	Für G-Ponys ca.	9,90 m

Hinweis:
Das Grüßen und der Beginn der Prüfung ist zu üben.

Druck: März 2015

3. FN-Hunterklasse Springen

Vorbemerkung

Die FN-Hunterklasse ist eine Springprüfung, bei der die Kriterien Sitz und Einwirkung des Reiters sowie „Gerittensein" und Springen des Pferdes bei besonderer Beachtung des Gesamteindrucks vereint werden.

Anforderungen

Zielvorstellung ist die flüssige, rhythmische Absolvierung eines freundlichen Parcours mit einfacher Linienführung und einer harmonischen Erfüllung der gestellten Aufgaben sowie einem gepflegten Erscheinungsbild von Reiter und Pferd.

Beurteilung

Die Bewertung beginnt mit dem Gruß des Reiters und endet mit dem Verlassen des Prüfungsplatzes im Schritt am langen Zügel.

Die Bewertung setzt sich zusammen aus:

a) Sitz und Einwirkung des Reiters

(Siehe auch Richtlinien für Reiten und Fahren, Band 1 und 2.) Gewünscht wird der sicher ausbalancierte leichte Sitz bei geschmeidigem Mitgehen mit der Bewegung.

b) „Gerittensein" und Springen des Pferdes

Gewünscht wird das sicher an den Hilfen stehende, losgelassen und gleichmäßig galoppierende Pferd, das ein willig-flüssiges, aufmerksames Überwinden der Hindernisse mit hergegebenem Rücken und der Hindernishöhe entsprechendem Aufwand zeigt.

c) Gesamteindruck

Wichtiges Kriterium für den Gesamteindruck ist die harmonische Bewältigung der gestellten Aufgaben unter Berücksichtigung des Zusammenpassens und -wirkens von Reiter und Pferd. Das Auftreten und Herausgebrachtsein von Reiter und Pferd fließen ebenfalls in die Bewertung ein.

Druck: März 2015

3.1 Kurzprotokollbogen FN-Hunterklasse Springen

Kurzprotokollbogen FN-Hunterklasse Springen

Veranstaltungsort: Datum: Prfg.-Nr.: Pferd: Kopf-Nr. Reiter:

Kriterien	Kommentar
Reiter: – Sicherer leichter Sitz in verschiedenen Ausprägungen, geschmeidiges Mitgehen mit der Bewegung – gefühlvolle Einwirkung, unauffällige Hilfengebung – Anreiten der Hindernisse, das Überwinden und Weiterreiten – rhythmisches Reiten von Hindernisfolgen mit festgelegten Distanzen – Reiten von Kombinationen, Wendungen, Übergängen und Handwechseln	
Pferd: – Gerittensein/Rittigkeit (Grundtempo, Regulierbarkeit, Reaktion auf treibende, verhaltende und verwahrende Hilfengebung, sofortige willige Reaktion) und ausgeglichenes Temperement – sicherers, vertrauensvolles und müheloses Springen – willig-flüssiges, aufmerksames Überwinden der Hindernisse mit hergegebenem Rücken und der Hindernishöhe entsprechendem Aufwand	
Gesamteindruck: – Harmonie (Zusammenpassen und -wirken) von Reiter und Pferd – Auftreten, Herausgebrachtsein von Reiter und Pferd	

Grundpunktzahl: ____ **ggf. Abzüge gem. § 540 LPO** ____ **Gesamtpunktzahl:** ____

Unterschrift

Turnierreiten – mit Spaß an der Freud'

Das Buch „Die Hunterklasse" ist ein „Muss" für Reiter, Trainer, Parcoursaufbauer, Richter und Turnierveranstalter, die das Hunterreiten bereits praktizieren und für alle die, die es gerne möchten.

Auch erwachsene Reitanfänger oder Wiedereinsteiger haben mit der Hunterklasse die Möglichkeit auf einem Turnier „ganz unter sich" harmonisch und fein eine Prüfung zu reiten – für viele ein ganz neues Lebensgefühl!

Das erste Hunterbuch auf dem deutschen Markt gibt Hilfestellungen für das Training zu Hause und viele Tipps für den erfolgreichen Turnierauftritt. Und es ist gleichsam ein Arbeitsbuch und ein schöner Band mit vielen persönlichen Statements aus der Reiterszene und Fotos, die zeigen, wie stilvoll und schön Hunterreiten sein kann.

120 Seiten mit vielen farbigen Fotos
Format: 190 x 250 mm, gb.
ISBN: 978-3-88542-730-8
€ 12,90*

** unverbindliche Preisempfehlung*

Erhältlich im Buchhandel, in Reitsportfachgeschäften und beim

FNverlag
der Deutschen Reiterlichen Vereinigung GmbH
Fachkompetenz rund ums Pferd

Postfach 11 03 63
48205 Warendorf
→ Tel.: +49 (0)2581 6362-154/-254
Fax: +49 (0)2581 6362-212
E-Mail: vertrieb-fnverlag@fn-dokr.de
www.fnverlag.de

VI. Gelände- und Vielseitigkeitsprüfungen gem. §§ 600 ff. LPO, FN-Hunterklasse Gelände gem. § 685 ff. LPO

1. Vormustern/Verfassungsprüfung gem. § 67 LPO

Vorbemerkung

Verfassungsprüfungen im Rahmen einer Vielseitigkeitsprüfung dienen zur Überprüfung des Gesundheits- und Allgemeinzustandes des Pferdes. Sie sind durch die Richter und einen vom Veranstalter bestellten Tierarzt durchzuführen. Dieses Gremium hat das Recht, lahme oder in schlechter gesundheitlicher Verfassung befindliche Pferde, die den Anforderungen der Prüfung offensichtlich nicht gewachsen sind, von der weiteren Teilnahme an der Prüfung auszuschließen.
Die erforderlichen Entscheidungen werden durch die Richter in Abstimmung mit dem Tierarzt getroffen. Gegen Ausschlüsse ist kein Einspruch seitens der Teilnehmer möglich.

Ausführliche Informationen sind in den „FN-Turniersport-Merkblättern" und in den „Richtlinien für Reiten und Fahren, Band 1 und 2", zu finden.

Ausrüstung

Reiter in beliebigem Anzug, Pferd in einwandfreiem Pflegezustand mit Zäumung auf Trense mit Kopfnummern.

Anforderungen/Ablauf

Zunächst wird das Pferd im Stand vorgemustert. Das Pferd wird so hingestellt, dass die Richter und der Tierarzt es begutachten können. Dabei soll es alle vier Beine gleichzeitig belasten und zu den Betrachtern hin „offen" stehen. Der Veterinär geht im Bedarfsfall an das Pferd heran und fühlt die Beine oder andere Teile des Pferdekörpers ab. Dann wird das Pferd im Schritt auf die erste Markierung zugeführt. An dieser Markierung wird angetrabt bis zu einer zweiten Markierung (Wendemarke, ca. 35 m von den Richtern entfernt). Vor diesem Punkt wird zum Schritt durchpariert und rechtsherum gewendet. Zurück geht es dann im Trab auf die Richtergruppe zu. Als Letztes wird dem Begutachtergremium das Pferd noch einmal in einer Schlussaufstellung gezeigt. Das Gremium teilt dem Reiter mit, ob das Pferd die Prüfung bestanden hat oder nicht.

Im Zweifel haben Tierarzt und Richter die Möglichkeit, das Pferd in einem Warteraum (Holding-Box) einer näheren Untersuchung zu unterziehen. Danach kann es eventuell noch einmal vorgeführt werden, bevor Richter und Tierarzt die endgültige Entscheidung treffen.

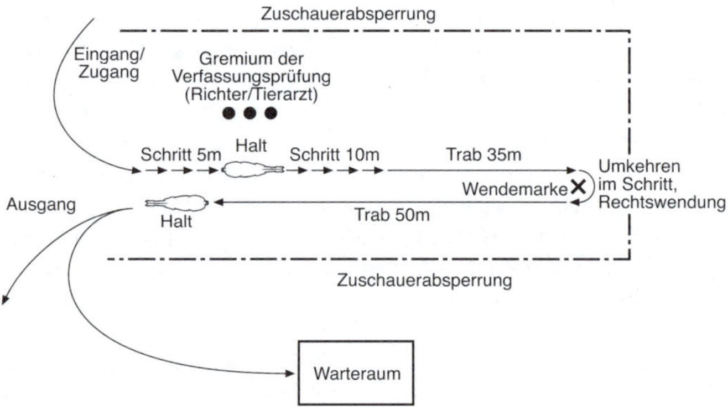

Druck: März 2015

2. Dressur

2.1 Dressuraufgaben für Vielseitigkeitsprüfungen der Klassen E, A, L, M und S Aufgaben VE 1 bis VE 2/2, VA 1 bis VA 3, VL 1 bis VL 3, VM 1 bis VM 3, VS 1 und VS 2

Klasse E

Aufgabe VE 1

(Nur einzeln)

Viereck 20 x 40 m – Dauer: etwa 2 Minuten

(A-X)	Einreiten im Mittelschritt.
(X)	Halten. Grüßen. Im Mittelschritt anreiten.
(G)	Im Arbeitstempo antraben.
(C)	Rechte Hand.
(K-X-M)	Durch die ganze Bahn wechseln.
(C-X-C)	Mitte der kurzen Seite im Arbeitstempo links angaloppieren und auf dem Zirkel geritten (1-mal herum).
(C)	Mitte der kurzen Seite Arbeitstrab.
(C-X-A)	Aus dem Zirkel wechseln.
(A)	Mitte der kurzen Seite im Arbeitstempo rechts angaloppieren, ganze Bahn (½-mal herum).
(C)	Mitte der kurzen Seite Arbeitstrab.
(M)	Nach der kurzen Seite Mittelschritt.
(B)	Mitte der langen Seite rechts um.
(X)	Im Mittelpunkt rechts um.
(G)	Vor den Richtern halten. Grüßen. Im Mittelschritt am langen Zügel die Bahn verlassen.

Druck: März 2015

Es ist entweder in der Ausschreibung oder spätestens in der Zeiteinteilung festzulegen, ob die VE 2/1 oder VE 2/2 geritten wird.

Aufgabe VE 2/1

(Nur einzeln)

Viereck 20 x 40 m – Dauer: etwa 3½ Minuten

(A-X)	Einreiten im Mittelschritt.
(X)	Halten. Grüßen. Im Mittelschritt anreiten.
(C)	Rechte Hand.
(B)	Mitte der langen Seite im Arbeitstempo antraben, leichttraben.
(K-X-M)	Durch die ganze Bahn wechseln.
(C)	Mitte der kurzen Seite aussitzen und auf dem Zirkel geritten.
(C-X-A)	Aus dem Zirkel wechseln.
(A-X)	(½-mal herum)
(X-A-X-A)	(Zur geschlossenen Zirkelseite) Im Arbeitstempo rechts angaloppieren (1½-mal herum).
(A)	Mitte der kurzen Seite Arbeitstrab, ganze Bahn (½-mal herum).
(C)	Mitte der kurzen Seite Mittelschritt.
(M-X-K)	Durch die ganze Bahn wechseln.
(K)	Vor der kurzen Seite im Arbeitstempo antraben.
(A-X)	Auf dem Zirkel geritten (½-mal herum).
(X-A)	Im Mittelpunkt im Arbeitstempo links angaloppieren (½-mal herum).
(A)	Ganze Bahn (½-mal herum).
(C)	Mitte der kurzen Seite Arbeitstrab.
(E)	Links um.
(B)	Rechte Hand.
(A)	Auf die Mittellinie abwenden.
(X)	Im Mittelpunkt halten. Grüßen. Im Mittelschritt am langen Zügel die Bahn verlassen.

Druck: März 2015

Aufgabe VE 2/2

(Zu zweit hintereinander)

Viereck 20 x 40 m – Dauer: etwa 3½ Minuten

	Auf der rechten Hand im Mittelschritt Abteilung bilden. (Von der kurzen Seite auf die Richter zu) Anfang rechts dreht, links marschiert auf – Marsch. (Wenn der Anfangsreiter die Verbindungslinie der beiden Punkte E-B erreicht) Anfang – Halt. Grüßen. Abteilung zu einem Rechts-brecht-Ab – Marsch – Mittelschritt.
(M-F)	(An der langen Seite) Abteilung im Arbeitstempo – Trab, leichttraben.
(K-X-M)	Durch die ganze Bahn wechseln.
(C)	(Mitte der kurzen Seite) Aussitzen und auf dem Zirkel geritten.
(C-X-A)	Aus dem Zirkel wechseln.
(A-X)	(½-mal herum)
(X-A-X-A)	(Zur geschlossenen Zirkelseite) Abteilung im Arbeitstempo – Galopp – Marsch (1½-mal herum).
(A)	(Mitte der kurzen Seite) Abteilung im Arbeitstempo – Trab, ganze Bahn (½-mal herum).
(C)	(Mitte der kurzen Seite) Abteilung – Schritt – Mittelschritt.
(M-X-K)	Durch die ganze Bahn wechseln.
(K-A)	(An der kurzen Seite) Abteilung im Arbeitstempo – Trab.
(A-X)	Auf dem Zirkel geritten (½-mal herum).
(X-A)	(Zur geschlossenen Seite) Abteilung im Arbeitstempo – Galopp – Marsch (½-mal herum).
(A)	Ganze Bahn (½-mal herum).
(C)	(Mitte der kurzen Seite) Abteilung im Arbeitstempo – Trab.
(E)	(Mitte der langen Seite) Anfang links um – Marsch.
(B)	(Bei Erreichen des Hufschlags) Anfang rechts um – Marsch.
(A)	(Von der kurzen Seite auf die Richter zu) Anfang rechts dreht, links marschiert auf – Marsch. (Wenn der Anfangsreiter die Verbindungslinie der beiden Punkte E-B erreicht) Anfang – Halt. Grüßen. Im Mittelschritt am langen Zügel die Bahn verlassen.

Druck: März 2015

Klasse A

Aufgabe VA 1

(Nur einzeln)

Viereck 20 x 40 m – ohne Kommando zu reiten –
Dauer: etwa 3¾ Minuten

1.	A	Einreiten im Arbeitstrab.
	C	Rechte Hand.
2.	B-X	Halbe Volte rechts (10 m).
	X-E	Halbe Volte links (10 m).
3.	F-X-H	Durch die ganze Bahn wechseln, Tritte verlängern, dabei leichttraben.
	H	Arbeitstrab, aussitzen.
4.	C	Im Arbeitstempo rechts angaloppieren und auf dem Zirkel geritten (1-mal herum), dabei an der offenen Zirkelseite überstreichen.
5.	C	Ganze Bahn.
	M-F	Galoppsprünge verlängern.
	Zwischen F und A	Arbeitstempo.
6.	A	Arbeitstrab.
	E	Rechts um.
	X	Halten (5 Sekunden).
7.	X	Im Arbeitstempo antraben.
	B	Linke Hand.
8.	C	Im Arbeitstempo links angaloppieren und auf dem Zirkel geritten (1-mal herum).
	C	Ganze Bahn.
9.	H-K	Galoppsprünge verlängern.
	Zwischen K und A	Arbeitstempo.
10.	A	Arbeitstrab und auf dem Zirkel geritten (1-mal herum), Zügel aus der Hand kauen lassen, dabei leichttraben.
	Vor A	Zügel wieder verkürzen.
	A	Aussitzen und ganz Bahn.
11.	F	Mittelschritt.
	B	Links um.
	E	Rechte Hand.

Druck: März 2015

12.	H	Im Arbeitstempo antraben.
	M-X-K	Durch die ganze Bahn wechseln, dabei die Tritte verlängern.
	K	Arbeitstrab.
13.	A	Auf die Mittellinie abwenden.
	X	Halten. Grüßen.
		Im Mittelschritt am langen Zügel die Bahn verlassen.

Aufgabe VA 2

(Nur einzeln)

Viereck 20 x 40 m – ohne Kommando zu reiten –
Dauer: etwa 3¾ Minuten

1.	A-X	Einreiten im Arbeitstrab.
	X	Halten. Grüßen.
		Im Arbeitstempo antraben.
2.	C	Linke Hand.
	H-X-F	Durch die ganze Bahn wechseln, dabei Tritte verlängern, leichttraben.
	F	Arbeitstempo, aussitzen.
3.	A	Durch die Länge der Bahn wechseln.
	X	Acht (Volte rechts 10 m, dann Volte links 10 m).
	C	Linke Hand.
4.	H	Mittelschritt.
	E-F	Durch die halbe Bahn wechseln.
5.	A	Halten. Eine Pferdelänge rückwärtsrichten, daraus im Arbeitstempo antraben.
6.	E	Rechts um.
	X	Im Arbeitstempo links angaloppieren.
	B	Linke Hand.
7.	H-K	Galoppsprünge verlängern.
	Zwischen K und A	Arbeitstempo.
8.	A	Auf dem Zirkel geritten (1½-mal herum), dabei auf der offenen Zirkelseite überstreichen.
9.	X	Aus dem Zirkel wechseln mit Galoppwechsel, über 1 bis 2 Pferdelängen Arbeitstrab.
10.	C	Ganze Bahn.
	M-F	Galoppsprünge verlängern.
	Zwischen F und A	Arbeitstempo.
11.	A	Arbeitstrab.
	E-B	Auf dem Mittelzirkel geritten (½-mal herum), dabei die Zügel aus der Hand kauen lassen.
	B	Ganze Bahn.
	Zwischen B und F	Zügel wieder verkürzen.
12.	A	Auf die Mittellinie abwenden.
	X	Halten. Grüßen.
		Im Mittelschritt am langen Zügel die Bahn verlassen.

Druck: März 2015

Aufgabe VA 3

(Nur einzeln)

Viereck 20 x 40 m – ohne Kommando zu reiten –
Dauer: etwa 4¼ Minuten

1.	A	Einreiten im Arbeitstrab.
	X	Halten. Grüßen. Im Arbeitstempo antraben.
2.	C	Rechte Hand.
	M-X-K	Durch die ganze Bahn wechseln, dabei die Tritte verlängern, dabei leichttraben.
	K	Arbeitstrab, aussitzen.
3.	A-C	Schlangenlinien durch die Bahn, 3 Bögen, vor dem 2. Durchreiten der Mittellinie Mittelschritt, nach 2 Pferdelängen im Arbeitstempo wieder antraben.
4.	H-X-F	Durch die ganze Bahn wechseln, dabei Tritte verlängern.
	F	Arbeitstrab.
5.	A	Im Arbeitstempo rechts angaloppieren und auf dem Zirkel geritten (1-mal herum), dabei an der offenen Zirkelseite überstreichen.
6.	A	Ganze Bahn.
	K-H	Galoppsprünge verlängern.
	Zwischen H und C	Arbeitsgalopp.
7.	C	Auf dem Zirkel geritten (½-mal herum).
	X-A	Aus dem Zirkel wechseln mit Galoppwechsel, über 1 bis 2 Pferdelängen Arbeitstrab.
8.	A	Ganze Bahn.
	Zwischen A und F	Auf der Viertellinie geritten und die Galoppsprünge verlängern.
	Vor C	Arbeitsgalopp, linke Hand.
9.	H	Arbeitstrab.
	E	Links um.
	X	Halten.
10.	X	Eine Pferdelänge rückwärtsrichten, daraus im Mittelschritt anreiten.
	B	Rechts um.

11.	Zwischen A und K	Von der Viertellinie das Viereck verkleinern bis X.
	X	Das Viereck vergrößern bis zur Viertellinie zwischen H und C, rechte Hand.
12.	C	Im Arbeitstempo antraben.
	B-E-B	Auf dem Mittelzirkel geritten (1-mal herum), dabei die Zügel aus der Hand kauen lassen.
	Vor B	Zügel wieder verkürzen.
	B	Ganze Bahn.
13.	A	Auf die Mittellinie abwenden.
	X	Halten. Grüßen.
		Im Mittelschritt am langen Zügel die Bahn verlassen.

Druck: März 2015

Klasse L

Aufgabe VL 1
analog Internationale Vielseitigkeitsaufgabe der FEI CCI/CIC* (A), 2009

Viereck 20 x 60 m – ohne Kommando zu reiten –
Dauer vom Einritt bis zum Schlussgruß: etwa 4 Minuten

1.	A	Einreiten im Arbeitstrab.
	C	Linke Hand.
2.	C-S	Arbeitstrab.
	S	Volte (10 m).
3.	S-P	Im Arbeitstrab durch die Bahn wechseln, bei X eine Pferdelänge überstreichen.
4.	P	Volte (10 m).
	P-F-A	Arbeitstrab.
5.	A	Übergang zum Schritt, nach 3 bis 5 Schritten im Arbeitstempo antraben.
6.	A-K	Arbeitstrab.
	K-X-M	Im Mitteltrab durch die ganze Bahn wechseln (aussitzen oder leichttraben).
7.	M	Übergang zum Arbeitstrab.
	M-C	Arbeitstrab.
8.	C	Halten. Unbeweglichkeit.
9.	C	4 bis 5 Tritte rückwärtsrichten, daraus im Mittelschritt anreiten.
10.	C-H	Mittelschritt.
	H-B	Im starken Schritt durch die halbe Bahn wechseln.
	B-P	Mittelschritt.
11.		(Der Mittelschritt zwischen C-H und B-P)
12.	P	Im Arbeitstempo antraben.
	A	Im Arbeitstempo rechts angaloppieren.
13.	V	Zirkel (20 m), dabei Mittelgalopp.
	V-E-S	Arbeitsgalopp.
14.	H	Kehrtvolte (12 m) bis E.
	E-K	Außengalopp im Arbeitstempo.
15.	K	Arbeitstrab.
	A	Im Arbeitstempo links angaloppieren.
16.	A-F-P	Arbeitsgalopp.
	P	Zirkel (20 m), dabei Mittelgalopp.
	P-B-R	Arbeitsgalopp.

17.	M B-F	Kehrtvolte (12 m) bis B. Außengalopp im Arbeitstempo.
18.	F A	Arbeitstrab. Auf die Mittellinie abwenden.
19.	L	Halten. Unbeweglichkeit. Grüßen.
		Bei A im Schritt am langen Zügel die Bahn verlassen.

Gesamtnoten:

20. Reinheit der Gänge, Ungebundenheit und Regelmäßigkeit
21. Schwung (Frische, Elastizität der Bewegungen, Rückentätigkeit und Engagement der Hinterhand)
22. Durchlässigkeit und Gehorsam des Pferdes (Aufmerksamkeit und Vertrauen, Harmonie, Losgelassenheit, Maultätigkeit, Anlehnung und relative Aufrichtung)
23. Sitz und Einwirkung des Reiters, Korrektheit in der Anwendung der Hilfen

Abzüge für Verreiten und Auslassungen siehe **Aufgabe M 1!**

Zu erreichende Punktsumme: 230 = 100%

Anmerkungen:

1. Der Trab wird im Aussitzen geritten, es sei denn, Leichttraben wird erlaubt oder verlangt.
2. In CCI/CIC* kann mit oder ohne Sporen geritten werden.
   In CCI/CIC**/**** sind Sporen vorgeschrieben.
3. In *-Prüfungen ist Kandarenzäumung nicht gestattet.
   In CCI/CIC**/**** sind sowohl Trensen- als auch Kandarenzäumung erlaubt.

 Druck: März 2015

VL 1

analog Internationale Vielseitigkeitsaufgabe der FEI CCI/CIC* (A), 2009

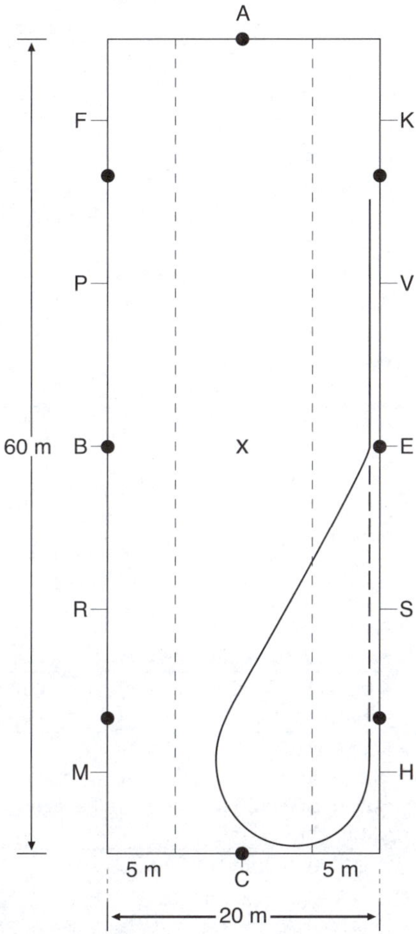

Hufschlagfigur:

_______ Kehrtvolte vor H bis vor V

● Zirkelpunkte

Druck: März 2015

Aufgabe VL 2
analog Internationale Vielseitigkeitsaufgabe der FEI CCI/CIC* (B), 2009

Viereck 20 x 60 m – ohne Kommando zu reiten –
Dauer vom Einritt bis zum Schlussgruß: etwa 4¾ Minuten

1.	A	Einreiten im Arbeitstrab.
	I	Halten. Grüßen.
		Im Arbeitstempo antraben.
	C	Linke Hand.
2.	C-H	Arbeitstrab.
	H-X-F	Im Mitteltrab durch die ganze Bahn wechseln (aussitzen oder leichttraben).
3.		Übergang zum Arbeitstrab.
	F-A	Arbeitstrab.
4.	A-K	Arbeitstrab.
	K-X	Viereck verkleinern bis X.
	X-E	Halbe Volte links (10 m) bis E.
5.	E-V-K	Arbeitstrab.
	A	Übergang zum Schritt, nach 3 bis 5 Schritten im Arbeitstempo antraben.
6.	A-F	Arbeitstrab.
	F-X	Viereck verkleinern bis X.
	X-B	Halbe Volte rechts (10 m) bis B.
7.	B-F	Arbeitstrab.
	F	Rechts um.
	D	Halten. Unbeweglichkeit.
8.	D	4 bis 5 Tritte rückwärtsrichten, daraus im Mittelschritt anreiten.
9.	K	Rechte Hand.
	K-V	Mittelschritt.
	V-P	Halber Zirkel (20 m), dabei starker Schritt.
	P-F	Mittelschritt.
10.		(Der Mittelschritt D-K-V und P-F)
11.	F	Im Arbeitstempo antraben.
	A	Im Arbeitstempo rechts angaloppieren.
12.	A-V	Arbeitsgalopp.
	V-E	Mittelgalopp.
	E-B	Halber Zirkel (20 m).
	P-F	Arbeitsgalopp.

 Druck: März 2015

13.	F	Kehrtvolte (10 m) bis B.
14.	B-R	Außengalopp.
	R-S	Halber Zirkel (20 m).
	S-E	Arbeitsgalopp.
15.	E	Arbeitstrab.
	V	Im Arbeitstempo links angaloppieren.
	V-K-A	Arbeitsgalopp.
16.	A-F-P	Arbeitsgalopp.
	P-B	Mittelgalopp.
	B-E	Halber Zirkel (20 m).
	V-K	Arbeitsgalopp.
17.	K	Kehrtvolte (10 m) bis E.
18.	E-S	Außengalopp.
	S-R	Halber Zirkel (20 m).
	R-B	Arbeitsgalopp.
19.	B	Arbeitstrab.
	P	Halber Zirkel (10 m) bis L.
	L-X	Arbeitstrab.
20.	X	Halten. Unbeweglichkeit. Grüßen.
		Bei A im Schritt am langen Zügel die Bahn verlassen.

Gesamtnoten:

21. Reinheit der Gänge, Ungebundenheit und Regelmäßigkeit
22. Schwung (Frische, Elastizität der Bewegungen, Rückentätigkeit und Engagement der Hinterhand)
23. Durchlässigkeit und Gehorsam des Pferdes (Aufmerksamkeit und Vertrauen, Harmonie, Losgelassenheit, Maultätigkeit, Anlehnung und relative Aufrichtung)
24. Sitz und Einwirkung des Reiters, Korrektheit in der Anwendung der Hilfen

Abzüge für Verreiten und Auslassungen siehe **Aufgabe M 1!**

Zu erreichende Punktsumme: 240 = 100%

Anmerkungen:

1. Der Trab wird im Aussitzen geritten, es sei denn, Leichttraben wird erlaubt oder verlangt.
2. In CCI/CIC* kann mit oder ohne Sporen geritten werden. In CCI/CIC**/**** sind Sporen vorgeschrieben.
3. In *-Prüfungen ist Kandarenzäumung nicht gestattet. In CCI/CIC**/**** sind sowohl Trensen- als auch Kandarenzäumung erlaubt.

Druck: März 2015

Aufgabe VL 3

Viereck 20 x 40 m – ohne Kommando zu reiten –
Dauer: etwa 4 Minuten

			Koeffizient
1.	A X	Einreiten im Arbeitstrab. Halten. Grüßen. Im Arbeitstempo antraben.	
2.	C H-X-F F	Linke Hand. Durch die ganze Bahn wechseln, Mitteltrab, leichttraben. Arbeitstrab, aussitzen.	
3.	A-C	Schlangenlinien durch die Bahn, 4 Bögen.	
4.	C H-B F	Mittelschritt. Durch die halbe Bahn wechseln. Rechts um.	
5.	D	Halten. Eine Pferdelänge rückwärtsrichten, danach halten.	
6.	D K	Im Mittelschritt anreiten. Linke Hand.	
7.	A F B-E-B	Im Arbeitstempo links angaloppieren. Mittelgalopp. Auf dem Mittelzirkel geritten (1-mal herum), dabei zwischen B und E überstreichen.	
8.	B M H-X-F X	Ganze Bahn. Arbeitsgalopp. Durch die ganze Bahn wechseln. Einfacher Galoppwechsel.	
9.	K – H	Schlangenlinie an der langen Seite (1 Bogen bis zur Viertellinie) ohne Galoppwechsel.	
10.	M B-E-B	Mittelgalopp. Auf dem Mittelzirkel geritten (1-mal herum), dabei zwischen E und B überstreichen.	
11.	B F A	Ganze Bahn. Arbeitsgalopp. Arbeitstrab.	
12.	K-X-M M	Durch die ganze Bahn wechseln im Mitteltrab. Arbeitstrab.	

Druck: März 2015

			Koeffizient
13.	C H-K	Im Arbeitstempo links angaloppieren. Schlangenlinie an der langen Seite (1 Bogen bis zur Viertellinie) ohne Galoppwechsel.	
14.	A X G	Auf die Mittellinie abwenden. Arbeitstrab. Halten. Grüßen.	
		Bei A im Schritt am langen Zügel die Bahn verlassen.	

Gesamtnoten:

15. Schritt (Takt, Fleiß, Raumgriff, Schreiten)	
16. Trab (Takt, Schwung, Rückentätigkeit, Engagement der Hinterhand, Raumgriff)	
17. Galopp (Takt, Durchsprung, Schwung, Rückentätigkeit, Bergauftendenz)	
18. Durchlässigkeit und Gehorsam des Pferdes (Aufmerksamkeit, Vertrauen, Harmonie, Losgelassenheit, Maultätigkeit, Anlehnung und relative Aufrichtung)	2
19. Sitz und Einwirkung des Reiters, Korrektheit bei Anwendung der Hilfen, Lektionen und Hufschlagfiguren	2

Abzüge für Verreiten und Auslassungen siehe **Aufgabe M 1!**

Zu erreichende Punktsumme: 210 = 100%

Anmerkung:
Der Trab wird im Aussitzen geritten, es sei denn, Leichttraben wird erlaubt oder verlangt.

Druck: März 2015

Klasse M

Aufgabe VM 1
analog Internationale Vielseitigkeitsaufgabe der FEI CCI/CIC** (A), 2009

Viereck 20 x 60 m – ohne Kommando zu reiten –
Dauer vom Einritt bis zum Schlussgruß: etwa 5 Minuten

1.	A	Einreiten im Arbeitstrab.
	I	Halten. Grüßen.
		Im Arbeitstempo antraben.
2.	C-H-S	Linke Hand.
	S-F	Im Mitteltrab durch die Bahn wechseln (aussitzen oder leichttraben).
3.	F-A-K	Versammelter Trab.
4.	K-E	Schulterherein.
5.	E-X	Halbe Volte rechts (10 m).
	X-B	Halbe Volte links (10 m).
6.	B-M	Travers.
	M-C-H	Versammelter Trab.
7.	H-E	Schulterherein.
8.	E-X	Halbe Volte links (10 m).
	X-B	Halbe Volte rechts (10 m).
9.	B-F	Travers.
	F-A	Versammelter Trab.
10.	A	Halten. Unbeweglichkeit.
11.	A	4 bis 5 Tritte rückwärtsrichten, daraus im Mittelschritt anreiten.
12.	A-K	Mittelschritt.
	K-B	Im starken Schritt durch die halbe Bahn wechseln.
	B	Mittelschritt.
13.		(Der Mittelschritt A-K und B-R)
14.	Vor R	Im versammelten Tempo links angaloppieren.
15.	R-S	Halber Zirkel (20 m).
	S-P	Im versammelten Galopp durch die Bahn wechseln.
16.	P-V	Halber Zirkel im Außengalopp (20 m).
	V-E	Versammelter Galopp.
17.	E	Einfacher Galoppwechsel über 3 bis 5 Schritte.
	S-H-C	Versammelter Galopp.

Druck: März 2015

18.	C-M	Versammelter Galopp.
	M-P	Mittelgalopp.
19.	P-F-A-K-V	Versammelter Galopp.
20.	V-R	Im versammelten Galopp durch die Bahn wechseln.
	R-S	Halber Zirkel im Außengalopp (20 m).
21.	S-E	Versammelter Galopp.
	E	Einfacher Galoppwechsel über 3 bis 5 Schritte.
	V-K-A	Versammelter Galopp.
22.	A-F	Versammelter Galopp.
	F-R	Mittelgalopp.
23.	R-M-C-H-S	Versammelter Galopp.
24.	S	Halbe Volte (10 m) bis I.
	I-G	Versammelter Galopp.
25.	G	Halten. Unbeweglichkeit. Grüßen.
		Bei A im Schritt am langen Zügel die Bahn verlassen.

Gesamtnoten:

26. Reinheit der Gänge, Ungebundenheit und Regelmäßigkeit
27. Schwung (Frische, Elastizität der Bewegungen, Rückentätigkeit und Engagement der Hinterhand)
28. Durchlässigkeit und Gehorsam des Pferdes (Aufmerksamkeit und Vertrauen, Harmonie, Losgelassenheit, Maultätigkeit, Anlehnung und relative Aufrichtung)
29. Sitz und Einwirkung des Reiters, Korrektheit in der Anwendung der Hilfen

Abzüge für Verreiten und Auslassungen siehe **Aufgabe M 1!**

Zu erreichende Punktsumme: 290 = 100%

Anmerkungen:

1. Der Trab wird im Aussitzen geritten, es sei denn, Leichttraben wird erlaubt oder verlangt.
2. In CCI/CIC* kann mit oder ohne Sporen geritten werden. In CCI/CIC**/**** sind Sporen vorgeschrieben.
3. In *-Prüfungen ist Kandarenzäumung nicht gestattet. In CCI/CIC**/**** sind sowohl Trensen- als auch Kandarenzäumung erlaubt.

Druck: März 2015

Aufgabe VM 2
analog Internationale Vielseitigkeitsaufgabe der FEI CCI/CIC** (B), 2009

Viereck 20 x 60 m – ohne Kommando zu reiten
Dauer vom Einritt bis zum Schlussgruß: etwa 5 Minuten

1.	A I	Einreiten im Arbeitstrab. Halten. Grüßen. Im Arbeitstempo antraben.
2.	C-M-R R-K	Rechte Hand. Im Mitteltrab durch die Bahn wechseln (aussitzen oder leichttraben).
3.	K-A-F	Versammelter Trab.
4.	F-B	Schulterherein.
5.	B-X X-E	Halbe Volte links (10 m). Halbe Volte rechts (10 m).
6.	E-H H-C	Schulterherein. Versammelter Trab.
7.	C-M M-B	Versammelter Trab. Travers.
8.	B-X X-E	Halbe Volte rechts (10 m). Halbe Volte links (10 m).
9.	E-K K-A	Travers. Versammelter Trab.
10.	A-F F-E E	Mittelschritt. Im starken Schritt durch die halbe Bahn wechseln. Mittelschritt.
11.		(Der Mittelschritt von A bis F und E bis S)
12.	S S-E	Kurzkehrt rechts. Mittelschritt.
13.	E E-K-A	Im versammelten Tempo links angaloppieren. Versammelter Galopp.
14.	A-C C	Schlangenlinie entlang der Mittellinie, 3 Bögen, jeweils 5 m von der Mittellinie entfernt, ohne Galoppwechsel. Linke Hand.
15.	C-H H-V	Versammelter Galopp. Mittelgalopp.
16.	V-K-A-F-B	Versammelter Galopp.
17.	B-R	Mittelschritt.

Druck: März 2015

18.	R	Kurzkehrt links.
	R-B	Mittelschritt.
19.	B	Im versammelten Tempo rechts angaloppieren.
	B-P-F-A	Versammelter Galopp.
20.	A-C	Schlangenlinie entlang der Mittellinie, 3 Bögen, jeweils 5 m von der Mittellinie entfernt, ohne Galoppwechsel.
	C	Rechte Hand.
21.	M-P	Mittelgalopp.
	P-F	Versammelter Galopp.
22.	F	Versammelter Trab.
	A	Auf die Mittellinie abwenden.
	A-L	Arbeitstrab.
23.	L	Halten. Unbeweglichkeit. Grüßen.
		Bei A im Schritt am langen Zügel die Bahn verlassen.

Gesamtnoten:

24. Reinheit der Gänge, Ungebundenheit und Regelmäßigkeit
25. Schwung (Frische, Elastizität der Bewegungen, Rückentätigkeit und Engagement der Hinterhand)
26. Durchlässigkeit und Gehorsam des Pferdes (Aufmerksamkeit und Vertrauen, Harmonie, Losgelassenheit, Maultätigkeit, Anlehnung und relative Aufrichtung)
27. Sitz und Einwirkung des Reiters, Korrektheit in der Anwendung der Hilfen

Abzüge für Verreiten und Auslassungen siehe **Aufgabe M 1!**

Zu erreichende Punktsumme: 270 = 100%

Anmerkungen:

1. Der Trab wird im Aussitzen geritten, es sei denn, Leichttraben wird erlaubt oder verlangt.
2. In CCI/CIC* kann mit oder ohne Sporen geritten werden.
   In CCI/CIC**/**** sind Sporen vorgeschrieben.
3. In *-Prüfungen ist Kandarenzäumung nicht gestattet.
   In CCI/CIC**/**** sind sowohl Trensen- als auch Kandarenzäumung erlaubt.

Druck: März 2015

VM 2
analog Internationale Vielseitigkeitsaufgabe der FEI CCI/CIC (B), 2009**

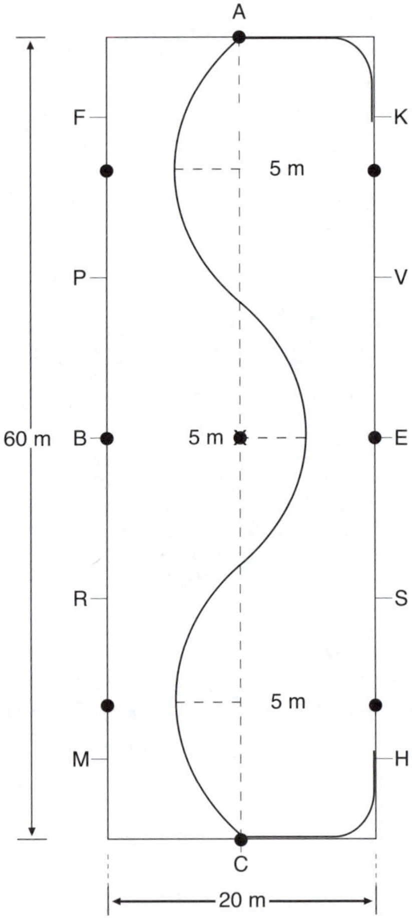

Hufschlagfigur:

———— Schlangenlinie entlang der Mittellinie, 3 Bögen, jeweils 5 m von der Mittellinie entfernt.

● Zirkelpunkte

Druck: März 2015

Aufgabe VM 3

Viereck 20 x 60 m – Dauer: 5 Minuten
Viereck 20 x 40 m – Dauer: etwa 4 Minuten, 20 Sekunden

			Koeffizient
1.	A X	Einreiten im Arbeitstrab. Halten. Grüßen. Anreiten im versammelten Trab.	
2.	C H H-E	Linke Hand. Volte (8 m). Schulterherein links.	
3.	E-F F	Durch die halbe Bahn wechseln im Mitteltrab. Versammelter Trab.	
4.	A Zwischen D und X	Auf die Mittellinie abwenden. Nach rechts traversieren bis M.	
5.	C Zwischen G und X	Auf die Mittellinie abwenden. Nach links traversieren bis F.	
6.	K K-E	Volte (8 m). Schulterherein rechts.	
7.	E-M M	Durch die halbe Bahn wechseln, dabei Mitteltrab. Versammelter Trab.	
8.	C H-B	Mittelschritt. Durch die halbe Bahn wechseln.	
9.	B-K K	Durch die halbe Bahn wechseln, dabei starker Schritt. Mittelschritt.	
10.	A	Kurzkehrt links.	
11.	K E-B-E E H-M	Im Arbeitstempo rechts angaloppieren. Auf dem Mittelzirkel geritten (1-mal herum), dabei Mittelgalopp. Zwischen B und E überstreichen. Ganze Bahn. Versammelter Galopp.	
12.	M-E E-K-A	Durch die halbe Bahn wechseln ohne Galoppwechsel. Außengalopp.	

Druck: März 2015

			Koeffizient
13.	A	Einfacher Galoppwechsel.	
14.	B-E-B B M-E	Auf dem Zirkel geritten (1-mal herum), Mittelgalopp, zwischen E und B überstreichen. Ganze Bahn. Versammelter Galopp.	
15.	E	Kehrtvolte (8 m) ohne Galoppwechsel.	
16.	C	Einfacher Galoppwechsel.	
17.	B-X X G	Halbe Volte (10 m). Arbeitstrab. Halten. Grüßen.	
		Bei A im Schritt am langen Zügel die Bahn verlassen.	

Gesamtnoten:	
18. Schritt (Takt, Fleiß, Raumgriff, Schreiten)	
19. Trab (Takt, Schwung, Rückentätigkeit, Engagement der Hinterhand, Raumgriff)	
20. Galopp (Takt, Durchsprung, Schwung, Rückentätigkeit, Bergauftendenz)	
21. Durchlässigkeit und Gehorsam des Pferdes (Aufmerksamkeit, Vertrauen, Harmonie, Losgelassenheit, Maultätigkeit, Anlehnung und relative Aufrichtung)	2
22. Sitz und Einwirkung des Reiters, Korrektheit bei Anwendung der Hilfen, Lektionen und Hufschlagfiguren	2

Abzüge für Verreiten und Auslassungen siehe **Aufgabe M 1!**

Zu erreichende Punktsumme: 240 = 100%

Anmerkung:
Der Trab wird im Aussitzen geritten, es sei denn Leichttraben wird erlaubt oder verlangt.

Druck: März 2015

Klasse S

Aufgabe VS 1
analog Internationale Vielseitigkeitsaufgabe der FEI CCI/CIC* (A), 2009**

Viereck 20 x 60 m – ohne Kommando zu reiten –
Dauer vom Einritt bis zum Schlussgruß: etwa 5 Minuten

1.	A	Einreiten im versammelten Galopp.
	I	Halten. Grüßen.
		Im versammelten Tempo antraben.
2.	C	Linke Hand.
	H-S-X-P-F	Im Mitteltrab durch die Bahn wechseln (aussitzen oder leichttraben).
	F-A-K	Versammelter Trab.
3.	K-E	Schulterherein.
4.	E-G	Nach rechts traversieren.
	C	Rechte Hand.
5.	M-X-K	Im starken Trab durch die ganze Bahn wechseln.
6.		Die Übergänge vom versammelten Trab zum starken Trab und vom starken Trab zum versammelten Trab.
	K-A	Versammelter Trab.
7.	A	Halten. Unbeweglichkeit.
8.	A	5 Tritte rückwärtsrichten, daraus im versammelten Tempo antraben.
9.	F-B	Schulterherein.
10.	B-G	Nach links traversieren.
	C	Linke Hand.
11.	H-S	Mittelschritt.
	S-R	Starker Schritt und halber Zirkel (20 m).
12.	R-M-C	Mittelschritt.
13.	C	Im versammelten Tempo links angaloppieren.
	C-V	Versammelter Galopp.
14.	V	Kehrtvolte (10 m) bis vor S.
15.	S-R	Halber Zirkel im Außengalopp (20 m).
16.	R-S	Halber Zirkel mit fliegendem Galoppwechsel beim Durchreiten der Mittellinie.
	S-H-C-M	Versammelter Galopp.
17.	M-F	Starker Galopp.

Druck: März 2015

18.		Übergänge vom versammelten Galopp zum starken Galopp und vom starken Galopp zum versammelten Galopp.
	F-A	Versammelter Galopp.
19.	A-K-E-S	Versammelter Galopp.
	S	Kehrtvolte (10 m) bis vor V.
20.	V-P	Halber Zirkel im Außengalopp (20 m).
21.	P-V	Halber Zirkel mit fliegendem Galoppwechsel beim Durchreiten der Mittellinie.
	V-K-A	Versammelter Galopp.
22.	A	Auf die Mittellinie abwenden.
	L	Halten. Unbeweglichkeit. Grüßen.
		Bei A im Schritt am langen Zügel die Bahn verlassen.

Gesamtnoten:

23. Reinheit der Gänge, Ungebundenheit und Regelmäßigkeit
24. Schwung (Frische, Elastizität der Bewegungen, Rückentätigkeit und Engagement der Hinterhand)
25. Durchlässigkeit und Gehorsam des Pferdes (Aufmerksamkeit und Vertrauen, Harmonie, Losgelassenheit, Maultätigkeit, Anlehnung und relative Aufrichtung)
26. Sitz und Einwirkung des Reiters, Korrektheit in der Anwendung der Hilfen

Abzüge für Verreiten und Auslassungen siehe **Aufgabe M 1!**

Zu erreichende Punktsumme: 260 = 100%

Anmerkungen:

1. Der Trab wird im Aussitzen geritten, es sei denn, Leichttraben wird erlaubt oder verlangt.
2. In CCI/CIC* kann mit oder ohne Sporen geritten werden. In CCI/CIC**/**** sind Sporen vorgeschrieben.
3. In *-Prüfungen ist Kandarenzäumung nicht gestattet. In CCI/CIC**/**** sind sowohl Trensen- als auch Kandarenzäumung erlaubt.

Druck: März 2015

Aufgabe VS 2
analog Internationale Vielseitigkeitsaufgabe der FEI CCI/CIC*** (B), 2009

Viereck 20 x 60 m – ohne Kommando zu reiten –
Dauer vom Einritt bis zum Schlussgruß: etwa 5 Minuten

1.	A I C	Einreiten im versammelten Galopp. Halten. Grüßen. Im versammelten Tempo antraben. Linke Hand.
2.	H-E	Schulterherein.
3.	E-F F-A-K	Im Mitteltrab durch die halbe Bahn wechseln. Versammelter Trab.
4.	K-E	Schulterherein.
5.	E-M M-C-H	Im Mitteltrab durch die halbe Bahn wechseln. Versammelter Trab.
6.	H-X-F	Im starken Trab durch die ganze Bahn wechseln.
7.	 F-A	Die Übergänge vom versammelten Trab zum starken Trab und vom starken Trab zum versammelten Trab. Versammelter Trab.
8.	An der Viertel-linie nach A	Auf die Viertellinie abwenden. Zwischen D und K nach rechts traversieren bis zur Viertellinie zwischen X und B.
9.	An der Viertel-linie	Nach links traversieren bis zur Viertellinie zwischen G und H. Danach rechte Hand.
10.	C-M M-S-E	Mittelschritt. Im starken Schritt durch die Bahn wechseln.
11.	E X	Mittelschritt und links um. Halten. Unbeweglichkeit.
12.	 X-B-M-C	5 Tritte rückwärtsrichten, daraus im versammelten Tempo links angaloppieren. Versammelter Galopp.
13.	C-L	Schlangenlinie durch die Bahn, 2 Bögen, der 1. im Handgalopp, der 2. im Außengalopp.
14.	L-V-K K-D E-S	Versammelter Galopp. Kehrtvolte (10 m) bis E mit fliegendem Galoppwechsel zwischen D und E. Versammelter Galopp.

Druck: März 2015

15.	S	Zirkel (20 m) im Mittelgalopp.
16.	S-H-C	Versammelter Galopp.
17.	C-L	Schlangenlinie durch die Bahn, 2 Bögen, der 1. im Handgalopp, der 2. im Außengalopp.
18.	L-P-F F-D B-M-C	Versammelter Galopp. Kehrtvolte (10 m) bis B mit fliegendem Galoppwechsel zwischen D und B. Versammelter Galopp.
19.	C-H H-K	Versammelter Galopp. Starker Galopp.
20.	 K-A	Übergänge vom versammelten Galopp zum starken Galopp und vom starken Galopp zum versammelten Galopp. Versammelter Galopp.
21.	A L	Auf die Mittellinie abwenden. Halten. Unbeweglichkeit. Grüßen.
		Bei A im Schritt am langen Zügel die Bahn verlassen.

Gesamtnoten:

22. Reinheit der Gänge, Ungebundenheit und Regelmäßigkeit
23. Schwung (Frische, Elastizität der Bewegungen, Rückentätigkeit und Engagement der Hinterhand)
24. Gehorsam und Durchlässigkeit des Pferdes (Aufmerksamkeit und Vertrauen, Harmonie, Losgelassenheit, Maultätigkeit, Anlehnung und relative Aufrichtung)
25. Sitz und Einwirkung des Reiters, Korrektheit in der Anwendung der Hilfen

Abzüge für Verreiten und Auslassungen siehe **Aufgabe M 1!**

Zu erreichende Punktsumme: 250 = 100%

Anmerkungen:

1. Der Trab wird im Aussitzen geritten, es sei denn, Leichttraben wird erlaubt oder verlangt.
2. In CCI/CIC* kann mit oder ohne Sporen geritten werden. In CCI/CIC**/**** sind Sporen vorgeschrieben.
3. In *-Prüfungen ist Kandarenzäumung nicht gestattet. In CCI/CIC**/**** sind sowohl Trensen- als auch Kandarenzäumung erlaubt.

 Druck: März 2015

Analog Internationale Vielseitigkeitsaufgabe der FEI CCI/CIC*** (B) und CCI**** (B), 2009

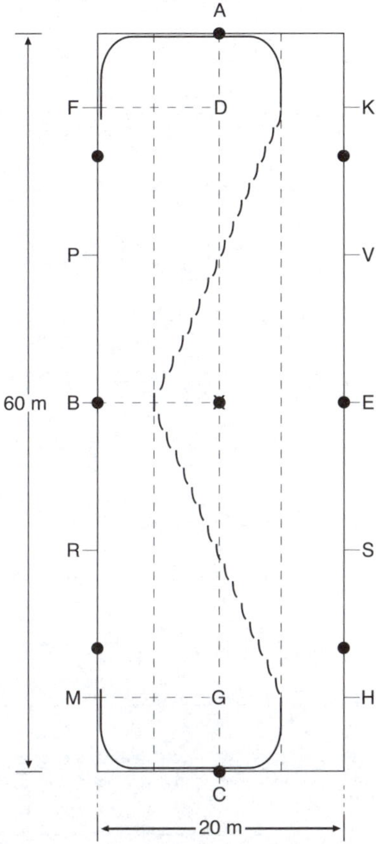

Hufschlagfiguren:

Nach A:	Auf die Viertellinie abwenden.
Zwischen D und K:	Nach rechts traversieren bis zur Viertellinie zwischen X und B.
Zwischen X und B:	Von der Viertellinie nach links traversieren bis zur Viertellinie zwischen G und H, danach rechte Hand.
●	Zirkelpunkte

Druck: März 2015

2.2 Umrechnungstabellen für Vielseitigkeitsprüfungen der Klassen L, M und S

		VL 3		VL 1		VL 2, VM 3		VS 2	
WN	%	Punkte	3 Richter	Punkte	3 Richter	Punkte	3 Richter	Punkte	3 Richter
10,0	100,00	210	630	230	690	240	720	250	750
9,9	99,00	208	624	228	684	238	714	248	744
9,8	98,00	206	618	225	675	235	705	245	735
9,7	97,00	204	612	223	669	233	699	243	729
9,6	96,00	202	606	221	663	230	690	240	720
9,5	95,00	200	600	219	657	228	684	238	714
9,4	94,00	197	591	216	648	226	678	235	705
9,3	93,00	195	585	214	642	223	669	233	699
9,2	92,00	193	579	212	636	221	663	230	690
9,1	91,00	191	573	209	627	218	654	228	684
9,0	90,00	189	567	207	621	216	648	225	675
8,9	89,00	187	561	205	615	214	642	223	669
8,8	88,00	185	555	202	606	211	633	220	660
8,7	87,00	183	549	200	600	209	627	218	654
8,6	86,00	181	543	198	594	206	618	215	645
8,5	85,00	179	537	196	588	204	612	213	639
8,4	84,00	176	528	193	579	202	606	210	630
8,3	83,00	174	522	191	573	199	597	208	624
8,2	82,00	172	516	189	567	197	591	205	615
8,1	81,00	170	510	186	558	194	582	203	609
8,0	80,00	168	504	184	552	192	576	200	600
7,9	79,00	166	498	182	546	190	570	198	594
7,8	78,00	164	492	179	537	187	561	195	585
7,7	77,00	162	486	177	531	185	555	193	579
7,6	76,00	160	480	175	525	182	546	190	570
7,5	75,00	158	474	173	519	180	540	188	564
7,4	74,00	155	465	170	510	178	534	185	555
7,3	73,00	153	459	168	504	175	525	183	549
7,2	72,00	151	453	166	498	173	519	180	540
7,1	71,00	149	447	163	489	170	510	178	534

Druck: März 2015

		VL 3		VL 1		VL 2, VM 3		VS 2	
WN	%	Punkte	3 Richter	Punkte	3 Richter	Punkte	3 Richter	Punkte	3 Richter
7,0	70,00	147	441	161	483	168	504	175	525
6,9	69,00	145	435	159	477	166	498	173	519
6,8	68,00	143	429	156	468	163	489	170	510
6,7	67,00	141	423	154	462	161	483	168	504
6,6	66,00	139	417	152	456	158	474	165	495
6,5	65,00	137	411	150	450	156	468	163	489
6,4	64,00	134	402	147	441	154	462	160	480
6,3	63,00	132	396	145	435	151	453	158	474
6,2	62,00	130	390	143	429	149	447	155	465
6,1	61,00	128	384	140	420	146	438	153	459
6,0	60,00	126	378	138	414	144	432	150	450
5,9	59,00	124	372	136	408	142	426	148	444
5,8	58,00	122	366	133	399	139	417	145	435
5,7	57,00	120	360	131	393	137	411	143	429
5,6	56,00	118	354	129	387	134	402	140	420
5,5	55,00	116	348	127	381	132	396	138	414
5,4	54,00	113	339	124	372	130	390	135	405
5,3	53,00	111	333	122	366	127	381	133	399
5,2	52,00	109	327	120	360	125	375	130	390
5,1	51,00	107	321	117	351	122	366	128	384
5,0	50,00	105	315	115	345	120	360	125	375
4,9	49,00	103	309	113	339	118	354	123	369
4,8	48,00	101	303	110	330	115	345	120	360
4,7	47,00	99	297	108	324	113	339	118	354
4,6	46,00	97	291	106	318	110	330	115	345
4,5	45,00	95	285	104	312	108	324	113	339
4,4	44,00	92	276	101	303	106	318	110	330
4,3	43,00	90	270	99	297	103	309	108	324
4,2	42,00	88	264	97	291	101	303	105	315
4,1	41,00	86	258	94	282	98	294	103	309
4,0	40,00	84	252	92	276	96	288	100	300

Druck: März 2015

Umrechnungstabellen für Vielseitigkeitsprüfungen der Klassen L, M und S									
		VS 1		VM 2		VM 1			
WN	%	Punkte	3 Richter	Punkte	3 Richter	Punkte	3 Richter		
10,0	100,00	260	780	270	810	290	870		
9,9	99,00	257	771	267	801	287	861		
9,8	98,00	255	765	265	795	284	852		
9,7	97,00	252	756	262	786	281	843		
9,6	96,00	250	750	259	777	278	834		
9,5	95,00	247	741	257	771	276	828		
9,4	94,00	244	732	254	762	273	819		
9,3	93,00	242	726	251	753	270	810		
9,2	92,00	239	717	248	744	267	801		
9,1	91,00	237	711	246	738	264	792		
9,0	90,00	234	702	243	729	261	783		
8,9	89,00	231	693	240	720	258	774		
8,8	88,00	229	687	238	714	255	765		
8,7	87,00	226	678	235	705	252	756		
8,6	86,00	224	672	232	696	249	747		
8,5	85,00	221	663	230	690	247	741		
8,4	84,00	218	654	227	681	244	732		
8,3	83,00	216	648	224	672	241	723		
8,2	82,00	213	639	221	663	238	714		
8,1	81,00	211	633	219	657	235	705		
8,0	80,00	208	624	216	648	232	696		
7,9	79,00	205	615	213	639	229	687		
7,8	78,00	203	609	211	633	226	678		
7,7	77,00	200	600	208	624	223	669		
7,6	76,00	198	594	205	615	220	660		
7,5	75,00	195	585	203	609	218	654		
7,4	74,00	192	576	200	600	215	645		
7,3	73,00	190	570	197	591	212	636		
7,2	72,00	187	561	194	582	209	627		
7,1	71,00	185	555	192	576	206	618		

Druck: März 2015

		VS 1		VM 2		VM 1			
WN	%	Punkte	3 Richter	Punkte	3 Richter	Punkte	3 Richter		
7,0	70,00	182	546	189	567	203	609		
6,9	69,00	179	537	186	558	200	600		
6,8	68,00	177	531	184	552	197	591		
6,7	67,00	174	522	181	543	194	582		
6,6	66,00	172	516	178	534	191	573		
6,5	65,00	169	507	176	528	189	567		
6,4	64,00	166	498	173	519	186	558		
6,3	63,00	164	492	170	510	183	549		
6,2	62,00	161	483	167	501	180	540		
6,1	61,00	159	477	165	495	177	531		
6,0	60,00	156	468	162	486	174	522		
5,9	59,00	153	459	159	477	171	513		
5,8	58,00	151	453	157	471	168	504		
5,7	57,00	148	444	154	462	165	495		
5,6	56,00	146	438	151	453	162	486		
5,5	55,00	143	429	149	447	160	480		
5,4	54,00	140	420	146	438	157	471		
5,3	53,00	138	414	143	429	154	462		
5,2	52,00	135	405	140	420	151	453		
5,1	51,00	133	399	138	414	148	444		
5,0	50,00	130	390	135	405	145	435		
4,9	49,00	127	381	132	396	142	426		
4,8	48,00	125	375	130	390	139	417		
4,7	47,00	122	366	127	381	136	408		
4,6	46,00	120	360	124	372	133	399		
4,5	45,00	117	351	122	366	131	393		
4,4	44,00	114	342	119	357	128	384		
4,3	43,00	112	336	116	348	125	375		
4,2	42,00	109	327	113	339	122	366		
4,1	41,00	107	321	111	333	119	357		
4,0	40,00	104	312	108	324	116	348		

3. Stilgeländeritt gem. §§ 670 ff. LPO

Vorbemerkung

Der Stilgeländeritt überprüft, ob sich der Reiter im Rahmen seiner vielseitigen Grundausbildung, insbesondere beim Reiten über feste Hindernisse, auf dem richtigen Weg befindet. Die geforderten Leistungen sind schwerpunktmäßig auf den sicheren und ausbalancierten leichten Sitz und die Geschicklichkeit des Reiters beim Überwinden einer Geländestrecke ausgerichtet.

Ausführliche Informationen sind in den „FN-Turniersport-Merkblättern" und in den „Richtlinien für Reiten und Fahren, Band 1", zu finden.

Anforderungen

Überwinden einzelner Geländehindernisse, Geländehindernisfolgen auf einer Geländestrecke in dem der jeweiligen Klasse entsprechenden Tempo.

Beurteilung

Beurteilt werden der leichte Sitz zwischen und über den Hindernissen, das Mitgehen mit der Bewegung, die Einwirkung des Reiters, insbesondere das rhythmische, flüssige Überwinden einer Geländestrecke (die harmonische Bewältigung der gestellten Aufgaben, das Einhalten eines angemessenen Tempos und das rhythmische Anreiten der Hindernisse) sowie der Gesamteindruck, insbesondere sachgemäße und fachgerechte Ausrüstung im Sinne von Unfallschutz sowie die harmonische Vorstellung und das reiterliche Verhalten des Teilnehmers. Die Leistung wird in einer Wertnote zwischen 10 und 0 ausgedrückt, von der dann die Strafpunkte analog § 373 abgezogen werden.

Druck: März 2015

3.1 Leitfaden Stilgeländeritt

Anreiten der Hindernisse, Tempo, Weg:
- dem Streckenverlauf angepasstes, rhythmisches Absolvieren der gestellten Aufgaben
- Reiten der Wendungen im Gleichgewicht
- mit Distanzgefühl

Sitz:
- sicher im Schwerpunkt, ausbalanciert, „nah am Pferd"
- sichere Unterschenkellage am Gurt, passende Bügellänge
- ruhige Handhaltung, angepasste Variation im Zügelmaß
- elastisch

Einwirkung:
- mit Kontrolle, mit Einfluss auf das Tempo
- Reiter hat das Pferd „vor sich"
- gefühlvoll

Grundnote:	Abzüge gem. § 373 LPO:	Gesamtnote:

4. FN-Hunterklasse Gelände

Vorbemerkung

Die FN-Hunterklasse Gelände ist ein Geländeritt, bei der die Kriterien Sitz und Einwirkung des Reiters sowie „Gerittensein" und Springen des Pferdes bei besonderer Beachtung des Gesamteindrucks vereint werden.

Anforderungen

Zielvorstellung ist die flüssige, rhythmische Absolvierung einer freundlichen Geländestrecke mit einfacher Linienführung und einer harmonischen Erfüllung der gestellten Aufgaben sowie einem gepflegten Erscheinungsbild von Reiter und Pferd.

Beurteilung

Die Bewertung beginnt mit dem Gruß des Reiters und endet mit dem Verlassen des Prüfungsplatzes im Schritt am langen Zügel.

Die Bewertung setzt sich zusammen aus:

a) Sitz und Einwirkung des Reiters

(Siehe auch Richtlinien für Reiten und Fahren, Band 1 und 2.) Gewünscht wird der sichere, ausbalancierte leichte Sitz bei geschmeidigem Mitgehen mit der Bewegung.

b) „Gerittensein" und Springen des Pferdes

Gewünscht wird das sicher an den Hilfen stehende, losgelassen und gleichmäßig bergauf galoppierende Pferd, das ein willig-flüssiges, aufmerksames Überwinden der Hindernisse mit hergegebenem Rücken und der Hindernishöhe entsprechendem Aufwand zeigt.

c) Gesamteindruck

Wichtiges Kriterium für den Gesamteindruck ist die harmonische Bewältigung der gestellten Aufgaben unter Berücksichtigung des Zusammenpassens und -wirkens von Reiter und Pferd. Das Auftreten und Herausgebrachtsein von Reiter und Pferd fließen ebenfalls in die Bewertung ein.

Druck: März 2015

4.1 Kurzprotokollbogen FN-Hunterklasse Gelände

Kurzprotokollbogen FN-Hunterklasse Gelände

Veranstaltungsort: Datum: Prfg.-Nr.: Pferd: Kopf-Nr. Reiter:

Kriterien	Kommentar
Reiter: – Sicherer leichter Sitz in verschiedenen Ausprägungen, geschmeidiges Mitgehen mit der Bewegung – gefühlvolle Einwirkung, unauffällige Hilfengebung – sicheres Anreiten der Hindernisse, das Überwinden und Weiterreiten	
Pferd: – Gerittensein/Rittigkeit (Grundtempo, Regulierbarkeit, Reaktion auf treibende, verhaltende und verwahrende Hilfengebung, sofortige willige Reaktion) und ausgeglichenes Temperement – sicherers, vertrauensvolles und müheloses Springen, willig-flüssiges, aufmerksames Überwinden der Hindernisse mit hergegebenem Rücken und der Hindernishöhe entsprechendem Aufwand – rationelles, fleißiges „Bergauf-Galoppieren"	
Gesamteindruck: – Harmonie (Zusammenpassen und -wirken) von Reiter und Pferd – Auftreten, Herausgebrachtsein von Reiter und Pferd	

Grundpunktzahl: ☐ **ggf. Abzüge gem. § 687 LPO** ☐ **Gesamtpunktzahl:** ☐

Unterschrift

Hinweis

Die **internationalen Aufgaben Reiten – Dressur**
für Ponys, Junioren, Junge Reiter und Senioren
sowie die internationalen Aufgaben Vielseitigkeit
sind als Loseblattsammlung (nur Inhalt)
beim **FN***verlag* zu beziehen.
Diese Loseblattsammlung kann in das
„Aufgabenheft Reiten – national" mit eingeheftet werden.

Wichtiger Hinweis:
Da die internationalen Aufgaben von der FEI ohne besondere längere Vorankündigung und in unregelmäßigen Zeitabständen geändert werden, gibt der **FN***verlag* – nach Bekanntgabe neuer internationaler Aufgaben durch die FEI – entsprechende Ergänzungssätze mit Datumskennzeichnung heraus. Durch den Bezug dieser Ergänzungssätze beim **FN***verlag* bleibt Ihr internationales Aufgabenheft immer auf dem aktuellsten Stand.
Sie können die Erneuerung von internationalen Aufgaben aber auch direkt bei der FEI unter der Internetadresse www.fei.org abfragen.

Das **Aufgabenheft Fahren (national und international)** ist ebenfalls separat beim **FN***verlag* als Loseblattsammlung (nur Inhalt) oder komplett als Ringbuchausgabe erhältlich.

Ebenfalls ist im **FN***verlag* das **Aufgabenheft Voltigieren (national)** als Loseblattsammlung (nur Inhalt) oder komplett als Ringbuchausgabe erhältlich.

Mit reiterlichen Grüßen
Ihr **FN***verlag*
www.fnverlag.de

Druck: März 2015

VII. Kombinierte Prüfungen gem. §§ 800 ff. LPO

1. Kombinierte Prüfungen

Vorbemerkung

Kombinierte Prüfungen setzen sich aus mindestens zwei einzelnen Teilprüfungen zusammen, die in einer Wertung zusammengefasst werden. Sie dienen der Förderung der vielseitigen Grundausbildung und deren Abprüfung im Wettbewerb.

Ausführliche Informationen sind in den „FN-Turniersport-Merkblättern" und in den „Richtlinien für Reiten und Fahren, Band 1 und 2", zu finden.

Anforderungen

Je nach Ausschreibung sind verschiedene Prüfungen zu reiten. Die nachfolgenden Aufgaben und der Parcoursvorschlag sind so konzipiert, dass analog den Eignungsprüfungen direkt im Anschluss an die Dressurvorstellung mit dem Parcoursspringen begonnen werden kann. Die Abmessungen der mindestens vier Sprünge sollen leicht unter den Anforderungen in Springprüfungen der jeweiligen Klasse liegen.

Beurteilung

Beurteilt werden die Teilprüfungen nach den Kriterien in der jeweiligen Prüfungsart. In den folgenden kombinierten Prüfungen gem. § 830 ff. LPO gehen Sitz und Einwirkung des Reiters im Springen in die Note mit ein.

2. Vormustern im Rahmen einer kombinierten Prüfung

Vorbemerkung

Das Vormustern ist hier eine selbstständige Wertungsprüfung innerhalb einer kombinierten Prüfung (z.B. in einem Mannschaftswettkampf). Der Schwerpunkt liegt hier weniger auf einer Überprüfung des Gesundheitszustandes des Pferdes, sondern darauf, wie geschickt und korrekt der Reiter sein Pferd vorstellt.

Ausführliche Informationen sind in den „FN-Turniersport-Merkblättern" und in den „Richtlinien für Reiten und Fahren, Band 1 und 2", zu finden.

Ausrüstung

Reiter in korrektem Turnieranzug gem. LPO, Pferd in einwandfreiem Pflegezustand mit Zäumung auf Trense mit Kopfnummern.

Anforderungen/Ablauf

Vormustern im Stand: Die Prüfung beginnt mit dem Halten und der korrekten „offenen" Aufstellung des Pferdes vor der Richtergruppe (3 bis 4 m Abstand), wobei der Reiter vor dem Pferd steht. Dann nennt der Reiter der Richtergruppe: Programm-Nr., Name des Pferdes, Alter, Farbe, Geschlecht, evtl. Abstammung, Name des Reiters und des Reitervereins, für den er startet.
Vormustern in der Bewegung: Nach Aufforderung durch die Richtergruppe beginnt der Reiter mit dem Vorführen. Der Reiter führt sein Pferd im Schritt von der Richtergruppe weg auf die erste Wendemarke der Dreiecksbahn oder der entsprechenden Vorführbahn zu. Nach Passieren der Wendemarke zeigt der Reiter sein Pferd im Trab. Kurz vor dem Erreichen der zweiten Wendemarke pariert er sein Pferd zum Schritt durch und kommt wieder auf die Richtergruppe zu.
Schlussaufstellung: Vor der Richtergruppe wird das Pferd noch einmal ohne Nennung der Pferde-/Reiterdaten aufgestellt. Nach Aufforderung durch die Richter verlässt der Reiter bzw. Vorführer die Dreiecksbahn.
Das Vorführen des Pferdes soll prinzipiell in ruhigem Tempo und mit losgelassenem Pferd erfolgen.

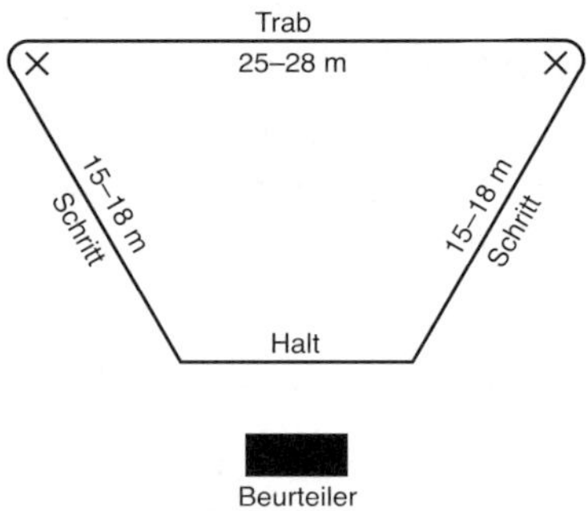

Beurteilung

Bewertet wird die geschickte und korrekte Vorstellung des Pferdes (sicheres Aufstellen, fleißiger und gerader Schritt, taktsicherer Trab sowie korrektes Wenden).

 Druck: März 2015

3. Aufgaben für die Teilprüfung Dressur in kombinierten Prüfungen der Klassen E und A analog Eignungsprüfungen gem. §§ 830 ff. LPO Aufgaben K 1 und K 2

Klasse E

Aufgabe K 1

(Abteilungsreiten mit Parcours für bis zu 3 Reiter)

Viereck 20 x 40 m – Dauer: etwa 3½ Minuten für die Dressur

	Auf der rechten Hand im Mittelschritt Abteilung bilden.
(Nach A)	(Von der kurzen Seite – nach A – auf die Richter zu) Anfang rechts dreht, links marschiert auf – Marsch. (Wenn der Anfangsreiter die Verbindungslinie der beiden Punkte E-B erreicht) Anfang – Halt. Grüßen.
(M-F)	Abteilung zu einem Rechts-brecht-Ab im Arbeitstempo – Trab.
(A-X-C)	Auf dem Zirkel geritten (½-mal herum) und aus dem Zirkel wechseln (1-mal herum).
(C-X)	(½-mal herum).
(X-C-X-C)	(Zur geschlossenen Seite) Abteilung im Arbeitstempo – Galopp – Marsch (1½-mal herum).
(C)	Abteilung im Arbeitstempo – Trab. Ganze Bahn.
(K-F)	(An der kurzen Seite) Abteilung – Schritt – Mittelschritt.
(F-X-H)	Durch die ganze Bahn wechseln.
(H-M)	(An der kurzen Seite) Abteilung im Arbeitstempo – Trab (½-mal herum).
(A-X)	Auf dem Zirkel geritten (½-mal herum).
(X-A)	(Zur geschlossenen Seite) Abteilung im Arbeitstempo – Galopp – Marsch (½-mal herum).
(A)	Ganze Bahn.
(H-M)	(An der kurzen Seite) Abteilung im Arbeitstempo – Trab.
(Nach A)	(Von der kurzen Seite – nach A – auf die Richter zu) Anfang rechts dreht, links marschiert auf – Marsch. (Wenn der Anfangsreiter die Verbindungslinie der beiden Punkte E-B erreicht) Anfang – Halt. Grüßen. Im Mittelschritt am langen Zügel anreiten, vorbereiten zum Springen.

Druck: März 2015

Klasse A

Aufgabe K 2

(Abteilungsreiten mit Parcours für bis zu 3 Reiter)

Viereck 20 x 40 m – Dauer: etwa 3½ Minuten für die Dressur

	Auf der rechten Hand im Mittelschritt Abteilung bilden.
(Nach A)	(Von der kurzen Seite – nach A – auf die Richter zu) Anfang rechts dreht, links marschiert auf – Marsch. (Wenn der Anfangsreiter die Verbindungslinie der beiden Punkte E-B erreicht) Anfang – Halt. Grüßen.
(M-F)	Abteilung zu einem Rechts-brecht-Ab im Arbeitstempo – Trab.
(K-X-M)	Durch die ganze Bahn wechseln, dabei Mitteltrab und leichttraben.
(M)	(Am Wechselpunkt) Aussitzen. Im Arbeitstempo.
(H-K)	(An der langen Seite) Abteilung – Halt. Eine Pferdelänge rückwärtsrichten – Marsch. Abteilung – Marsch. Mittelschritt.
(A-X)	Auf dem Zirkel geritten (½-mal herum).
(X-A)	(Zur geschlossenen Seite) Abteilung im Arbeitstempo – Galopp – Marsch (½-mal herum).
(A)	Ganze Bahn.
(F-X-H)	Durch die ganze Bahn wechseln.
(H)	(Beim Erreichen des Hufschlags) Abteilung im Arbeitstempo – Trab.
(C-X)	Auf dem Zirkel geritten (½-mal herum).
(X-C)	(Zur geschlossenen Seite) Abteilung im Arbeitstempo – Galopp – Marsch (½-mal herum).
(C)	Ganze Bahn.
(M-F)	(An der langen Seite) Mittelgalopp.
(A)	(An der kurzen Seite) Im Arbeitstempo.
(K-H)	(An der langen Seite) Abteilung im Arbeitstempo – Trab.
(Nach A)	(Von der kurzen Seite – nach A – auf die Richter zu) Anfang rechts dreht, links marschiert auf – Marsch. (Wenn der Anfangsreiter die Verbindungslinie der beiden Punkte E-B erreicht) Anfang – Halt. Grüßen. Im Mittelschritt am langen Zügel anreiten, vorbereiten zum Springen.

Druck: März 2015

4. Parcoursvorschlag für kombinierte Dressur-/ Springprüfungen analog Eignungsprüfungen gem. §§ 830 ff. LPO

Vorschlag

zur Parcoursgestaltung für kombinierte Dressur-/Springprüfungen analog Eignungsprüfungen innerhalb des Dressurplatzes

- für Aufgaben K 1 und K 2,
- konzipiert für 4-m-Stangen; für Halle und geschlossenes Viereck werden jedoch 3-m- bzw. 3,5-m-Stangen empfohlen.

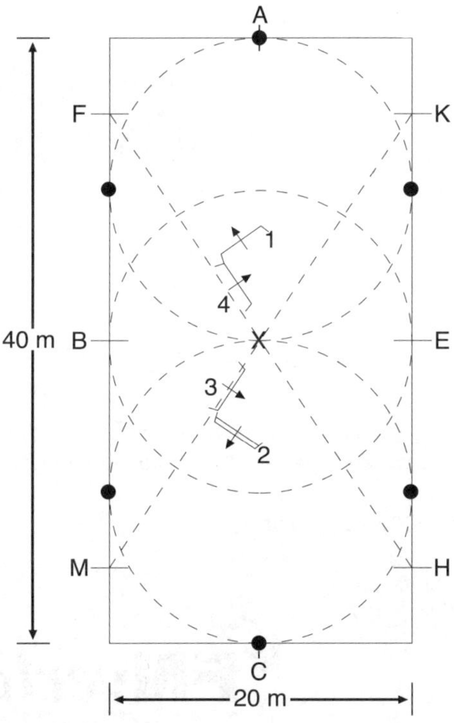

Bei Durchführung der Teilprüfung Springen auf einem separaten Prüfungsplatz ist auch freie Parcoursgestaltung im Rahmen der Bestimmungen des § 312.1 LPO möglich.

VIII. Dressurvierecke 20 x 40 m und 20 x 60 m

Viereck 20 x 40 m:	bitte ausklappen!
Viereck 20 x 60 m:	bitte ausklappen und äußere Klappseite umschlagen!

Wenn Sie diese Seiten ausklappen, ist es Ihnen möglich, zu jeweils jeder Dressuraufgabe nebenliegend das entsprechende Viereck zu haben!

Das ist unser Ziel, dafür treten wir an!

Das Signet für Profis, Hobby-Reiter und alle Pferdefreunde!

Eine Initiative der Deutschen Reiterlichen Vereinigung e.V. (FN), Warendorf

Druck: März 2015

Nur Inhalt (ohne Ordner)

FNverlag
der Deutschen
Reiterlichen Vereinigung
Warendorf

ISBN 978-3-88542-762-9
9 783885 427629